»Die diesen Bericht alljährlich erstellenden Bürgerrechtsorganisationen wollen damit deutlich machen, dass die Geltung der Grundrechte in unserer Republik nicht allein durch die Gerichte gewährleistet wird, auch nicht allein durch das Bundesverfassungsgericht; dass es vielmehr Sache der Gesellschaft ist, auf deren Wirksamkeit zu achten ... Gewissermaßen stellvertretend für die Bürger und Bürgerinnen der Bundesrepublik versehen die Humanistische Union, die Gustav Heinemann-Initiative, das Komitee für Grundrechte und Demokratie, der Bundesarbeitskreis Kritischer Juragruppen, Pro Asyl, der Republikanische Anwältinnen- und Anwälteverein, die Vereinigung demokratischer Juristinnen und Juristen, die Internationale Liga für Menschenrechte und die Neue Richtervereinigung das gesellschaftliche Wächteramt ... Ohne das Engagement von Bürgerrechtlern und Bürgerrechtlerinnen für die Grundrechte kämen – das gilt es freimütig einzugestehen – Gerichtsurteile nicht zustande, die auch in Zeiten terroristischer Gefahr auf einen rechtsstaatlichen Umgang mit jenen bestehen, die des Terrors verdächtig sind ... Doch wer in der Abwehr des Terrorismus Abstriche von der Rechtsstaatlichkeit macht, zerstört letztlich selbst den freiheitlichen Rechtsstaat, den er zu schützen sucht.«

Mit diesen Worten würdigte die frühere Präsidentin des Bundesverfassungsgerichts, Jutta Limbach, 2006 das Erscheinen des zehnten Grundrechte-Reports. Der elfte, der hier vorliegt, berichtet von neuen, darunter manchen noch ärgeren staatlichen Eingriffen in die Grundrechte.

Informationen über die Herausgeber, die Autorinnen und Autoren, die Redaktion und die Herausgeberorganisationen finden sich im Anhang des Buches.

Till Müller-Heidelberg/Ulrich Finckh/
Elke Steven/Moritz Assall/Jürgen Micksch/
Wolfgang Kaleck/Martin Kutscha/
Rolf Gössner/Ulrich Engelfried (Hg.)

Grundrechte-Report 2007

Zur Lage der Bürger- und Menschenrechte in Deutschland

Ein Projekt der Humanistischen Union, der Gustav Heinemann-Initiative, des Komitees für Grundrechte und Demokratie, des Bundesarbeitskreises Kritischer Juragruppen, von Pro Asyl, des Republikanischen Anwältinnen- und Anwältevereins, der Vereinigung demokratischer Juristinnen und Juristen, der Internationalen Liga für Menschenrechte und der Neuen Richtervereinigung

Fischer Taschenbuch Verlag

Redaktion: Heiko Habbe, Sönke Hilbrans, Julia Kühn,
Marei Pelzer, Frank Schreiber, Eckart Spoo

Originalausgabe
Veröffentlicht im Fischer Taschenbuch Verlag,
einem Unternehmen der S. Fischer Verlag GmbH,
Frankfurt am Main, Juni 2007

Satz: Pinkuin Satz und Datentechnik, Berlin
Druck und Bindung: Druckerei C. H. Beck, Nördlingen
Printed in Germany
ISBN 978-3-596-17504-8

Unsere Adresse im Internet: www.fischerverlage.de

Inhalt

Wird jemand durch die öffentliche Gewalt in seinen Rechten verletzt, so steht ihm der Rechtsweg offen (Art. 19 IV)

Die Bundesrepublik Deutschland ist ein demokratischer und sozialer Bundesstaat (Art. 20 I)

Die vollziehende Gewalt und die Rechtsprechung sind an Gesetz und Recht gebunden (Art. 20 III)

Die Freiheit der Person kann nur auf Grund eines förmlichen Gesetzes beschränkt werden (104 I, II)

Anhang

Vorwort der Herausgeber

Unsere Verfassung proklamiert die Freiheitsrechte der Bürger und Bürgerinnen, legt einige ihrer Pflichten fest und regelt zugleich Aufgaben und Handlungskompetenzen der Staatsorgane. Dabei haben die Mütter und Väter des Grundgesetzes – eingedenk des schrecklichen Machtmissbrauchs vergangener Zeiten – versucht, Macht zu begrenzen. Das soll durch die Gewaltenteilung zwischen Legislative, Exekutive und Judikative geschehen, durch den Föderalismus und durch die Garantien der Grundrechte aller und ihr Recht auf rechtsstaatliche Verfahren. Der Grundrechte-Report hat sich die Aufgabe gestellt, diese Standards zu schützen und auf Missstände hinzuweisen. Wir wissen, dass überall einzelne Fehler vorkommen können. Deshalb achten wir weniger auf diese, vielmehr geht es uns um solche, die nicht nur als Einzelfälle von Bedeutung sind, sondern durch ihre Häufigkeit gefährliche Tendenzen aufzeigen. Demokratische Wachsamkeit ist der beste Schutz gegen das Aushöhlen der Verfassung.

Bei der Arbeit am Report dieses Jahres sind wir in einem unerwarteten Ausmaß auf Übergriffe von Legislative und Exekutive gestoßen, die selbst Entscheidungen der höchsten Gerichte nicht beachten. In Guantánamo und in deutschen Justizvollzugsanstalten, bei Polizeieinsätzen und in Ausländerbehörden, beim Kopftuchverbot für Lehrerinnen, in privatisierten Bereichen des öffentlichen Raums und selbst bei sozialen Verpflichtungen werden Menschenrechte unerwartet häufig auf die Seite geschoben und die korrigierenden Entscheidungen der Gerichte vorsätzlich missachtet. Dass darunter einerseits besonders ausländische Mitmenschen leiden, andererseits zunehmend Bespitzelung und Überwachung Grundrechte beeinträchtigen, wird auch in diesem Jahr deutlich. Wir werden nicht aufhören, darauf hinzuweisen, bis auch der letzte Innenminister, Polizist oder Geheimdienstler sich darauf besinnt, dass alle staatliche Gewalt sich am Grundgesetz zu orientieren hat und sich notfalls von den Gerichten korrigieren lassen muss. In diesem Sinne ist dieser Report der Verfassungsschutzbericht – nämlich der von unten.

Ulrich Finckh

»Werte« und Ängste gegen Grundrechte

Wenige Monate nach der Verabschiedung der Allgemeinen Erklärung der Menschenrechte durch die Vereinten Nationen hat 1948 der Parlamentarische Rat das Grundgesetz für die Bundesrepublik Deutschland beschlossen. In beiden Dokumenten bildet die Würde des Menschen die Grundlage der Menschenrechte. Sie eignet nach der Erklärung der Vereinten Nationen jedem einzelnen Menschen durch Geburt. Das Grundgesetz beschreibt sie als unantastbar. Das Bekenntnis zu unveräußerlichen individuellen Menschenrechten antwortet auf die Aufhebung aller Rechte in der NS-Diktatur und auf das Erschrecken über die in ihr begangenen Verbrechen. Während die Vereinten Nationen das ausdrücklich ansprechen, begnügt sich das Grundgesetz mit der Berufung auf Gott und dem erklärten Willen, dem Frieden der Welt zu dienen. In Artikel 1 Absatz 2 folgt in fast religiöser Sprache: »Das Deutsche Volk bekennt sich darum zu unverletzlichen und unveräußerlichen Menschenrechten als Grundlage jeder menschlichen Gemeinschaft, des Friedens und der Gerechtigkeit in der Welt.«

Die aus der Menschenwürde abgeleiteten Grundrechte kann man zusammenfassen als Freiheitsrechte, Beteiligungsrechte und wirtschaftliche, soziale und kulturelle Rechte, wobei letztere immer nachrangig behandelt wurden. Nach der NS-Diktatur wurden die Freiheitsrechte als Schutzrechte gegen staatlichen

Machtmissbrauch und die demokratischen Beteiligungsrechte besonders betont. Als zentrale Verfassungsprinzipien wurden freiheitliche Demokratie, Rechtsstaat, Bundesstaat, Sozialstaat und Verpflichtung zum Frieden herausgestellt. Eine Rechtsordnung, die von der Würde des Menschen ausgeht sowie Gemeinschaft, Frieden und Gerechtigkeit als Ziele benennt, ist auch eine Wertordnung. Im Grundgesetz wird diese Ordnung mit guten Gründen durch die Garantie von Rechten geregelt, nicht durch die Postulierung von Werten oder einer Leitkultur. Werte sind instrumentalisierbar. So ist in der NS-Diktatur mit der Betonung des angeblichen »Wertes« von Volk und Rasse und der Propagierung der Volksgemeinschaft die Weimarer Reichsverfassung angegriffen worden. Am Ende hieß es dann: »Du bist nichts, dein Volk ist alles«, und wer nicht zum rassistisch definierten Volk gehörte, war ganz rechtlos. In der DDR wurde der Wert einer sozialistischen Gesellschaft gegen die in der ersten Verfassung nach 1945 noch garantierten Menschenrechte angeführt. Die Garantie und praktische Durchsetzung von Grundrechten aller Einzelnen ist deshalb von größter Bedeutung. Erneut macht sich jedoch eine Tendenz breit, die Grundrechte unter Berufung auf besondere »Werte« einzuschränken. In gewisser Weise hat das Bundesverfassungsgericht dies mit der Betonung der Wertgebundenheit der freiheitlich demokratischen Grundordnung vorbereitet. In vielen Entscheidungen hat das Gericht jedoch in der Regel den Grundrechten den Vorrang vor »Werten« wie Ordnung, Sicherheit, Funktionsfähigkeit des Staates gegeben.

Staatliche Funktionsfähigkeit über alles?

Grundrechte werden vor allem dann beschnitten, wenn es um die Funktionsfähigkeit des Staates und um staatliche Sicherheit geht. Das begann 1956 mit der einschneidenden Änderung des Grundgesetzes durch die Wehrverfassung und die Wehrgesetze. Für junge Männer wurden mit der Wehrpflicht viele Grundrechte eingeschränkt. Die Angst vor dem Warschauer Pakt und die Beschwörung der Sicherheit machten diesen Eingriff trotz aller Kritik möglich. Sicherheit ist nie vollständig zu garantieren. Sie kann aber als »Wert« für immer neue Eingriffs- und Kontrollbefugnisse instrumentalisiert werden. Schritt für Schritt werden Grundrechte abgebaut. Von der Befugnis zum Abhören und Bespitzeln bei konkreter Gefahr ging es über zur Notwendigkeit des konkreten Verdachts, dann sollten erhebliche Hinweise auf mögliche Verbrechen reichen und schließlich stehen Vorsorge und Prävention ganz allgemein im Vordergrund. Polizei, Geheimdienste und Justiz, deren Trennung nach den Verbrechen der GESTAPO eine wichtige Forderung des Rechtsstaates war, haben seit 2006 gemeinsamen Zugriff auf umfassende Dateien. Wer jemals in Verdacht geraten ist, wird in den entsprechenden Dateien festgehalten und verliert in bestimmten Situationen seine Grundrechte. Seit Jahren machen diejenigen, die gegen die Art und Weise der kapitalistischen Globalisierung protestieren, die Erfahrung, dass ihre Bewegungs- und Redefreiheit in diesem Kontext aufgehoben wird. Im Jahr 2006 erging es Fußballfans so, die polizeilich aufgefallen waren, auch wenn sie nie verurteilt, geschweige denn mit gerichtlichen Auflagen sanktioniert worden waren. Auch wer nur Kontakte zu Verdächtigen hat, kann selbst in Verdacht geraten.

Immer neue Begründungen

Die Gefährdung (staatlicher) Sicherheit wird immer neu begründet. Erst bildeten die Kommunisten eine solche Gefahr für die Freiheit, dass Bürgerrechte massiv missachtet wurden. Das KPD-Verbot und die Berufsverbote, deren Unrecht erst der Europäische Gerichtshof für Menschenrechte feststellte, sind Schandflecke des Rechtsstaates. Ein Ende fanden die Berufsverbote trotzdem nicht. Regierungen fanden und konstruierten immer wieder Gründe, in Grundrechte einzugreifen. Da gab es die RAF und die roten Zellen. Dann die organisierte Kriminalität, oft mit ausländerfeindlichem Unterton. Dann die »Asylantenflut«. Schließlich den 11. September 2001, ein spektakuläres Verbrechen, das in Deutschland (und in anderen Staaten) den Regierenden zu lange gewünschten Eingriffsmöglichkeiten verhalf. Und immer wurden Kampfbegriffe gefunden, um ein Klima der Angst zu erzeugen und staatliche Eingriffe zu legitimieren. Begründet wurde dies mit dem »Wert« der Freiheit und der »freiheitlich demokratischen Grundordnung«. Denunziatorische Begriffe wurden erfunden: »5. Kolonne«, »rote Socken«, »Sympathisanten«, »Asylanten«, »Terroristen«, »Islamisten«. Wer dagegen nüchtern nach Bedrohungen unseres Lebens fragt, wird andere Zusammenhänge analysieren müssen. Krankheiten, Unfälle und Armut sind sozial ungleich verteilt. Selbst tausende Verkehrstote führen nicht zu generellen Geschwindigkeitsbegrenzungen, denn der Wert des freien Verkehrs erscheint wichtiger als die Garantie von Leben und körperlicher Unversehrtheit. Atomkraft bedroht unser aller Sicherheit. Sicherheit ist jedoch zum Manipulationsbegriff der Herrschenden geworden, die für ihr Handeln mehr Macht wollen. Individuelle Ängste vor Bedrohungen werden genutzt für populistische Vorschläge zu längeren und härteren Strafen (vor allem bei Jugendlichen und Sexualstraftätern. »Wegsperren, und zwar für immer!«, Gerhard Schröder). Solche Vorgehensweisen sind nicht nur kontraproduktiv, sondern verletzen auch Menschenwürde und Menschenrechte der Straftäter.

Freie Fahrt und freier Markt wichtiger als Grundrechte?

Neben der Sicherheit wird die Ordnung als »Wert« genutzt, der Eingriffe in Grundrechte begründen soll. Demonstrationen stören diese Ordnung – und sei es nur vordergründig den geordneten Straßenverkehr – und werden mit Verboten belegt. Regelmäßig missachten Polizisten das Demonstrationsrecht, kesseln ganze Gebiete ein, nehmen Unbeteiligte fest und können oder wollen hinterher nicht feststellen, wer für die Übergriffe verantwortlich war. Immer wieder müssen Gerichte angerufen werden, um Verbote aufzuheben oder Fehlverhalten wenigstens im Nachhinein zu überprüfen. Manchmal gehen die Verfahren bis zum Bundesverfassungsgericht, weil sogar Obergerichte das Demonstrationsrecht missachten.

Die großen Wirtschaftsunternehmen verteidigen den »Wert« der Freiheit des Marktes. Obwohl Deutschland seit Jahren Exportweltmeister ist und regelmäßig besonders viele Patente angemeldet werden, gab es heftige Kritik am Antidiskriminierungsgesetz. Die Kritik war ein Angriff auf die in Artikel 3 GG garantierten Grundrechte, deren Ernstnehmen angeblich die Ordnung des Marktes, in diesem Fall die Wettbewerbsfähigkeit der deutschen Wirtschaft, gefährdete. Dabei geht es bei der Gleichbehandlung um die Grundlagen des Sozialstaates und auch um die mit der Garantie des Eigentums verbundene Verpflichtung gegenüber der Allgemeinheit.

Konflikte mit christlichen Traditionen

Ein anderer Wertbegriff, der herangezogen wird, um Schutzrechte auszuhebeln, ist die christlich verstandene Familie. Artikel 6 GG stellt Ehe und Familie unter den besonderen Schutz des Staates. Welche Konsequenzen hat das? Sind Ehe und Familie gleichzusetzen? Oder ist eine nichteheliche Partnerschaft, erst recht eine mit gemeinsamen Kindern, auch eine zu schützende Familie? Haben Alleinerziehende und ihre Kinder Anspruch auf besonderen Schutz wie traditionelle Familien? Darf zwischen Ehen ohne Kinder und Familien mit Kindern unterschieden werden? Was bedeuten die besonderen Hinweise auf den Schutz von Müttern und von nichtehelichen Kindern? Der übliche Verweis auf den Wert der traditionellen christlichen Familie ist problematisch in einer Gesellschaft, in der gut ein Drittel der Menschen keiner christlichen Kirche angehört. Er wird auch zweifelhaft, wenn das Ausländerrecht für Flüchtlinge den Schutz der Familie wenig achtet. Wenn manche Muslime eigene traditionalistische Vorstellungen vom Wert patriarchalischer Familie und Familienehre über das Grundgesetz stellen wollen, sind wir zu Recht empört. Aber wie achten wir die Verfassung? Ist es nicht an der Zeit, neu zu fragen, was eine Ehe ausmacht? Wenn es um Liebe, sexuelle Partnerschaft und Sorge füreinander geht – was bei Krankheit, Alter und Behinderung die staatlichen Institutionen entlastet und heutzutage auch in vielen kinderlosen Ehen das Kennzeichen von Ehe ist –, warum sind dann die registrierten schwulen und lesbischen Partnerschaften keine schützenswerten Ehen und sogar mit Kindern keine richtigen Familien?

Nochmals zum »Wert« der christlichen Tradition. Ein Streitpunkt ist seit einiger Zeit trotz des Kruzifix-Urteils des Bundesverfassungsgerichtes vor allem in Bayern das Aufhängen von Kruzifixen in Schulen. Die Kruzifixe sind für reformierte Protestanten ein Verstoß gegen das Bilderverbot der Bibel, für Juden, Muslime und Atheisten eine Provokation. Trotzdem wird immer wieder versucht, das Anbringen von Kruzifixen unter Berufung auf christliche »Werte« in Schulräumen und in anderen öffentlichen Räumen durchzusetzen. Die Religionsfreiheit garantiert aber auch die Freiheit, nicht von staatlicher Seite zwangsweise mit Glaubenssymbolen konfrontiert zu werden. Der »Wert« der christlichen Tradition wird ebenfalls beschworen, um muslimische Lehrerinnen aus Schulen fernzuhalten, wenn sie z.B. durch ein Kopftuch ihren Glauben zu erkennen geben. Dabei wird ihnen unterstellt, das Kopftuch symbolisiere Unterwürfigkeit, ja Rechtlosigkeit der Frauen, obwohl die Lehrerinnen mit Erfolg studiert haben. Mit den Frauen und ihren Gründen, ein Kopftuch zu tragen, wird sich nicht auseinandergesetzt. Es stellt sich die weitere Frage: Wieso dürfen katholische Geistliche oder Nonnen, die auch durch ihre Kleidung ein Bekenntnis zu ihrem Glauben kundtun, in Schulen unterrichten? Ist die katholische Praxis, Frauen vom Priesteramt und allen Stufen der Hierarchie fernzuhalten, keine Diskriminierung?

Entscheidend sind die Grundrechte

Schwierig ist es, wenn das Grundgesetz Ansatzpunkte bietet, Eingriffe in Rechte zu rechtfertigen. Die hergebrachten Grundsätze des Berufsbeamtentums in Artikel 33 Absatz 5 GG halfen in Verbindung mit der Funktionsfähigkeit des Staates, über die Gewissensbedenken Einzelner hinwegzugehen. Die Nachteile für Kriegsdienstverweigerer durch die Prüfungsverfahren und die längeren Dienstzeiten gegenüber den Grundwehrdienstleistenden hat das Bundesverfassungsgericht zu Gunsten der »funktionsfähigen militärischen Landesverteidigung«, abgeleitet aus Artikel 73 Ziffer 1 und Artikel 87a GG, ausdrücklich gebilligt. Aus dem Grundrecht war ein Antragsrecht geworden, das staatlich überprüft und genehmigt werden muss, und aus der

Gleichbehandlung lange Zeit eine erhebliche Ungleichbehandlung. Im Grunde geht es immer wieder um die Frage, ob der Staat um des einfacheren Funktionierens willen in die Grundrechte eingreifen darf. Das Grundgesetz stellt die Grund- und Menschenrechte an die erste Stelle, staatliches Handeln muss die Freiheits-, Beteiligungs- und sozialen Grundrechte achten. Sie sind unmittelbar geltendes Recht.

Letztlich entscheidet in der Regel das Bundesverfassungsgericht, welche Grundrechte wie zu achten sind. Es kann Gesetze für nichtig erklären oder dem Gesetzgeber Neuregelungen vorschreiben. Wenn es dabei »Werte« wie Funktionsfähigkeit, Gemeinschaftsbezogenheit oder gar den Bestand des Staates zum Maßstab macht, schafft es sich einen Spielraum, der es zum Herrn der Verfassung macht. Dass es sich jederzeit selbst korrigieren kann, ist ein schwacher Trost. Wichtig ist, dass es durch die Minderheitsvoten die Diskussion seiner Entscheidungen herausfordert. Die Entscheidungen der Mehrheit gelten, aber die Sondervoten eröffnen oft die kritische Diskussion, deren Ergebnis durchaus eine künftig geänderte Rechtsprechung sein kann. Auch die Entscheidungen des Bundesverfassungsgerichtes sind an das Grundgesetz gebunden, und wir alle sind aufgerufen, darauf zu achten, dass diese Bindung ernst genommen wird. Die Entscheidungen ergehen im Namen des Volkes. Das Volk sind wir. Unsere Grundrechte sind unsere Schutzrechte und sind »Werten«, die gegen sie angeführt werden, allemal vorgeordnet. Es gefährdet die freiheitliche Ordnung, wenn Ängste überbetont werden oder »Werte« gegen die Grundrechte geltend gemacht werden. Deshalb sind die Grundrechte so wichtig. Wenn das nicht reicht, ist es manchmal ein Trost, dass nicht nur unsere Verfassung, sondern auch internationale Menschenrechtskonventionen Schutz gewähren und europäische Gerichte helfen können, wenn selbst das Bundesverfassungsgericht nicht hilft.

Die Würde des Menschen ist unantastbar
Art. 1 (1) Die Würde des Menschen ist unantastbar. Sie zu achten und zu schützen ist Verpflichtung aller staatlichen Gewalt.

Burkhard Hirsch

Menschenwürde und die Verteidigung der Luftsicherheit

Man müsse dem System vertrauen und schulde ihm Gehorsam, hatten Offiziere eines Jagdgeschwaders erklärt, deren Aufgabe es sein sollte, über der Bundesrepublik auch ein vollbesetztes Passagierflugzeug auf Befehl abzuschießen, wenn seine Entführer es allem Anschein nach als Waffe einsetzen wollen. Das System heißt NLFZSiLuRa – Nationales Lage- und Führungszentrum Sicherheit im Luftraum –, sitzt in Kalkar, alarmiert die Abfangjäger-Rotte, gibt seine Befürchtungen an den Inspekteur der Luftwaffe weiter, und der lässt den IBUK – den Inhaber der Befehls- und Kommandogewalt, also den Verteidigungsminister – entscheiden, ob abgeschossen wird oder nicht. Wonach soll der sich entscheiden? Wie kann er wissen, was sich an Bord des sich irregulär bewegenden Flugzeuges ereignet: ob es tatsächlich eine ernsthafte Entführung und mit welcher wirklichen Absicht ist oder ob es sich nur um einen Instrumentenausfall, einen ohnmächtigen oder unfähigen Piloten handelt? Wie kann er wissen, ob die Maschine – wenn sie abgeschossen werden würde – auf eine Schule, ein Krankenhaus oder den Potsdamer Platz stürzt? Soll der Minister seine Entscheidung davon abhängig machen, ob sich an Bord der Maschine eine beliebte Fußballmannschaft, eine ausländische Delegation oder nur normale Menschen – und dann wie viele befinden? Das Gesetz schweigt. Die Entscheidung sei schwer, meinte der Minister, und er werde zurücktreten, wenn er sie treffen müsste, allerdings erst danach. Der Inspekteur der Luftwaffe, ein Herr Stieglitz, gab sich vor dem Verfassungsgericht soldatisch: »Wenn wir den Befehl bekommen abzuschießen, dann wird abgeschossen. Befehlsverweigerung gibt's nicht. Wer den Befehl verweigert, kommt vors Wehrstrafgericht.« Immer diese Zivilisten, wird der Mann sich gedacht haben. Bedenkenträger. Auf die Frage, ob denn die Piloten auch gehorchen würden, wenn sie die Passagiere – Männer, Frauen, Kinder – nicht durch Knopfdruck, sondern einzeln erschießen müssten, gab es keine Antwort. Mit anderen Worten, es war ein System, dem man besser weder Vertrauen noch Gehorsam schulden sollte.

Das schienen auch Vertreter der Politik so zu sehen. Die Länder Hessen und Bayern hatten zwar keine Einwendungen gegen das Abschießen eines Passagierflugzeugs. Es fehle dem Gesetz aber die Zustimmung des Bundesrates – und die hätte es nur gegeben, wenn der Einsatz der Bundeswehr im Inland umfassender und unter Änderung des Grundgesetzes geregelt worden wäre.

Der Innenminister, der das Gesetzeswerk maßgeblich betrieben hatte, meinte dagegen, Deutschland sei so dicht besiedelt, dass er sich keinen Vorgang vorstellen könne, bei dem das Gesetz bei richtiger Auslegung angewendet werden könne. Die Frage blieb offen, warum denn das Gesetz dann eingebracht worden war.

Die beteiligten Abgeordneten der beiden Koalitionsfraktionen waren unterschiedlicher Meinung. Der Abgeordnete Wiefelspütz (SPD) erklärte, es sei zwar bedauerlich, dass die unschuldigen Passagiere, die mit dem Flugzeug entführt worden seien, bei einem Abschuss getötet werden würden. Das sei aber nicht zu ändern. Ihr Leben würde ohnehin nur noch kurze Zeit dauern. Der Abgeordnete Ströbele (Bündnis 90/Die Grünen) meinte dagegen, seine Fraktion habe immer erklärt, dass sie die Tötung der Passagiere ablehne. Genau deswegen habe man ja die Kompromissformulierung gefunden, in der die Insassen des Flugzeugs nicht mehr vorkommen: »Die unmittelbare Einwirkung (der Kampfflugzeuge auf die Passagiermaschine) mit Waffengewalt ist nur zulässig, wenn nach den Umständen davon auszugehen ist, dass das Luftfahrzeug gegen das Leben von Menschen eingesetzt werden soll.« Das Gesetz regele nur eine Zuständigkeitsfrage, erlaube aber keine vorsätzliche Tötung von Menschen. Das habe er auch im Plenum des Bundestages als seine persönliche Meinung gesagt.

Täuschung der Öffentlichkeit

Der Vorgang verdient, festgehalten zu werden: Die Bundesregierung bringt ein Gesetz ein, das sie bei korrekter Auslegung für unanwendbar hält. Und die Fraktionen des Bundestages, die die entscheidende Mehrheit bildeten, verdecken vorsätzlich durch eine Kompromissformel, dass sie in Wirklichkeit in einer Kernfrage des Gesetzes diametral entgegengesetzter Meinung waren, ohne sich geeinigt zu haben. Sie täuschten der Öffentlichkeit eine Mehrheit in einer Frage vor, bei der es um das Leben von Hunderten unschuldiger Menschen ging – und darum, ob Soldaten der Bundeswehr mit einem rechtswidrigen Befehl konfrontiert werden würden, der den Tatbestand des Totschlags erfüllt hätte.

Es gibt in der Geschichte der deutschen Parlamente keinen vergleichbaren Vorgang. Man mag darüber streiten, was man für richtig hält. Aber man kann eine Gesetzgebung über Leben und Tod nicht zu einem politischen Spiel machen, in dem die Akteure der einen Seite etwas darstellen, was sie für wehrhafte Handlungsfähigkeit ausgeben wollen, und die andere Seite sich die Schüssel hinstellt, in der sie ihre Hände in Unschuld waschen kann, wenn etwas schief geht.

Das Bundesverfassungsgericht ist in seiner Entscheidung auf diese empörende Vorgeschichte des Gesetzes nicht eingegangen. »Es ist«, formuliert das Gericht, »unter der Geltung des Artikel 1 Absatz 1 GG schlechterdings unvorstellbar, auf der Grundlage einer gesetzlichen Ermächtigung unschuldige Menschen, die sich wie die Besatzung und die Passagiere eines entführten Luftfahrzeugs in einer für sie hoffnungslosen Lage befinden, vorsätzlich zu töten.« Der Gesetzgeber darf dazu gegenüber unschuldigen Menschen weder ermächtigen noch eine solche Handlung als rechtmäßig qualifizieren und damit erlauben. Das sei als »Streitkräfteeinsatz nichtkriegerischer Art mit dem Recht auf Leben und der Verpflichtung des Staates zur Achtung und zum Schutz der menschlichen Würde nicht zu vereinbaren.«

Die einmütig beschlossene Begründung dieser Sätze auf Artikel 1 des Grundgesetzes zeigt dem Gesetzgeber, dass er sich hier auf ein Feld begeben hat, auf dem er keine Macht und nichts mehr zu entscheiden hat. Das Leben der Bürger ist keine Verfügungsmasse, über die der Staat nach opportunistischen Gründen verfügen könnte, aus welchen Motiven auch immer. Er hat das Leben der Bürger zu schützen, und zwar mit allen Mitteln, die die Verfassung ihm erlaubt – und die sind bei weitem nicht ausgeschöpft. Die Verfassung erlaubt es jedenfalls nicht, Bürger, die selbst Opfer eines Verbrechens sind, vorsätzlich zu töten, weil der Verteidigungsminister denkt, das sei vermutlich für alle besser so. Er ist nicht Herr über Leben und Tod.

Dem Minister fiel es offenbar schwer, sich aus dieser spektakulären Rolle zu lösen. Er werde, meinte er wiederholt in öffentlichen Erklärungen, im Notfall den Einsatzbefehl gleichwohl erteilen und dann, natürlich, zurücktreten. Er sei der Meinung, das sei ein Verteidigungsfall. Er übersieht, dass die Befehlsgewalt im Verteidigungsfall auf den Bundeskanzler übergeht. Er übersieht auch, dass wir nicht mehr im 19. Jahrhundert leben, in dem die Regierungen nach eigenem Ermessen den Belagerungszustand, also das Kriegsrecht, ausrufen konnten und dass sich aus dem Urteil des Bundesverfassungsgerichts eben ergibt, dass die Entführung eines Flugzeugs durch Terroristen, sonstige Straftäter oder Geistesgestörte kein Krieg, sondern ein Verbrechen ist. Und er übersieht schließlich, dass sein Befehl rechtswidrig und ungültig wäre, weil er die Begehung eines Verbrechens anordnet. Solange die Bundesrepublik ein Rechtsstaat ist, müsste er nicht nur zurücktreten, sondern gemeinsam mit den Piloten, die einen solchen Befehl ausführen, wegen Totschlags vor Gericht gestellt werden. Es wäre angebracht, dass der Inspekteur der Luftwaffe, der schon erwähnte Herr Stieglitz, die Offiziere der beiden für diese Einsätze vorgesehenen Jagdgeschwader über diese Rechtslage aufklären würde.

Wehrpflichtige als Hilfspolizisten?

Die Bundesregierung spielt mit dem Gedanken, ein Gesetz einzubringen, in dem die Bundeswehr zu Einsätzen mit militärischen Mitteln im Inland ermächtigt werden soll. Fast hatte sie es schon erreicht, diesen Gedanken mit der »Solidaritätsklausel« des Artikel 1–43 des Europäischen Verfassungsvertrages in unser Rechtssystem einzuschmuggeln, der in der Debatte des Bundestages mit keinem einzigen Wort erwähnt worden ist. Wollen wir wirklich Wehrpflichtige als ungelernte Hilfspolizisten mit Kriegswaffen im Inland einsetzen, damit sie wenigstens die Länderhaushalte bei den Polizeikosten entlasten? Wer das will, der könnte genauso gut oder schlecht die Bundespolizei wieder mit den alten Uniformen und den einstigen militärischen Rängen des Bundesgrenzschutzes ausstatten und ihr die schweren Waffen geben, die die Polizei in der Nachkriegszeit allmählich und manchmal zögernd abgelegt hat, Panzerfahrzeuge, Handgranaten, schwere Maschinengewehre. So drängt sich ein anderer Gedanke auf, dass nämlich der »Einsatz der Bundeswehr mit militärischen Mitteln« im Inland in Wirklichkeit bedeuten soll, dass die Bundesregierung unter dem Stichwort »Bekämpfung des Terrorismus« nicht nur Kriegswaffen, sondern stillschweigend und unter Bruch ihrer verfassungsrechtlichen Pflichten Kriegsrecht einführen, also das erlauben will, was man dann schönfärberisch »Kollateralschäden« nennt: die beim Einsatz militärischer Kriegswaffen unvermeidbare und darum hingenommene vorsätzliche Tötung Unschuldiger?

Die Militarisierung der Innenpolitik wird kein Problem lösen. Aber die Fortsetzung der Demontage unserer Verfassung beginnt, unsere Rechtsordnung und damit unseren Staat zu zerstören. In bester Absicht, versteht sich.

Rosemarie Will

Das absolute Folterverbot gilt auch bei der internationalen Terrorismusbekämpfung

Das Grundgesetz (Artikel 1 Absatz 1 und Artikel 104 Absatz 1), die Antifolterkonvention (Artikel 2 Absatz 2) und die Europäische Menschenrechtskonvention (Artikel 15) verbieten Folter ohne Einschränkung. Diese menschenrechtliche Selbstverständlichkeit ist in mehreren Fällen missachtet worden.

Der Fall Abdel-Halim Khafagy

Der in Deutschland lebende muslimische Buchverleger Abdel-Halim Khafagy wurde im September 2001 auf einer Geschäftsreise in Sarajevo von Amerikanern verschleppt und in einem geheimen US-Gefängnis nahe Tuzla (Bosnien) verhört, gefoltert und menschenunwürdig behandelt, weil man ihn mit einem Vertrauten Bin Ladens verwechselte. Er sollte in Tuzla von zwei BKA-Beamten vernommen werden. Diese haben sich zu Recht geweigert, ihn zu verhören, weil er – wie andere Gefangene auch – im US-Geheimgefängnis ganz offensichtlich misshandelt worden war und die Vernehmung unter Bedingungen stattfinden sollte, die gegen Artikel 1 Absatz 1 GG verstoßen hätten. Die BKA-Beamten erstatteten einen ausführlichen Bericht im BKA und an das Bundesinnenministerium.

Die Bundesregierung war seitdem (und über Geheimdienstinformationen) über die amerikanische Missachtung des Folterverbotes beim Kampf gegen den Terrorismus informiert. Trotzdem hat sie in der Folgezeit eine Zusammenarbeit praktiziert, die unter ihrem Schutz stehende Menschen diesen Praktiken auslieferte.

Der Fall Mohammed Heydar Zammar

Das BKA übermittelte dem FBI am 26. November 2001 den Aufenthaltsort des Deutsch-Syrers Zammar und dessen Flugdaten. Daraufhin ließen ihn die Amerikaner in Marokko festnehmen und nach Syrien ausfliegen, wo er bis heute in einem berüchtigten Foltergefängnis einsitzt und ihm die Todesstrafe droht. Im Juni 2002 wurde der deutsche Botschafter im amerikanischen Außenministerium über den Vorgang informiert und gebeten, wegen der Menschenrechtsverletzungen keinen Druck auszuüben. Dieser Bitte haben die deutschen Behörden entsprochen.

Bis heute vertritt die Bundesregierung die Auffassung, dass sie nichts gegen die unmenschliche Behandlung dieses deutschen Staatsbürgers unternehmen müsse, weil er ja auch syrischer Staatsangehöriger sei. Dies meint sie, obgleich sie selbst durch eigene Informationsübermittlung die unmenschliche Behandlung erst ermöglicht hat.

Darüber hinaus fand im November 2002 in Damaskus eine Vernehmung Zammars durch Beamten des BKA statt, deren Durchführung am 29. Oktober 2002 im Kanzleramt durch die Präsidenten der Sicherheitsbehörden und die wichtigsten Staatssekretäre angeordnet wurde. Zammar hat in dieser Vernehmung angegeben, dass er nach seiner Verhaftung in Marokko und in Syrien geschlagen worden sei und in einer Zelle von 1,90 mal 1 Meter vegetiere. Der syrische Fallführer vom militärischen Geheimdienst teilte den deutschen Beamten zudem mit, dass Zammar drei Tage lang auf die Befragung im Interesse einer konstruktiven Haltung »vorbereitet« wurde.

Den deutschen Behörden war bekannt oder hätte bekannt sein müssen, dass das syrische Foltergefängnis Far Falestin, aus dem Zammar zum Verhör gebracht wurde, weder dem Roten Kreuz Zugang gewährt noch die Tatsache der Inhaftierung vor Angehörigen und möglichen Rechtsbeiständen offenlegt. Angesicht dessen bedurfte es weiterer Nachweise vorangegangener unmenschlicher Behandlung nicht, um ein Verhörverbot aus dem für deutsche Behörden geltenden Folterverbot zu folgern.

Der Fall Khaled el Masri

Khaled el Masri wurde im Dezember 2003 an der serbisch-mazedonischen Grenze entführt und von CIA-Agenten nach Kabul verschleppt. Vier Monate lang wurde er in einem afghanischen Internierungslager eingesperrt – nach unwidersprochener Aussage –, auch gefoltert und menschenunwürdig behandelt. Einem offiziellen US-Regierungs-Statement zufolge ordnete die US-Außenministerin Condoleezza Rice die Freilassung el Masris an, nachdem sie im April 2004 erfahren hatte, dass es sich bei dem gefangen gesetzten el Masri nicht um das gesuchte gleichnamige Al-Qaida-Mitglied handelt. El Masri wurde von einem deutsch sprechenden »Sam« abgeholt, der schon zuvor im Gefängnis mit ihm gesprochen hatte, und mit ihm zusammen ausgeflogen. Am 31. Mai 2004 wurde Innenminister Otto Schily von US-Botschafter Daniel Coats von der irrtümlichen Entführung eines Deutschen durch die CIA informiert. Schily ließ, wie von den USA erbeten, darüber nichts verlauten.

Die ermittelnde Staatsanwaltschaft München I erfuhr von der Unterrichtung des Bundesinnenministers Schily durch den US-Botschafter erst 1½ Jahre später. Ob und gegebenenfalls welche Informationen über el Masri bayerische Stellen in der Zeit vor, während und nach der Entführung el Masris an die CIA weitergegeben und von der CIA erhalten haben, wurde bisher nicht aufgeklärt. Bis heute hat man auch nicht herausgefunden, wer die von el Masri als Deutscher identifizierte Person »Sam« war.

Die Bundesanwaltschaft prüfte die Angelegenheit nach eigenen Angaben im Juni 2004 zwei Mal, entschied aber am 29. Juni 2004, die Sache nicht zu übernehmen.

Der Fall Murat Kurnaz

Der in Bremen ansässige Murat Kurnaz wurde auf einer Reise in Pakistan als »feindlicher Kämpfer« festgenommen und dem US-Militär übergeben, das ihn auf den Militärflugplatz in Kandahar verschleppt und dort interniert hat. Die Nachricht von der Internierung erreichte das AA und das Kanzleramt am

4. Januar 2002. In Deutschland war bekannt, dass die Gefangenen misshandelt werden. Erst nach vielerlei Ausflüchten und unrichtigen Behauptungen wurde zugegeben, dass deutsche Soldaten des Kommandos Spezialkräfte (KSK) im Foltergefängnis Wachdienst leisteten. Ob sie sich an der Misshandlung von Kurnaz, wie er behauptet, beteiligt haben, ist ungeklärt. Am 9. Januar 2002 meldete der BND an das Kanzleramt, der angebliche Deutsche sei Kurnaz, in Deutschland geboren mit türkischem Pass, und werde nach Guantánamo überstellt.

Als Bilder aus Guantánamo veröffentlicht wurden, die die menschenunwürdige Behandlung der Gefangenen dokumentierten, verurteilte Außenminister Fischer die Behandlung der Gefangenen in Guantánamo als menschenrechtswidrig. Zeitgleich tauschten deutsche und amerikanische Dienststellen Informationen über Kurnaz aus, ohne dass in Deutschland staatliche Stellen etwas gegen die »Verbringung« von Kurnaz nach Guantánamo unternahmen. Vielmehr wurde in der Präsidentenrunde des Kanzleramtes am 29. Januar 2002 ein Angebot der Amerikaner diskutiert, Kurnaz in Guantánamo zu vernehmen. Die Präsidentenrunde entschied, dass kein Konsularbeamter des AA fahren dürfe, da dieser die Rechte von Kurnaz einfordern müsse. Auch kein Mitarbeiter des BKA dürfe fahren, weil auch das BKA verfassungsrechtlich gebunden sei. Es wurden aber zwei Vertreter des BND und ein Vertreter des Bundesamtes für Verfassungsschutz beauftragt, Kurnaz in Guantánamo gemeinsam mit den Amerikanern zu vernehmen.

Bis heute weisen die Verantwortlichen verfassungsrechtliche Bedenken von sich. Trotz des Wissens um vorangegangene Folter und die durchgreifende menschenunwürdige Behandlung in Guantánamo soll die geheimdienstliche Kooperation beim Verhör gerechtfertigt gewesen sein.

Die Amerikaner waren zum Zeitpunkt ihrer Anfrage davon überzeugt, dass keine feststellbare Schuld von Kurnaz an terroristischen Ereignissen bestand; auch seine Misshandlungen haben kein anderes Ergebnis erbracht. Die deutschen Geheimdienste hielten Kurnaz von Anfang an nur für jemanden, der zur falschen Zeit am falschen Ort war. Das deutsche Verhör in Guantánamo am 23. September 2002 bestätigte dies. Trotzdem beschloss die Präsidentenrunde im Bundeskanzleramt am 29. Oktober 2002, dass Kurnaz nicht nach Deutschland zurückkommen dürfe. Das Angebot der Amerikaner zur »Rücksendung« des Guantánamo-Häftlings nach Deutschland wurde im November 2002 abgelehnt. Erst am 24. August 2006, vier Jahre später, kam Kurnaz aus Guantánamo frei.

Die geschilderten Fälle zeigen eine Missachtung des Folterverbotes, die weder mit dem Kampf gegen den Terrorismus noch mit dem Hinweis auf fremde Staatsangehörigkeit derjenigen, denen Schutz verweigert wird, zu entschuldigen ist. Die Schutzpflicht aus Artikel 1 Absatz 1 GG besteht nicht nur gegenüber Deutschen, sondern gegenüber allen, deren Schutz deutschen Behörden möglich ist.

Handlungsbedarf

Der Auffassung der Mehrheit des Parlamentarischen Untersuchungsausschusses, dass keine Konsequenzen zu ziehen seien, kann nicht gefolgt werden. Deutschen Behörden muss die Weitergabe von Informationen an ausländische oder zwischenstaatliche Stellen untersagt werden, von denen man annehmen muss, dass sie zu Folter, unmenschlicher und erniedrigender Behandlung führen. Es darf kein Outsourcing von Folter geben. Für Befragungen durch Mitarbeiter deutscher Behörden und Geheimdiensten im Ausland muss das »Ernten der Früchte von Folter« verboten werden. Eigene Befragungen oder Vernehmungen müssen ausgeschlossen sein, wenn Anhaltspunkte dafür vorliegen, dass Inhaftierte der Folter oder unmenschlicher Behandlung ausgesetzt sind. Als Anhaltspunkte sind die verfügbaren Erkenntnisse von Menschenrechtsorganisationen über die Umstände der Inhaftierung und Behandlung ausreichend. Zudem ist zweierlei klarzustellen:

- Die Verwertung von Folterinformationen ausländischer Staaten ist auch außerhalb des Strafverfahrens verboten.
- Staatliche Stellen dürfen ihnen mögliche Hilfe bei der Beendigung oder Verhinderung von Folter, unmenschlicher und erniedrigender Behandlung nicht versagen.

Tillmann Löhr

Späte Erkenntnis: Brechmitteleinsätze sind menschenrechtswidrig

Im Juli 2006 verurteilte der Europäische Gerichtshof für Menschenrechte (EGMR) die Bundesrepublik Deutschland (Urteil v. 11. 7. 2006, 54810/00). Er stellte fest, was die Mehrheit der deutschen Gerichte nicht anzuerkennen bereit war: Die zwangsweise Verabreichung von Brechmitteln verstößt als unmenschliche und erniedrigende Behandlung gegen Artikel 3 der Europäischen Menschenrechtskonvention (EMRK).

Der Entscheidung lag ein Fall aus dem Jahr 1993 zugrunde. Damals beobachteten vier Polizisten den Kläger, Abu B. Jalloh, beim Verkauf zweier Päckchen Kokain. Als sie ihn festnehmen wollten, verschluckte er ein drittes Päckchen, das er im Mund versteckt gehalten hatte. Die Beamten brachten ihn in ein Krankenhaus, wo sie ihn aufforderten, ein Brechmittel einzunehmen. Als er sich weigerte, fixierten sie ihn zu viert. So konnte ein Arzt zwangsweise einen Schlauch über die Nase in den Magen einführen, um ihm zusammen mit einer Salzlösung zwei verschiedene Brechmittel nacheinander zu verabreichen. Anschließend blieb er fixiert, bis er sich erbrach. Im Erbrochenen wurde ein Päckchen mit 0,2182g Kokain gefunden.

Unbewiesen blieb seine Behauptung, er habe über drei Tage nur Suppe essen können und unter mehrfachem Nasenbluten sowie langfristigen Magenirritationen gelitten. Auch blieb strittig, ob er vorher im Rahmen einer Anamnese über seinen Gesundheitszustand befragt worden war. Selbst wenn dies der Fall war – unstrittig ist, dass er kein Deutsch und nur gebrochen Englisch sprach.

Erniedrigt und unmenschlich behandelt, fällt es schwer, dem Kläger Glück im staatlich verordneten Unglück zu bescheinigen. Zumindest aber blieb ihm erspart, was zwei andere Opfer der zwangsweisen Brechmittelvergabe ereilte – der Tod. Nachdem die umstrittene Praxis 1993 von Berlin, Bremen, Hamburg, Hessen und Niedersachen aufgenommen worden war, forderte sie 2001 ein erstes Todesopfer in Hamburg. Ende 2004 folgte ein zweites in Bremen. Im ersten Fall erlag das Opfer einem Herzstillstand, im zweiten wurde Tod durch Ertrinken als Folge der Magenspülung diagnostiziert.

EGMR: Unmenschlich und erniedrigend

Der EGMR bezieht sich auf Grundsätze, die er in langjähriger Rechtsprechung entwickelt hat. Eine Verletzung von Artikel 3 EMRK fordert eine gewisse Intensität. Dabei kann wichtig sein, wie sich die Maßnahme körperlich und psychisch auswirkt. Löst sie Gefühle der Angst, Qual und Unterlegenheit aus? Ist sie geeignet, den Betroffenen zu erniedrigen, herabzusetzen und seinen Widerstand zu brechen? Soll er bewogen werden, gegen seinen Willen zu handeln?

Daneben trägt der Gerichtshof seine bisherige Rechtsprechung zu medizinischen Eingriffen zusammen, die Ermittlungszielen dienen. Hier setzt er besonders hohe Maßstäbe. Und noch einmal höhere, wenn Beweise aus dem Körper entnommen werden: Das Verfahren dürfe keinerlei Risiko eines Gesundheitsschadens beinhalten und weder zu schweren Schmerzen noch zu einer Verschlechterung des Gesundheitszustandes führen. Insbesondere müsse mit strengster Genauigkeit geprüft werden, ob der Beweis mit anderen Mitteln erlangt werden kann.

Strengste Genauigkeit also – deutsche Behörden und Gerichte zogen jedoch die Strenge der Genauigkeit vor. Also oblag es dem EGMR, ihnen die Prüfung abzunehmen und ein Ergebnis zu formulieren, das kaum eindeutiger hätte ausfallen können.

Einleitend betont er, dass man auf die natürliche Ausscheidung der Päckchen hätte warten können. Stattdessen wurde eine Methode gewählt, die der EGMR als »Zwang am Rande der Brutalität« bezeichnet: Bereits als der Schlauch zwangsweise eingeführt worden sei, müsse der Betroffene Angst und Schmerz erlitten haben. Anschließend müsse er, fixiert und beaufsichtigt von vier Polizisten und einem Arzt, seelisch darunter gelitten haben, auf die Wirkung des Brechmittels zu warten, um abschließend die erniedrigende Erfahrung zu machen, unter diesen Umständen zu erbrechen.

Den Einwand, der Kläger habe keine Gesundheitsschäden beweisen können, lässt der Gerichtshof nicht gelten. Ihm reicht, dass ein Risiko bestanden hat. Das gelte erst recht, weil eine Anamnese vorher nicht stattgefunden haben könne – die Weigerung des Betroffenen und seine schlechten Sprachkenntnisse ließen den Schluss zu, dass er potenzielle Fragen weder beantworten konnte noch wollte. Auch dass sich Mediziner über die Risiken des Eingriffs streiten, interessiert den Gerichtshof nicht. Stattdessen zieht er den einzigen Schluss, den die bisherige Bilanz zulässt: Zwei Tote sind genug, um ein Gesundheitsrisiko zu bejahen.

Zuletzt prüft der Gerichtshof eine Verletzung des Rechts auf ein faires Verfahren gem. Artikel 6 EMRK. Er sieht es zweifach verletzt: Zum einen sei der Prozess unfair, wenn das entscheidende Beweismittel unter Verstoß gegen Artikel 3 EMRK gewonnen worden sei. Zum anderen sei die Selbstbelastungsfreiheit verletzt.

Deutsche Praxis: Dreifache Ignoranz

In Deutschland fiel die Beurteilung weniger klar aus. Das BVerfG wies den Fall aus Zulässigkeitsgründen ab. Von den Instanzgerichten beurteilte allein das OLG Frankfurt a. M. die Praxis als rechtswidrig. Die Mehrzahl der Gerichte sah sie nach § 81 a Absatz 1 Strafprozessordnung (StPO) als gerechtfertigt an. Das war eine beachtliche Leistung, galt es doch, sich gleich dreifach ignorant zu zeigen: Gegenüber den Vorgaben des einfachen Rechts, des Verfassungsrechts und des Völkerrechts.

§ 81 a Absatz 1 StPO wäre einschlägig, wenn Gesundheitsgefahren mit an Sicherheit grenzender Wahrscheinlichkeit ausgeschlossen wären. Dies zu bejahen war spätestens seit dem ersten Todesfall nicht mehr nachvollziehbar.

Verfassungsrechtlich ist die Maßnahme nicht erforderlich. Sie wäre es, wenn es kein ebenso geeignetes, milderes Mittel gäbe. Kritiker verwiesen stets darauf, dass man den natürlichen Ausscheidungsvorgang abwarten könne. Sie ist auch nicht angemessen. Sie wäre es, wenn der Eingriff nicht außer Verhältnis zum verfolgten Ziel stünde. Hier aber wurde mit größter Intensität gegen Kleindealer vorgegangen, um kleinste Mengen von Drogen sicherzustellen. Zuletzt bliebe die Menschenwürde zu diskutieren. Verdächtige wurden auf willenlos brechende Bündel von Muskelkontraktionen reduziert, um einen Beitrag zur eigenen Strafverfolgung zu leisten.

Völkerrechtlich ist bemerkenswert, dass der EGMR weitgehend anhand bestehender Rechtsprechungsgrundsätze entschieden hat. Deutsche Gerichte müssen verfassungsrechtliche Normen völkerrechtskonform auslegen. Sie hätten daher bei der Grundrechtsauslegung die EMRK und die bisherige Rechtsprechung des EGMR berücksichtigen müssen. Während jedoch den einfachgesetzlichen und verfassungsrechtlichen Bedenken mit Argumenten begegnet wurde, schweigen die Urteile zur EMRK. Der Blick über den nationalen Tellerrand aber hätte die deutsche Praxis endgültig unhaltbar gemacht.

Rechtlich unhaltbar, lässt sich das Beharren auf einer menschenrechtswidrigen Praxis allein mit dem politischen Interesse an kompromissloser Strafverfolgung und der Instrumentalisierung von Ermittlungsmaßnahmen zur Abschreckung erklären. Gut, dass dem ein Ende gesetzt wurde – schlecht, dass der dritte Todesfall ohne das Machtwort aus Straßburg mit Billigung deutscher Gerichte nur eine Frage der Zeit gewesen wäre.

Literatur

ECHR, Judgment of 11 July 2006, Case of Jalloh v. Germany (Application no. 54810/00)

Gaede, Karsten, Deutscher Brechmitteleinsatz menschenrechtswidrig: Begründungsgang und Konsequenzen der Grundsatzentscheidung des EGMR im Fall Jalloh, in: HRRS 2006, S. 241–249

Jeder hat das Recht auf die freie Entfaltung seiner Persönlichkeit

Art. 2 (1) Jeder hat das Recht auf die freie Entfaltung seiner Persönlichkeit, soweit er nicht die Rechte anderer verletzt und nicht gegen die verfassungsmäßige Ordnung oder das Sittengesetz verstößt.

Sönke Hilbrans

Lebenslange Feindschaft?

Der Fall Gössner geht weiter

Der Mensch erkennt seine treuen Freunde daran, dass sie ihn nicht vergessen. Auch wenn man sich zuweilen aus den Augen verliert, bleiben sich gute Freunde jahrzehntelang verbunden, und trifft man sich wieder, ist es so, als hätte man sich gestern erst zuletzt gesehen. Nicht nur treue Freundschaft kann den Menschen ein Leben lang begleiten, sondern auch der Argwohn der Sicherheitsbehörden. Diese Anhänglichkeit ist für die Betroffenen freilich kein Kompliment, sondern eine Zumutung. Manche begreifen sie als Herausforderung. So kämpfte die Journalistin Gaby W. mehr als 20 Jahre durch alle Instanzen darum, von Sicherheitsbehörden vollständige Auskunft über gespeicherte Daten zu erhalten. Nach diesen langen, mit unbefriedigendem Ergebnis verlaufenen Prozessjahren teilte ihr das Bundesamt für Verfassungsschutz schließlich mit, dass man nunmehr auf die zu ihrer Person gespeicherten Daten verzichten könne und sie gelöscht habe.

Seit 30 Jahren erfasst und gespeichert ...

Regelmäßige Leser des Grundrechte-Reports wissen bereits um den Fall des Bremer Publizisten und Rechtsanwalts Dr. Rolf

Gössner, Mitherausgeber des Grundrechte-Reports und seit 2003 Präsident der deutschen Sektion der Internationalen Liga für Menschenrechte, der in den Jahren 1996 bis 2000 gegen das Bundesamt für Verfassungsschutz um Auskunft über die Daten kämpfte, die während 30 (!) Jahren vom Amt über ihn gesammelt wurden (vgl. Till Müller-Heidelberg im Grundrechte-Report 2000, S. 172 ff.). Trotz breiter und prominenter öffentlicher Unterstützung erhielt Gössner seinerzeit nur offensichtlich unvollständige Auskunft über die zu seiner Person gespeicherten Daten.

Datensammlung und Datenspeicherung durch Geheimdienste sind keine Belanglosigkeit, sondern dringen tief in die berufliche und die Privatsphäre der Betroffenen ein. Nicht nur die Ressourcen der Dienste sind erheblich, auch ihr Instrumentarium ist mächtig: Neben der Auswertung von Zeitschriften und Rundfunk können ihnen auch Lauschangriffe, Spitzel, Telefon- und Internetüberwachung zur Verfügung stehen. Rolf Gössner wandte sich daher sechs Jahre später erneut an das Bundesamt für Verfassungsschutz und verlangte wieder umfassende Auskunft und Akteneinsicht. Die Antwort fiel erneut so unbefriedigend wie aufschlussreich aus: Über den langjährigen Geheimdienstkritiker wird, so gab ihm das Amt jetzt bekannt, eine Personenakte geführt, obwohl ihm weder persönlich extremistische Bestrebungen zur Last gelegt werden, noch gar geheimdienstliche »Quellen« – etwa Spitzel – direkt auf ihn angesetzt sein sollen. Auf den ersten Blick erscheint das in den Jahren 2000 bis 2006 über Gössner in den Datensammlungen des Bundesamtes für Verfassungsschutz hinzugekommene Material als Fortschreibung früherer Erkenntnisse. Im Wesentlichen werden veröffentlichte Zeitungsartikel und Interviews erfasst, teils aber auch Seminarunterlagen geschlossener Bildungsveranstaltungen und die Teilnahme an Diskussionsveranstaltungen und öffentlichen Aufrufen. Dabei werden Beiträge für und in etablierten Medien wie der *Frankfurter Rundschau* und des Bremer *Weser Kuriers* ebenso erfasst wie etwa Beiträge für die geheimdienst-kritische Publikation *Geheim* oder der DKP-Zeitung *Unsere Zeit*, die vom Bundesamt für Verfassungsschutz als linksextremistisch eingestuft und beobachtet wird. Auch diese neuen Auskünfte sind, wie das Amt selbst eingesteht, lückenhaft. Gegenüber den Auskünften der 1990er Jahre wird der Ton im Detail aber nun schärfer: Das Bundesamt für Verfassungsschutz ziert sich schon deswegen, Auskünfte zu erteilen, weil die Gefahr einer Ausforschung der Methoden und Beobachtungsgegenstände des Amtes »abstrakt bei jedem Auskunftsersuchen gegeben« sei. In einzigartiger Klarheit stellt das Amt damit fest, dass es jeden erfassten Bürger und jede erfasste Bürgerin als Gegner betrachtet, deren Ausforschungsversuchen es möglichst frühzeitig zu begegnen gilt.

Erstmals begründet das Bundesamt ausführlich die personenbezogene Erfassung von Daten zu Rolf Gössner: »Insbesondere Ihre regelmäßigen Veröffentlichungen in Presseerzeugnissen linksextremistischer bzw. linksextremistisch beeinflusster Publikationsorgane sowie Ihre über Jahrzehnte hinweg bestehenden regelmäßigen und intensiven Kontakte zur DKP und ihren Vorfeldorganisationen ... bieten tatsächliche Anhaltspunkte dafür, dass Sie mit den entsprechenden Personenzusammenschlüssen in einer Weise zusammenarbeiten, dass diese hierdurch in den von ihnen ausgehenden linksextremistischen Bestrebungen nachdrücklich unterstützt werden.« Diese – und nicht sein berufliches oder ehrenamtliches Engagement – sei Ziel von Datenerhebungen. Mehr wird wegen der Ausforschungsgefahr nicht verraten.

Auch das neuerliche öffentliche Unverständnis über das nachrichtendienstliche Interesse an Rolf Gössner hat das Bundesamt für Verfassungsschutz ebenso wenig zur Umkehr bewogen wie die öffentliche Sympathie, die Rolf Gössner von Bürgerrechts- und Fachverbänden entgegengebracht wurde. Der Publizist hat im Frühjahr 2006 Klage mit dem Ziel einer vollständigen Auskunft über die zu ihm gespeicherten Daten erhoben. Der Fall Gössner, der mit der erstmaligen Speicherung im Jahre 1970 beginnt, hat bei der üblichen Bearbeitungsdauer in der Justiz gute Aussichten, in ein fünftes Jahrzehnt einzutreten. Trotz allem bleibt es dabei: Die Erfassung des Publizisten und Rechtsanwalts Rolf Gössner geht schon an dem gesetzlichen Auftrag des Bundesamtes vorbei und ist auch in ihrer Breite und Tiefe unerträglich. Bereits die Annahme, dass, wer politisch orientierten Zeitschriften Interviews gibt, deren verfassungsfeindliche Bestrebungen nachdrücklich unterstütze, vergeht sich an der Meinungsfreiheit. Da auch das Bundesamt nie behauptet hat, dass der Betroffene selbst verfassungsfeindliche Bestrebungen verfolge, ist die Erfassung Gössners auch sinnlos. Ebenso wenig geht die verfassungsrechtliche Milchmädchenrechnung auf, dass die bloße Erfassung Gössners seine publizistische und sonstige berufliche Tätigkeit nicht berühren könne.

... und keine Besserung in Sicht

Für die Grundrechte in der Bundesrepublik Deutschland, allen voran für das Recht auf informationelle Selbstbestimmung und Datenschutz, aber auch für die Meinungs- und Pressefreiheit bedeutet dies, dass keine Besserung des Morbus Verfassungsschutz in Sicht ist. Konnte Till Müller-Heidelberg im Grundrechte-Report 2000 noch feststellen, dass allein der Kontakt zu Organisationen, die der Verfassungsschutz für extremistisch hält, quasi qua »Kontaktschuld«, eine Speicherung legitimieren solle, ist daraus nunmehr die nachdrückliche Förderung extremistischer Bestrebungen und Rolf Gössner von der Kontaktperson zum Verfassungsfeind geworden. Also aufgepasst! Wer der falschen Zeitschrift mehr als ein Interview gibt, handelt sich ungefragt eine lebenslange Anhänglichkeit ein. Auf Auskunft darf freilich weiterhin lange gewartet werden.

Heiko Habbe

Eigentor für Grundrechte

Ein Rückblick auf die Fußball-WM 2006

Die Fußball-WM 2006 war kaum vorüber, da stand für die Sicherheitspolitiker der großen Parteien fest: Deutschland war nicht nur »Weltmeister der Herzen« – sondern auch in der Gefahrenabwehr. Und in der Tat: Keines der zuvor entworfenen Schreckensszenarien von Hooligan-Attacken bis zu terroristischen Anschlägen hatte sich realisiert. Ob dies allerdings als Verdienst des »Nationalen Sicherheitskonzepts« von Veranstaltern und Behörden gelten kann oder eher – wie nicht nur Kenner der Fanszene im Nachhinein analysierten – im Wesentlichen der guten Laune der Fans, den großzügigen »Public Viewing«-Angeboten für alle, die keine Stadionplätze bekamen, sowie der Einbindung von Fanprojekten zu verdanken ist, flankiert von einem noch relativ zurückhaltenden Auftreten des Großaufgebots an Polizisten, kann an dieser Stelle offenbleiben.

Aus bürgerrechtlicher Sicht jedenfalls besteht im Rückblick auf das Fußball-Großereignis nicht eben Anlass zum Jubel. Die Weltmeisterschaft wurde für einen der umfangreichsten Eingriffe in Grundrechte durch eine einzelne Veranstaltung instrumentalisiert. Schon Monate vor dem ersten Anstoß überboten Innenpolitiker verschiedener Couleur einander darin, Großschadensereignisse an die Wand zu malen – soweit ersichtlich im Wesentlichen mit dem Ziel, noch mehr, noch schärfere Überwachungsmaßnahmen zu legitimieren. Allen voran Bundesinnenminister Schäuble, der nicht müde wurde, den Einsatz der Bundeswehr im Inneren zu propagieren.

Die Antwort auf sorgsam geschürte Ängste sollte das »Nationale Sicherheitskonzept zur Fußball-WM 2006« bieten. Ein bunter Strauß an Maßnahmen – von der Vernetzung der Sicherheitsbehörden über gerichtliche Schnellverfahren bis zu ausgedehnten Aufenthaltsverboten für vermeintlich gewaltgeneigte Schlachtenbummler.

Freiheitsbeschränkungen als Gefahrenabwehr

Ein friedlich-feierndes Bild sollte Fußballdeutschland auf den Mattscheiben der Welt bieten. So waren die Sicherheitsbehörden schon weit im Vorfeld bemüht, jeden, der den sonnigen Eindruck nach ihrer Meinung hätte trüben können, von der Teilnahme an der Veranstaltung auszuschließen. Die zentrale Datei »Gewalttäter Sport« wuchs schon in den zwei Jahren vor dem Sportfest massiv. Eine vierstellige Zahl neuer Einträge fand nach Schätzung der »Zentralen Informationsstelle Sporteinsätze« (ZIS) im unmittelbaren Zusammenhang mit der WM ihren Weg in die Datenspeicher. Anders als der Name vermuten lässt, sind hier nicht nur Personen erfasst, die gravierende Körperverletzungs- oder Sachbeschädigungsdelikte begangen haben. Für einen Eintrag reicht vielmehr schon die Aufnahme der Personalien in räumlicher oder zeitlicher Nähe zu einem straf- oder gefahrenabwehrrechtlich relevanten Geschehen. So kann ein Fußballfan in der Datei auftauchen, weil er sich in einem Bahnwaggon befand, in dem ein anderer die Notbremse zog. Will derselbe Fan später zu einem Länderspiel ins Ausland reisen, kann dies aufgrund des Voreintrags zu einem weiteren Eintrag führen. So entstehen Biographien angeblicher »Gewalttäter«.

Den so erfassten Personen signalisierten die Ordnungsbehörden bereits im Vorfeld, dass man ein Auge auf sie habe. Allein im Bundesland Nordrhein-Westfalen kam es zu über 3100 sogenannten »Gefährderansprachen«, für die die Betroffenen zu Hause oder öffentlichkeitswirksam an ihren Arbeitsplätzen aufgesucht wurden. Zudem wurden in NRW 383 Meldeauflagen und 1070 Aufenthaltsverbote ausgesprochen.

Auch während der WM zeigte die eingesetzte Polizei mit Vorliebe präventive Härte. Während die befürchteten Auseinandersetzungen rivalisierender Fans fast vollständig ausblieben, kam es am Rande des Turniers zu rund 9000 vorübergehenden Festnahmen, über die Hälfte davon auf gefahrenabwehrrechtlicher Grundlage. Die erforderliche gerichtliche Überprüfung der Notwendigkeit der Maßnahme fand in den seltensten Fällen statt (siehe auch die Berichte auf www.grundrechtekomitee.de).

Massenhafte Datensammlung

Zu den Eingriffen in die persönliche Freiheit kamen erhebliche Einschnitte in den Datenschutz. Beispiel Akkreditierung: Knapp eine Viertelmillion Menschen musste vor dem Turnier eine Sicherheitsüberprüfung über sich ergehen lassen. Es handelte sich um Journalisten, Gastronomiepersonal, Sicherheitskräfte, Putzleute und andere Personen, die beruflich in den Stadien zu tun hatten. Auf Grundlage einer online gegenüber dem Organisationskomitee (OK) erklärten Einwilligung – für Arbeitnehmer war diese gegenüber dem Arbeitgeber zu erklären, der sie dann weiterleitete – wurden ihre Daten an die Länderpolizeien, das Bundeskriminalamt (BKA) und die Verfassungsschutzbehörden weitergeleitet. Lagen dort nachteilige Informationen vor, so sollte ein ablehnendes Votum über das BKA an das OK zurückgeleitet werden, das dann die Akkreditierung ohne Angabe von Gründen verweigern sollte.

Schon die zahlenmäßige Dimension stellt dieses aufwendige Verfahren in Frage. Bei ähnlichen Verfahren im Rahmen des Confederation Cup 2005 oder der Endrundenauslosung 2005 wurden jeweils nicht mehr als ein bis zwei Prozent der Antragsteller zurückgewiesen. Schwerer wiegen die rechtlichen Bedenken: Es fehlte für die »Akkreditierung« genannte Zusammenarbeit zwischen privatem Veranstalter und staatlichen Sicherheitsbehörden, wie etwa das Unabhängige Landeszentrum für Datenschutz Schleswig-Holstein kritisierte, an einer gesetzlichen Grundlage. Auch die Authentizität der Einwilligungen war nicht gesichert: So konnte ein Arbeitgeber die Daten seiner Angestellten per Mausklick zur Durchleuchtung freigeben, ohne tatsächlich deren Einverständnis eingeholt zu haben. Überprüfbar war dies für die Behörden nicht. Im Ergebnis stellt sich der Akkreditierungsvorgang damit als unzulässiger Eingriff in den geschützten Bereich des allgemeinen Persönlichkeitsrechts dar.

Beispiel RFID-Tickets: Zahlenmäßig noch weit umfangreicher war der Eingriff in die Rechte von 3,2 Millionen Fußballfans, die im Rahmen der Ticketbestellung persönliche Daten preisgeben mussten. Erstmals waren die Eintrittskarten einer solchen Großveranstaltung umfassend mit Computerchips bestückt, die bei der Einlasskontrolle berührungslos ausgelesen werden konnten. Anhand einer im Chip gespeicherten Kennnummer war es möglich, online den Abgleich mit persönlichen Daten vorzunehmen, die bei der Bestellung eingegeben werden mussten.

Diese Personalisierung der Tickets sollte nach Angaben der Veranstalter »größtmögliche Sicherheit in den Stadien« gewährleisten sowie Schwarzhandel verhindern. Beide Ziele wurden grandios verfehlt: Personenkontrollen beim Stadioneinlass waren von vornherein nicht möglich – damit war der Weg frei, mit einem von Dritten gekauften Ticket Zugang zu erhalten. Obendrein gab der Deutsche Fußball-Bund selbst 300 000 nicht personalisierte Tickets aus. Das RFID-Ticketing stellt sich vor diesem Hintergrund als Werbekampagne für einen WM-Sponsor dar, obendrein unter Verletzung des Grundsatzes der Datensparsamkeit. Zumindest theoretisch ermöglicht die so eingesetzte RFID-Technik zudem die Erstellung lückenloser Bewegungsprofile einzelner Fans.

Angesichts der öffentlich zur Schau gestellten Zufriedenheit von Organisatoren und Innenministern ist entgegen aller Kritik zu erwarten, dass die einmal eingeführten Maßnahmen auch in Zukunft zur Anwendung kommen werden. Schon haben die Ausrichter der Europameisterschaft 2008 angekündigt, das WM-Sicherheitskonzept übernehmen zu wollen. Und Datenschützer warnen bereits davor, die einmal mit dem Hinweis auf die Einzigartigkeit des Sportereignisses eingeführten Datenerfassungen könnten schon bald zum Standardrepertoire bei jeder größeren Veranstaltung werden. Die Spätfolgen der Fußball-WM für den Schutz bürgerlicher Freiheiten vor staatlicher und privater Ausforschung könnten dann verheerend werden.

Julia Kühn

Auf dem Weg zum gläsernen Patienten

Speicherung sensibler Gesundheitsdaten mittels der elektronischen Gesundheitskarte

Tests zur Einführung der elektronischen Gesundheitskarte haben Ende des Jahres 2006 begonnen. Welche Neuerungen bringt diese umstrittene Innovation des Gesundheitswesens im Hinblick auf das Recht der informationellen Selbstbestimmung? Wird hierdurch der »gläserne Patient« Wirklichkeit? Oder trägt die gesetzliche Ausgestaltung den schutzwürdigen Interessen der Bürger Rechnung?

Große Ziele, kleine Karte

Mit der Einführung der neuen elektronischen Gesundheitskarte verfolgt das Bundesgesundheitsministerium große Ziele: das Gesundheitswesen werde wirtschaftlicher und transparenter. Die kleine Karte steigere sogar die Qualität des Gesundheitswesens.

Neben den bisher schon auf der alten Krankenversichertenkarte aufgeführten sog. administrativen Daten – also Name, Geburtsdatum, Angaben zur Versicherung und Krankenversichertennummer – muss nun jeder Patient sein Lichtbild beifügen. Zwingend wird es in Zukunft, die Karte zur Übermittlung des elektronischen Rezepts sowie als europäische Krankenversichertenkarte zu verwenden. Auf freiwilliger Basis sollen später zudem Notfalldaten gespeichert werden und ein elektronischer Arztbrief verfügbar sein. Die Rezeptdaten sollen zur Arzneimittelsicherheit gespeichert werden können. Die elektronische Patientenakte und das Patientenfach, zur Hinterlegung z. B. einer Patientenverfügung, sollen ebenfalls später zugänglich gemacht werden. Dies ermögliche dem Leistungserbringer, d. h. dem Arzt und der Krankenkasse, administrative Prozesse zu vereinfachen, Leistungsabrechnungen zu beschleunigen und

– wenn alle Funktionen der Karte genutzt werden – auch eine genaue Kenntnis der Patientenhistorie zu haben. Vor allem Ärzte befürchten jedoch im Gegenteil enorme Investitionskosten ohne erkennbaren Nutzen und eine Verlangsamung und Bürokratisierung des Praxisablaufs.

Auf zwei Wegen könnten diese Daten zur Verfügung gestellt werden: die elektronische Gesundheitskarte könnte selbst als Datenträger genutzt werden oder sie könnte als Schlüssel zu einem zentralen Server dienen, der die entsprechenden Daten extern speichert. Letzteres Modell, das sich durchgesetzt hat, birgt einige besondere Gefahren.

Zugriff von Unbefugten?

Bei etwa 70 Millionen Versicherten würde eine enorme Datenmenge anfallen. Die Größe des notwendigen Servers oder des Netzwerkes würde eine hohe Fehleranfälligkeit wahrscheinlich machen. Zugleich drohte der illegale Zugriff von unbefugten Personen auf die Daten. Datensicherheit ist in einem solch komplexen System kaum herzustellen. Anders als handschriftliche oder gedruckte Patientendokumentationen, die in dem Arztgeheimnis verpflichteten Praxen aufbewahrt werden, können digitale Daten in zentralen Datenverarbeitungsanlagen bei einem illegalen Zugriff leicht verändert und zudem schnell und ohne großen Aufwand kopiert und an Dritte übermittelt werden.

Des Weiteren könnten Versicherungen, Arbeitgeber, Marketingfirmen, Presse oder Staatsanwaltschaft schnell Interesse haben, die Daten für ihre Tätigkeiten zu verwenden. Informationen in einer zentralen Sammlung, an die sie nur schwerlich herankommen, könnten ihre Arbeit erleichtern. Folglich werden Lobbyisten den Gesetzgeber dazu drängen, eine Übermittlung der Daten für andere Zwecke zu legalisieren. Die Erfahrungen mit den Mautdaten bestätigen diese Befürchtungen. Diese sollten ursprünglich lediglich für den Zweck der Mautabrechnung verwandt werden, doch schon bald meldeten sich andere Interessenten wie der Generalbundesanwalt, der die Daten zu Fahndungszwecken gebrauchen wollte.

Einwilligung der Patienten

Derzeit speichert jeder Arzt individuell die von ihm erstellten Diagnosen und seine Behandlung. Die Daten unterliegen dem Arztgeheimnis. Die elektronische Gesundheitskarte würde eine beschleunigte Nutzung von Gesundheitsdaten durch einen erweiterten Personenkreis ermöglichen. Die Einwilligung des Patienten soll nun den Datenschutz gewährleisten. Nicht jeder Patient möchte beispielsweise seinem Zahnarzt eine Krebserkrankung mitteilen. Für eine autonome Entscheidung des Patienten muss dieser somit darüber bestimmen können, wer welche Informationen und in welchem zeitlichem Umfang über ihn erhält. Dies erfordert eine umfangreiche Aufklärung. Sie dürfte freilich angesichts der Komplexität gesundheitlicher Daten schwierig werden. Denn erst wenn dem Patienten der Bedeutungsgehalt und die Interpretationsmöglichkeiten der Informationen verständlich wären, könnte er tatsächlich eine autonome Entscheidung treffen. Zwischen dem Patienten und den Leistungserbringern besteht erschwerend jedoch ein faktisches Abhängigkeitsverhältnis. Angesichts der immensen Gesundheitskosten steigt zudem der gesellschaftliche Druck, das individuelle Recht auf informationelle Selbstbestimmung hintanzustellen. Zumindest dürfen durch die Erteilung und die Verweigerung bzw. den Widerruf dem Versicherten keine faktischen Vor- oder Nachteile entstehen, die über das hinausgehen, was mit der Datenverarbeitung selbst ermöglicht wird. Der Versicherte muss auch ohne vernünftige, nachvollziehbare Gründe oder Ziele die Zustimmung verweigern dürfen. Gerade darin liegt seine verfassungsrechtlich begründete Freiheit.

Eine Formulierung der BKK verdeutlicht allerdings, wie »ernst« die datenschutzrechtlichen Bedenken von den Krankenkassen genommen werden. Sie bezeichnen Datenschutz und Patientensouveränität als »vorgeschobene Argumentationen«, die ihr Konzept verhindern. Zu befürchten ist folglich, dass selbst diese zweifelhafte Zustimmungspflicht in Zukunft abgeschafft werden könnte.

Aus datenschutzrechtlicher Sicht ist die beabsichtigte zentrale Speicherung von sensiblen gesundheitlichen Informationen abzulehnen. Patientendaten dürfen nur zweckgebunden offenbart werden. Die Datenhoheit der Patienten und der Grundsatz der Freiwilligkeit der Speicherung von Gesundheitsdaten müssen bei der Einführung der elektronischen Gesundheitskarte gewahrt bleiben. Das Recht auf informationelle Selbstbestimmung darf nicht auf dem Altar der reinen Wirtschaftlichkeit des Gesundheitswesens geopfert werden.

Literatur

Komitee für Grundrechte und Demokratie (Hg.), Das große Gesundheitsversprechen und seine große Täuschung (www.grundrechtekomitee.de)

Elke Steven, Protest gegen die elektronische Gesundheitskarte, in: Gen-ethischer Informationsdienst, Nr. 179, Dez. 2006/Jan. 2007, S. 34 ff.

Christian Diercks, Gesundheits-Telematik – rechtliche Antworten, in: DuD 2006, S. 142

Hans-Joachim Menzel, Informationelle Selbstbestimmung in Projekten der Gesundheits-Telematik, in: DuD 2006, S. 148

Thilo Weichert, Die elektronische Gesundheitskarte, in: DuD 2004, S. 391 ff.

BT-Drucksache 15/1525, S. 144; 15/4228, S. 28; 15/4751, S. 16; 15/4924, S. 8; 15/5272, S. 3

Thilo Weichert

Kontodaten für die CIA

Wie der Bankendienstleister SWIFT das Bankgeheimnis durch Datenübermittlung in die USA aushöhlt

Das deutsche Bundesfinanzministerium sah im Herbst 2006 zu Recht das Bankgeheimnis verletzt, als US-Beteiligungsgesellschaften Darlehen von deutschen Banken im Milliardenumfang aufkauften. Die Daten der Darlehensnehmer fänden in den USA nicht ausreichenden Schutz. Kein großes Problem konnte dasselbe Ministerium dagegen erkennen, als kurz zuvor bekannt wurde, dass der belgische Bankendienstleister SWIFT weltweit sämtliche Daten von internationalen Geldtransaktionen in ein Rechenzentrum in die USA übermittelte, die dann von der Central Intelligence Agency, dem US-amerikanischen Auslandsgeheimdienst, oder von der Bundespolizei FBI erfasst und ausgewertet werden. SWIFT steht für »Society for Worldwide Interbank Financial Telecommunications«. Es handelt sich dabei um eine seit 30 Jahren bestehende Datendrehscheibe, über die weltweit sämtliche grenzüberschreitenden Banküberweisungen abgewickelt werden – dies sind täglich oft über 12 Millionen Transaktionen mit einem Gesamtumfang von bis zu 4,8 Billionen Euro. Diese von dem Unternehmen bei Brüssel verarbeiteten und weitergeleiteten Daten werden in den USA für Sicherungszwecke gespiegelt, d. h. in Kopie gespeichert, und zwecks Terrorismusbekämpfung ausgewertet.

Jede Überweisung eine potenzielle Terrorfinanzierung?

Seit kurz nach den Terroranschlägen vom 11. September 2001 beschaffen sich die US-Sicherheitsbehörden mit Hilfe der US-Finanzbehörde diese Daten, um die Finanzierungsströme des Terrorismus aufzuspüren. Dies erfolgt auf Grund »administrativer Vollmachten«, also durch reine Regierungsanweisung des US-Präsidenten George W. Bush, ohne dass hierbei eine gerichtliche Überprüfung stattfindet. Obwohl von Anfang an selbst im US-Finanzministerium rechtliche Bedenken gegen diese Praxis bestanden, wird diese bis heute fortgesetzt. Seit dem Jahr 2003 lässt sich SWIFT zwar nicht mehr mit mündlichen Zusagen abspeisen und lässt die Datenbeschaffung durch eine »unabhängige« Firma beobachten. Bis heute haben aber weder SWIFT noch die beauftragenden Banken, geschweige den die Bankkundinnen und -kunden auch nur ansatzweise eine Garantie, dass ihre Daten in der »größten Bankdatenbank der USA« – so die US-Regierung – nicht zweckwidrig genutzt werden.

Zur Auswertung kommen die Bankdaten aller Menschen

und Unternehmen, die Geld ins Ausland transferieren – nicht nur von des Terrorismus, der Geldwäsche oder der Terrorfinanzierung Verdächtigen. Dieser Vorgang wurde nach Veröffentlichungen in US-Zeitungen Ende Juli 2006 bekannt. Kein Wunder, dass die europäische Wirtschaft Befürchtungen äußerte, diese Daten könnten zugunsten der US-Industrie zur Wirtschaftsspionage genutzt werden. Tatsächlich gibt es in den USA bzgl. der Datenverwendung keine wirksame Kontrolle: kein Datenschutzgesetz, keine Zweckbindung, keine Ansprüche auf Auskunft und Transparenz, keine unabhängige Kontrollinstanz. Dennoch sah sich nach Bekanntwerden kein Verantwortlicher veranlasst, diese offensichtlich illegale Aktion zu beenden.

Toleranz für millionenfache Grundrechtsverstöße

Erschreckend wenig Sinn zeigte auch die deutsche Bundesregierung, die nach Bekanntwerden der Fakten zunächst deren bisherige Kenntnis vehement bestritt, um auf intensive parlamentarische Nachfrage selbst nach Monaten keine Stellungnahme zu geben und es gezielt zu unterlassen, die bürgerrechtlichen Interessen der deutschen Bankkunden zu vertreten. Die Europäische Zentralbank hatte nach eigenem Bekunden seit Juni 2002 von dem Bruch des Bankgeheimnisses Kenntnis, ohne aber etwas zu veranlassen. Die EU-Kommission, die zunächst jede Zuständigkeit bzgl. dieses Vorgangs bestritt, ließ sechs Monate nach dessen Bekanntwerden durch Justizkommissar Frattini verlauten, die EU sei für rasche Verhandlungen mit den USA über den Umgang mit den Bankdaten.

Zwar begannen Datenschutzkontrollinstanzen mit der Aufklärung der rechtlichen und technischen Fakten. Von den Banken oder von den Regierungen waren jedoch keine Aktivitäten zu erkennen, um die millionenfache Verletzung des Rechts auf informationelle Selbstbestimmung und des Bankgeheimnisses zu beenden. Der deutsche Zentrale Kreditausschuss (ZKA), der Zusammenschluss aller Bankenverbände, meinte feststellen zu müssen, es sei unrealistisch, dass sich deutsche Banken als Kunden des konkurrenzlosen SWIFT durchsetzen könnten. Statt die Einhaltung von Recht und Gesetz zu unterstützen, plädierte der ZKA für eine »politische Lösung«.

Die Bemühungen der europäischen Datenschutzinstanzen erwiesen sich als schwerfällig. Obwohl nach einer Analyse der bestehenden Verträge und der stattfindenden Datenverarbeitung durch ein Gutachten des Unabhängigen Landeszentrums für Datenschutz Schleswig-Holstein nicht mehr ernsthaft bestritten werden konnte, dass SWIFT als Dienstleister an die rechtlichen Vorgaben der Banken gebunden ist, kam sowohl die belgische Aufsichtsbehörde wie auch die Artikel-29-Gruppe – der Zusammenschluss der Datenschutzkontrollbehörden in der EU – zunächst zu dem Ergebnis, dass den betroffenen Banken sowie deren Kunden praktisch keine rechtlichen Möglichkeiten zur Verfügung stünden. Begründet wurde dies mit den technischen Umständen und dem zwingenden Verhalten der US-Administration. Erst fünf Monate, nachdem die deutschen Aufsichtsbehörden einen massiven Datenschutzverstoß von SWIFT und den Finanzinstitute in der EU festgestellt hatten, erkannte auch die Gruppe die Verletzung der Datenschutzrichtlinie an.

Erpressung und Ignoranz

Tatsächlich haben die USA von Anfang an massiven Druck auf SWIFT ausgeübt, das ein Rechenzentrum in den USA betreibt. SWIFT hätte diesem Druck nicht nachgeben müssen und dürfen und hätte – spätestens nach Bekanntwerden des milliardenfachen Gesetzesbruchs – sich diesem entziehen müssen. Mittelfristig besteht kein Grund, die Datensicherung des belgischen Unternehmens in den USA vorzunehmen. Selbst kurzfristig wäre es SWIFT möglich gewesen, die in die USA gespiegelten Daten so zu verschlüsseln, dass diese von den US-Behörden nicht hätten gelesen werden können. Allenfalls auf die Daten der Absender und Empfänger in den USA könnten die dortigen Behörden berechtigterweise zugreifen, wenn hierfür die gesetzlichen Vorschriften und die formalen Anforderungen vorlägen – was anscheinend mit den administrativen Anordnungen auch nicht der Fall ist. SWIFT-Chef Leonard Schrank und die sonstigen Verantwortlichen erwiesen sich aber zu keinem Zeitpunkt problembewusst oder wegen der eindeutigen Rechtslage einsichtig.

Offensichtlich lassen sich SWIFT, die Banken und Bankenverbände, die Politik wie auch die Behörden in Europa und im Rest der Welt von den USA bei der Datenbeschaffung erpressen. Ein Interesse hieran können die Banken nicht wirklich haben. Diese sind ihren Kundinnen und Kunden gegenüber zum vertraulichen Umgang mit den Daten – zum Bankgeheimnis – verpflichtet. Auch die Politik und die Behörden müssen sich darüber bewusst sein, dass die weitergeführte Praxis unzweifelhaft gegen die Europäische Datenschutzrichtlinie verstößt.

Über die Konsequenzen dieses Verstoßes gegen das Recht auf informationelle Selbstbestimmung kann nur spekuliert werden. Dieses Recht besteht nicht nur nach deutschem Verfassungsrecht aus Artikel 2 Absatz 1 i. V. m. Artikel 1 Absatz 1 GG, sondern auch auf Grund von Artikel 8 der Europäischen Menschenrechtskonvention und Artikel 8 der EU-Grundrechte-Charta. Die abgeschöpften Daten stehen den US-Behörden, die an der Terrorismusbekämpfung beteiligt sind, in einem Investigative Data Warehouse (IWD) zur Verfügung. Daran sind über 50 Behörden, von FBI- und CIA-Dienststellen bis hin zu Regierungsbüros, beteiligt. Diese Daten werden bei den weltweiten amerikanischen Terrorismusermittlungen herangezogen, bei denen – wie sich immer wieder zeigt – viele absolut Unschuldige getroffen werden. Die Daten werden aber z. B. auch genutzt, um bestimmten Personen die Einreise in die USA zu verweigern. Über die wirtschaftlichen Schäden, die mit der vermuteten Wirtschaftsspionage verbunden sind, kann nur gemutmaßt werden.

Wilhelm Achelpöhler

Verfassungsgrenzen für die Rasterfahndung

Das Bundesverfassungsgericht hat mit seiner Entscheidung vom 4. April 2006 (Neue Juristische Wochenschrift 2006, S. 1939 ff.) der polizeilichen Rasterfahndung erhebliche Grenzen aufgezeigt. In der Entscheidung geht es um nicht weniger als den Schutz der Grundrechte in Kriegs- und Krisenzeiten. Seit der »Krieg gegen den Terror« begonnen hat, steht es um die Bürgerrechte schlecht. Schon kurz nach den Anschlägen am 11. September 2001 kamen die Innenminister aller 16 Bundesländer überein, die Studierenden aus islamischen Ländern mit einer Rasterfahndung ins Visier zu nehmen.

Dabei ging es nicht darum, Mittäter/-innen der Anschläge in New York und Washington aufzuspüren, sondern der »Gefährdung der Inneren Sicherheit« im Zuge der Beteiligung Deutschlands am »Krieg gegen den Terror« vorzubeugen. Wegen des beabsichtigten Afghanistan-Kriegs der USA und seiner Unterstützung durch die Bundesrepublik sei eine Gefahr von terroristischen Anschlägen in Deutschland gegeben. So wurde etwa zur Begründung der Rasterfahndung in Hessen ausgeführt: »Für den Fall eines Angriffs US-amerikanischer Streitkräfte gegen Ziele in Afghanistan und/oder der anderen Unterstützerstaaten mit hohen Opferzahlen unter der Zivilbevölkerung« sei »mit einer Vielzahl von Demonstrationen unter großer Beteiligung der in Deutschland lebenden muslimischen Bevölkerung zu rechnen. Daneben sind Gewalttaten durch extremistische islamische Kreise in der Bundesrepublik einzukalkulieren.«

Kriegsführung und Rasterfahndung

Dieser Zusammenhang zwischen Kriegsführung und Rasterfahndung kommt auch in den gerichtlichen Entscheidungen zum Ausdruck: So wies das Landgericht Düsseldorf etwa die Beschwerde eines marokkanischen Studenten gegen die Anordnung der Rasterfahndung zurück, weil es gelte, eine gegenwärtige Gefahr durch die Rasterfahndung abzuwenden: »Dies ergibt sich bereits daraus, dass seitens der Bundesregierung die uneingeschränkte Solidarität – ggf. auch mit militärischen Mitteln – mit dem Vorgehen der Vereinigten Staaten wiederholt bekundet wurde und dass seitens der hinter den Anschlägen vom 11. September vermuteten Organisationen spätestens seit der Militäraktion gegen Afghanistan Vergeltungsschläge gegen die an die militärischen Aktionen beteiligten Staaten angekündigt wurden.«

Terroristen/-innen wurden nicht gefunden, die Rasterfahndung wurde gleichwohl wegen ihrer »präventiven Wirkung« gerechtfertigt. So behauptete der hessische Innenminister Bouffier, dass die Rasterfahndung »aufgrund der Medienberichterstattung … vom islamistischen Potential als Fahndungs-/Verfolgungsdruck empfunden« worden sei.

Diesem Umgang mit Bürgerrechten hat das Bundesverfassungsgericht durch seine Entscheidung enge Grenzen gesetzt, und dies war bitter nötig. Denn von Politik und Justiz wurde dem Abbau demokratischer Rechte nur ein geringer Widerstand entgegengesetzt. So galt es als unproblematisch, dass in drei Bundesländern Ende 2001 keine Rechtsgrundlagen für die Rasterfahndung bestanden. In Bremen hatte man gar die gesetzliche Regelung zur Rasterfahndung kurz zuvor abgeschafft. In kürzester Zeit verabschiedeten Bremen, Schleswig-Holstein und Niedersachsen die Änderungen ihrer Polizeigesetze.

Auch die Justiz setzte der Rasterfahndung wenig entgegen, mit einigen Ausnahmen. Größte Bedeutung kommt deshalb der Entscheidung des Oberlandesgerichts Frankfurt am Main vom 21. Februar 2002 zu. Das Gericht nahm die im hessischen Polizeigesetz, ähnlich wie bei einer Hausdurchsuchung, vorgesehene vorherige richterliche Prüfung der Rasterfahndung ernst. Das OLG begründete dies mit deutlichen Worten: »Mit der Übertragung der Entscheidungskompetenz und Verantwortung auf die Gerichte ist zugleich die Erwartung verbunden, dass sich die zur Entscheidung berufenen Richterinnen und Richter – auch in Krisenzeiten – nicht von eigenen Emotionen oder Emotionen anderer, sondern ausschließlich vom Gesetz leiten lassen (Artikel 20 Absatz 3, 92, 97 Absatz 1 GG, §§ 25, 38 DRiG).« Inhaltlich nahm das Oberlandesgericht Frankfurt den Beschluss des Bundesverfassungsgerichts vorweg und verneinte eine für die Rasterfahndung erforderliche »konkrete Gefahr«. Nach diesem Stopp der Rasterfahndung war es allerdings mit dem Richtervorbehalt für die Rasterfahndung in Hessen vorbei: CDU und FDP änderten das Polizeigesetz und schafften den Richtervorbehalt ab. Danach war keine vorherige Anordnung durch das Amtsgericht mehr notwendig und das Oberlandesgericht Frankfurt nicht mehr als Instanzgericht zuständig. Zuständig waren nunmehr die Verwaltungsgerichte. Das Vertrauen der hessischen Polizeibehörden in die Verwaltungsgerichtsbarkeit des Landes war aber wohl nicht besonders groß: Als ein Studierender in Hessen vor dem Hessischen Verwaltungsgerichtshof die weitere Rasterung seiner Daten verhindern wollte, erklärte das Landeskriminalamt kurzerhand, auf die Daten dieses Studierenden verzichten zu können. So blieb der Polizei in Hessen eine erneute gerichtliche Überprüfung der Rasterfahndung erspart.

BVerfG: Schwerwiegender Eingriff

Umso wichtiger ist die Entscheidung des Bundesverfassungsgerichts vom 4. April 2006. Mit seiner Entscheidung stellt das Gericht klar, dass die Rasterfahndung ein schwerwiegender Eingriff in das informationelle Selbstbestimmungsrecht ist. Die Richter knüpfen in ihrer Entscheidung an das Volkszählungsurteil von 1983 an und machen deutlich, welche Gefahren durch polizeiliche Instrumente wie die Rasterfahndung entstehen. Durch die Rasterfahndung sei es möglich, alle bei irgendwelchen öffentlichen oder privaten Stellen über irgendeine Person vorhandenen Daten bei Bedarf bei einer Stelle zusammenzuführen und gegeneinander abzugleichen. Hiermit entstehe das Risiko, dass das grundsätzlich bestehende strikte Verbot der Sammlung personenbezogener Daten auf Vorrat umgangen wird. Die eigene Vorratsspeicherung aller Daten wird im Ergebnis durch den Zugriff auf die überall vorhandenen Daten ersetzt. Angesichts der Vielzahl der vorhandenen personenbezogenen Daten nähere man sich inzwischen der Möglichkeit, durch die Verknüpfung der Daten ein teilweises oder vollständiges Persönlichkeitsbild der Bürger/-innen zu erstellen, was von Verfassungs wegen unzulässig sei. So seien etwa durch Zugriff auf die Kundenkartensysteme, die in vielen Kaufhäusern eingeführt sind, detaillierte Informationen über das private Einkaufsverhalten der Inhaber solcher Karten abrufbar. Die Ermächtigung zur Durchführung einer Rasterfahndung sei im Hinblick auf das Selbstbestimmungsrecht sehr weit reichend. Ferner habe gerade bei der Rasterfahndung 2001 das besondere Risiko für die Betroffenen bestanden, Ziel von behördlichen Ermittlungsmaßnahmen zu werden, und die Veröffentlichung der Rasterkriterien habe eine stigmatisierende Wirkung für all diejenigen, die diese Kriterien erfüllen.

Die Rasterfahndung sei deshalb nur unter engen Voraussetzungen möglich, nämlich dann, wenn tatsächlich eine »konkrete Gefahr« vorliege. Ermittlungen ins Blaue hinein seien unzulässig.

Ein Gefahrenverdacht reiche deshalb ebenso wenig aus wie die aus Sicht des Gerichts »praktisch nie ausgeschlossene« Möglichkeit, »dass terroristische Aktionen auch Deutschland treffen oder dort vorbereitet werden können. Eine derartige allgemeine Bedrohungslage, wie sie spätestens seit dem 11. September 2001, also seit nunmehr über vier Jahren, praktisch ununterbrochen bestanden hat, oder außenpolitische Spannungslagen reichen für die Anordnung einer Rasterfahndung nicht aus.«

Das Bundesverfassungsgericht hat seinen Beschluss wohl auch deshalb so ausführlich begründet, weil die »außenpolitische Spannungslage«, die seit dem Beginn des »Krieges gegen den Terror« besteht, noch länger anhalten dürfte und ebenso die Bedrohung der Bürgerrechte.

Sönke Hilbrans

Tag und Nacht überwacht

Außergewöhnliche Situationen erfordern außergewöhnliche Maßnahmen. Und welche Aufgabe stellt die Polizei weltweit vor größere Herausforderungen als die Verhinderung von Terroranschlägen? Auch außergewöhnliche Überschreitungen sicher geglaubter Grenzen häufen sich, seit Staaten sich auf das äußerste herausgefordert sehen. Und auch im Inland treten erste Fälle auf, die befürchten lassen, dass unter der Flagge der Terrorismusbekämpfung die Garantie der Menschenwürde einen zunehmend hohlen Klang bekommt.

In dem Fall einer Berlinerin geht es dabei nicht um Folter oder Misshandlung, sondern um unmenschlichen Überwachungsdruck. Die junge Frau war vor Jahren bereits zum Islam konvertiert und zog ein aus der Beziehung zu einem strenggläubigen Muslim stammendes Kind auf. Sie bewegte sich in Kreisen praktizierender Muslime und nutzte auch deren elektronische Foren. Von einem auf den anderen Tag im April 2006 war das Leben der jungen Frau nicht mehr wie vorher: Eine von Polizei und Gesundheitsamt vorbereitete Aktion überraschte sie am helllichten Tage. Aufgrund familienrichterlicher Anordnung wurde ihr das Kind weggenommen und in eine Pflegefamilie gegeben, ihre Wohnung wurde durchsucht und sie selbst in die Psychiatrie verbracht. Zur Begründung beriefen sich Polizei und Gesundheitsamt darauf, dass die junge Frau ein Selbstmordattentat im Namen des Jihad vorgehabt habe, bei dem sie sich, ihr Kind und weitere Menschen in den Tod reißen wollte. Sie habe dies in einem Internet-Chatroom mit anderen gläubigen Muslimen diskutiert. Nachdem der Versuch, sie in die Psychiatrie zwangseinzuweisen, gescheitert war – die Fachärzte fanden keinerlei Anhaltspunkte für eine Fremd- oder Selbstgefährdung –, wurde sie in ihre Wohnung entlassen. Bald darauf stellten sich ihr mehrere Beamtinnen und Beamte einer Dienststelle des Berliner Landeskriminalamts vor, die schwerpunktmäßig mit der islamistischen Szene befasst ist. Sie folgten der Betroffenen nunmehr Tag und Nacht auf Schritt und Tritt im Abstand von einem Meter. Sie konnte ihre Wohnung nicht mehr verlassen, ohne durchsucht zu werden. Jederzeit befanden sich in ihrer unmittelbaren Nähe Polizeibeamte, die auch ohne Weiteres erkennbar waren. Ein Polizeifahrzeug stand Tag und Nacht vor ihrer Haustür. Nicht nur beim Einkaufen, sondern auch vor dem Eintritt in die Kanzlei ihrer Rechtsanwältin und bei ihrem Verlassen wurde sie einer intensiven Leibesvisitation unterzogen. Es könnten sich ja Waffen in ihren Schuhen befinden. Bis zum Bankschalter wurde sie verfolgt: Polizeibeamte traten dicht an die junge Frau heran und gaben per Funk – und für die Umstehenden hörbar – durch, was für Geldscheine ihr ausgezahlt wurden. Kurzum: Die junge Frau verfügte außerhalb ihrer vier Wände nicht mehr über den Hauch eines Privatlebens. Sie muss auch davon ausgehen, dass ihre Telekommunikation lückenlos überwacht wird: ihr Handy war ihr mehrfach von der Polizei abgenommen und untersucht worden. Im Telecafé drängte sich eine Beamtin mit in die Telefonkabine und jede Telefonnummer wurde vor dem Wählen notiert – wenn die Beamtin das Telefonat nicht gleich selbst tätigte.

Ein Nähe-Distanz-Verhältnis eigener Art

Die absolut entnervte Betroffene rief schließlich das Berliner Verwaltungsgericht an. Die mündliche Verhandlung über ihren Eilantrag im Juni 2006 dauerte nicht lange, dann verpflichtete sich der Polizeipräsident in Berlin, die ganz offensichtlichen Maßnahmen einzustellen. Die Betroffene hat damit wenigstens im Angesicht ihrer sozialen Umgebung ein Stück ihrer Würde zurückerhalten. Freilich dauert die Überwachung, nunmehr leidlich diskreter, bis heute an. So pflegen die observierenden Beamten seitdem einen Abstand von mehr als einem Meter, vermeiden Uniformen, nutzen zivile Fahrzeuge. Durchsuchungen und ständiger Sichtkontakt zu den Beamten bestimmen aber weiterhin die Tagesordnung der Betroffenen. Auch ihr Kind darf sie nur kurzzeitig sehen. Als die Routine zwischen Überwachern und Überwachter überhandzunehmen schien, wies die Polizeiführung ihre Beamten an, nicht etwa zu engen persönlichen Kontakt zu der Betroffenen zu pflegen. Die Folge war, dass die Beamten von ihr nicht mehr vorher erfuhren, wo sie hingehen wollte, und ihre Spur manchmal verloren. Wie zur Strafe gingen sie daraufhin wieder für einige Tage zur hautnahen Überwachung über.

Über die Frage, ob sie tatsächlich die Neigung zu einer gemeingefährlichen Gewalttat aus religiösen Motiven hatte – was sie bis heute bestreitet – und damit auch nicht zur Erziehung ihres Kindes befähigt ist, wird bis heute vor Gericht gestritten. Ob sie eine elektronische Fußfessel, eine Kamera vor ihrer Wohnungstür oder einen implantierten Chip, der ihre Position und ihre Worte immer sofort an die Polizei meldet, als Erleichterung empfinden würde? Spekulationen über das wirkliche Empfinden der Betroffenen kann ihr die verfassungsrechtliche Betrachtung ersparen: Zur Menschenwürde gehören ein Privat- und ein Familienleben, gehören freiwillige und ungestörte soziale Kontakte und gehört ein sozialer Geltungsanspruch, der von niemandem, auch nicht vom Staat, durch Wort oder Tat in Zweifel gezogen werden darf. Wer gedacht hatte, dass die Menschenwürdegarantie des Grundgesetzes es verbietet, den Einzelnen zum Objekt staatlichen Handelns zu machen, hat nicht mit dem »Kampf gegen den Terrorismus« gerechnet.

Hubert Heinhold

Kettendulding –
Leben in der Warteschleife

Umgang mit geduldeten Ausländern verletzt Menschenrechte

Was ein Geduldeter ist, wissen die meisten: Ein Ausländer, der keinen rechtmäßigen Aufenthalt hat, aber nicht abgeschoben werden kann und deshalb eine Duldung bekommt. Was es aber konkret bedeutet, ein Geduldeter zu sein, ist weithin unbekannt. Dies heißt zunächst, den Ausländerbehörden ausgeliefert zu sein. Eine Duldung kann zwar für sechs Monate ausgestellt werden – wird sie aber meist nicht. Je nach Land – Herkunftsland oder Bundesland – gibt es mal eine Woche, mal einen Monat oder bestenfalls drei Monate. Jede Vorsprache kann ein Spießrutenlauf sein: »Warum sind Sie noch da? Warum haben Sie noch keine Papiere? Sie erfüllen Ihre Mitwirkungspflicht nicht!«, hört der Geduldete immer wieder mit mehr oder weniger drohendem Unterton. Der Geltungsbereich der Duldung ist kraft Gesetzes auf ein Bundesland beschränkt, kann aber auch enger gezogen werden: Wer nicht mitwirkt, darf die Stadt oder den Landkreis nicht verlassen. Arbeit gibt es so gut wie keine. Beim Vorwurf der fehlenden Mitwirkung ist sie sowieso verboten, ansonsten gilt das Vorrangsprinzip. Wegen der hohen Arbeitslosigkeit heißt das: Keine Arbeit oder allenfalls ein Zwei-Stunden-Job auf niedrigstem Lohnniveau. Eine Wohnung kann man davon natürlich nicht finanzieren, was dann – in Bayern kraft Landesrecht, in anderen Bundesländern nach verbreiteter Praxis – geradewegs ins Lager führt. Dort lebt der Geduldete dann in einem Mehrbettzimmer mit Ehepartner und Kindern oder wildfremden Menschen zusammengepfercht. Dieser Zustand dauert nicht Wochen, nicht Monate, sondern Jahre. Manchmal wird ein Jahrzehnt draus. Dies sind dann die Kettenduldungen, um die es hier geht.

Recht auf private Lebensgestaltung

Schon 1973 hat das Bundesverfassungsgericht erkannt: »Das Recht auf freie Entfaltung der Persönlichkeit und die Menschenwürde sichern jedem Einzelnen einen autonomen Bereich privater Lebensgestaltung, in dem er seine Individualität entwickeln und wahren kann. Hierzu gehört auch das Recht, in diesem Bereich ›für sich zu sein‹, ›sich selbst zu gehören‹.« (BVerfGE 35, 202 [220]). Beurteilen Sie selbst, wie viel ein Dauergeduldeter von diesem Grundrecht in Anspruch nehmen kann. In der Gemeinschaftsunterkunft gibt es keinen Raum, in dem man »für sich sein« kann, ja nicht einmal eine Intimsphäre. Die private Lebensgestaltung ist auf ein Minimum reduziert, wenn das Essen als Gemeinschaftsverpflegung oder in Form eines Essenspaketes »vom Amt« kommt. Wie soll eine Persönlichkeit sich entfalten, wenn sie nicht nur auf das Existenzminimum reduziert, sondern auch in ein enges Korsett von behördlicher Überwachung und räumlicher Beschränkung gezwängt ist? Was von dem »unantastbaren Bereich privater Lebensgestaltung, der der Einwirkung öffentlicher Gewalt entzogen ist (BVerfGE 6, 32 [41], 27, 1 [6])«, bleibt diesem Ausländer? Nur wenig – oder nichts. Das »Bekenntnis zu der Würde des Menschen«, das »der oberste Wert in der Wertordnung des Grundgesetzes ist (BVerfGE 27, 1 [6])«, ist nicht eingelöst. So leben zu müssen widerspricht der menschlichen Würde und verletzt Artikel 1 GG und Artikel 2 Absatz 1 GG.

Der naheliegende Einwand ergibt sich aus der gesetzlichen Definition der Duldung als »vorübergehende Aussetzung der Abschiebung« (§ 60 a AufenthG). Vorübergehend mit anderen zusammenleben zu müssen, nicht arbeiten zu dürfen oder in seiner Bewegungsfreiheit eingeschränkt zu sein, verletzt noch nicht die Menschenwürde. In einer solchen Situation ist auch ein Strafgefangener, unter Umständen ein Kranker oder möglicherweise ein jeder, wenn es das Schicksal nicht gut mit ihm gemeint hat. Nur: Was ist vorübergehend und wann gebieten es die Menschenrechte, auch dem nicht willkommenen Ausländer den Zugang zur sozialen Gemeinschaft durch die Einräumung eines legalen Aufenthalts zu gestatten?

Bleiberechtsregelung – ein erster Schritt

Die Innenministerkonferenz hat in ihrem Bleiberechtsbeschluss vom 17. November 2006 eine Legalisierung nach acht Jahren vorgesehen. Obwohl wegen der strengen Voraussetzungen und der zahlreichen Ausschlussgründe nur circa 20 000 von den derzeit 190 000 Geduldeten hiervon profitieren werden, ist dies ein Anhaltspunkt. Die Kirchen, Wohlfahrtsverbände und Menschenrechtsorganisationen verlangen kürzere Fristen, vor allem für bestimmte Personen: Kinder und Jugendliche, Traumatisierte und Opfer von Gewalt sollten schon früher einen rechtmäßigen Aufenthalt bekommen, fordern sie.

Artikel 8 Absatz 1 der Europäischen Menschenrechtskonvention (EMRK) könnte ein Ansatzpunkt sein. Dieser schützt nicht nur das Familienleben, sondern gewährleistet auch den Anspruch auf Achtung des Privatlebens. Dies umfasst unter anderem das Recht auf Entwicklung der Person, das Recht, Beziehungen zu anderen Personen und der Außenwelt zu knüpfen und zu entwickeln, und verlangt die Rücksichtnahme auf die individuelle Situation unter Berücksichtigung des Lebensalters, der persönlichen Befähigungen, der Integration in das wirtschaftliche, kulturelle, gesellschaftliche Leben auf der einen Seite und das Maß der Entwurzelung und Reintegrationsfähigkeit im Herkunftsland auf der andere Seite bei Entscheidungen über den Aufenthalt. Unter dem Stichwort der »faktischen Integration« ist das Interesse des Individuums gegen das öffentliche Interesse an der Aufenthaltsbeendigung abzuwägen. Eine schematische Beurteilung, damit auch die Festlegung starrer Zahlen, verbietet sich, vielmehr sind sämtliche Umstände des Einzelfalles zu berücksichtigen. In mehreren Entscheidungen hat der EGMR im Einzelfall ein Übergewicht des privaten Interesses gegen das staatliche Interesse bejaht und die Maßnahme der Aufenthaltsbeendigung als nicht notwendig im Sinne von Artikel 8 Absatz 2 EMRK gerügt.

In zumindest einem Fall leitete der EGMR (EGMR vom 16. 06. 05, 60654/00, Sisojeva) aus dem Recht auf Privatleben auch einen Anspruch auf Einräumung eines rechtmäßigen Aufenthalts ab. Da seine Rechtsprechung als Auslegungshilfe des nationalen Rechts heranzuziehen ist, ergibt sich ein zweifacher Lösungsansatz. Das Recht auf freie Entfaltung der Persönlichkeit und das Gebot der Achtung der Menschenwürde aus Artikel 1 GG sowie Artikel 2 Absatz 1 GG verlangt, auch dem Geduldeten die private Lebensgestaltung, in der er seine Individualität entwickeln und wahren kann und die Teilnahme am gesellschaftlichen Leben grundsätzlich und zunehmend zur Aufenthaltsdauer mehr und mehr einzuräumen. Die Einweisung in eine Gemeinschaftsunterkunft, eine Zwangsverpflegung, die Untersagung einer frei gewählten Erwerbstätigkeit sind umso weniger zulässig, je länger der Betreffende hier ist – und zwar ungeachtet seines ausländerrechtlichen Status. Die Einschränkungen des grundlegenden Rechts auf freie Entfaltung der Persönlichkeit müssen mit zunehmender Aufenthaltsdauer abnehmen und nicht, wie gegenwärtig, zunehmen. Auch bei Geduldeten verlangt das Grundgesetz die Integrationsförderung und nicht die gezielte Desintegration. Das Recht auf Achtung des Privatlebens aus Artikel 8 Absatz 1 EMRK definiert dann die Grenze, ab der eine Abschiebung unzulässig wird und damit der Aufenthalt zu legalisieren ist. Starre zeitliche Grenzen gibt es hierbei nicht, vielmehr kommt es auf den Einzelfall, das Alter, die Integration und die Besonderheiten in der Vita an.

Die gegenwärtige Praxis jedenfalls ist nicht akzeptabel. Wer hier lebt, hat Anspruch auf Achtung seiner Individualität und Teilhabe am gesellschaftlichen Leben. Wer lange hier gelebt hat, muss hier bleiben dürfen. Denn Deutschland ist dann de facto zu seiner Heimat geworden, auch wenn es nicht sein Heimatstaat ist. Das Gebot der Achtung der Menschenwürde wird nicht durch die Grenzen des Nationalstaats beschränkt.

Recht auf Leben, körperliche Unversehrtheit und Freiheit der Person

Art. 2 (2) Jeder hat das Recht auf Leben und körperliche Unversehrtheit. Die Freiheit der Person ist unverletzlich. In diese Rechte darf nur auf Grund eines Gesetzes eingegriffen werden.

Wolfgang Kaleck

Neue deutsch-vietnamesische Freundschaft?

Jahrelange Auslieferungshaft unter Ausblendung der Menschenrechte

Am 17. Juni 2004 wurde die vietnamesische Staatsbürgerin N. in Berlin wegen des Vorwurfes des Drogenhandels festgenommen – ein Ereignis, das an und für sich noch nicht der Rede wert ist. Die Besonderheit des Falles lag darin, dass es um Drogenhandel in Vietnam ging und sie aufgrund eines Auslieferungsbegehrens der Sozialistischen Volksrepublik Vietnam in deutsche Auslieferungshaft genommen wurde, wo sie fast zwei Jahre, bis zum 6. Juni 2006, zubringen musste. Nach dem Willen der Staatsanwaltschaft bei dem Kammergericht Berlin und des Kammergerichts Berlin wäre sie die erste vietnamesische Staatsbürgerin gewesen, die jemals aus Deutschland nach Vietnam ausgeliefert worden wäre.

In Vietnam war eine größere, des Drogenhandels verdächtigte Personengruppe festgenommen worden. Aus dieser Gruppe heraus war Frau N. beschuldigt worden, mit Heroin gehandelt zu haben. Die Beschuldigte hat sich zu diesem Zeitpunkt aber bereits in Deutschland befunden, wo sie auch vorher lange Zeit gelebt hatte. Die Anschuldigung war auch deswegen bemerkenswert, weil Frau N. vor deutschen Strafverfolgern gegen Verdächtige der Gewaltkriminalität (vietnamesische Schutzgelderpressung) ausgesagt und insbesondere einen mutmaßlichen Bandenchef schwerer Straftaten bezichtigt hatte, weswegen dieser nach seiner Verurteilung Rache geschworen hatte.

Drohende Todesstrafe kein Auslieferungshindernis?

Der Kronzeuge im vietnamesischen Prozess wurde im Übrigen kurz nach Erstattung seiner nicht sonderlich ergiebigen Aussage gegen Frau N. hingerichtet. Dies ist in Vietnam keine Besonderheit. Das Land gehört neben China zu den Ländern, die weltweit am meisten Todesstrafen vollstrecken und das fast ein Drittel aller veröffentlichten Todesstrafen für Drogendelikte verhängt. Dazu hatte amnesty international bereits ausführlich nachgewiesen, dass rechtsstaatliche Standards, insbesondere in Drogenverfahren, in Vietnam nicht eingehalten werden. Die Generalstaatsanwaltschaft in Berlin und ihr folgend das Kammergericht hielten jedoch die drohende Todesstrafe und die nicht rechtsstaatlichen Verhältnisse ebenso wenig wie die menschenunwürdigen Haftverhältnisse für ein Auslieferungshindernis. Vietnam hatte gegenüber der deutschen Regierung immerhin zugesichert, eine Todesstrafe gegen Frau N. nicht zu vollstrecken und die Haftbedingungen entsprechend dem Mindeststandard der UNO zu gewährleisten. Diese von der vietnamesischen Regierung abgegebene Zusicherung entspricht einer weltweit mittlerweile oft geübten Praxis im Rechtshilfe- und Auslieferungsverkehr. Berichte über Menschenrechtsverletzungen, unfaire Verfahren und menschenunwürdige Haftbedingungen von Menschenrechtsorganisationen, die das Bestehen einer tatsächlich menschenrechtlich bedenklichen Situation in Vietnam oder in anderen Ländern belegen, sollen quasi mit einem Handschlag unter den Regierungsvertretern für nicht relevant erklärt werden. Dass dann die Bundesregierung im Fall von Auslieferungen oder aber auch im Fall von Abschiebungen zumeist gar nicht kontrollieren kann, welchem Schicksal die ausgelieferten oder abgeschobenen Personen nach ihrer Rückkehr in das Heimatland anheimfallen, kümmert deutsche Gerichte im Falle von Auslieferungs- und Abschiebungsentscheidungen wenig. Folgerichtig erklärte das

Kammergericht mit einem dünnen Beschluss vom 12. Mai 2005 die Auslieferung nach Vietnam für zulässig.

Breite Koalition gegen Auslieferung

Zur Verteidigung von Frau N. hatte sich inzwischen eine breite Koalition von Menschenrechtsorganisationen, Seelsorgern und Vietnam-Experten gegründet, die die Zustände in Vietnam und die drohende Auslieferung stark und mit detailliert dargelegten Argumenten kritisierte. Frau N. legte Verfassungsbeschwerde ein und erst das Bundesverfassungsgericht stoppte mit einem Beschluss vom 22. November 2005 ihre Auslieferung nach Vietnam. Das Bundesverfassungsgericht beanstandete, dass das Kammergericht bei der Entscheidung über die Zulässigkeit der Auslieferung den Vortrag der Rechtsanwälte zur Rechtsstaatlichkeit des Verfahrens in Vietnam im Allgemeinen sowie zu Drogendelikten und zu ihrem Fall im Besonderen nicht hinreichend berücksichtigt hatte. Wer nun glaubte, dass das Kammergericht nach dieser Rüge aus Karlsruhe Frau N., immerhin Mutter von vier teilweise minderjährigen Kindern, die ebenfalls in Berlin lebten, aus der Auslieferungshaft entlassen würde, irrte. Es sollte weitere acht Monate dauern, bis Stellungnahmen des Bundesjustizministeriums und des Auswärtigen Amtes das Blatt wendeten und die Generalstaatsanwaltschaft schließlich die Freilassung der Verfolgten anordnen musste.

Der Fall ist gleichermaßen typisch wie bemerkenswert. Denn in den vergangenen Jahren hatten die für Auslieferungen zuständigen Oberlandesgerichte und, ihnen oft folgend, das Bundesverfassungsgericht, Auslieferungen in die Todesstrafenländer Russland und die Vereinigten Staaten von Amerika für zulässig erklärt. Das Schema war dabei oft ähnlich: Der von Menschenrechtsorganisationen erhobenen und oft substantiierten Kritik an den dortigen Verhältnissen wurden zwischen den Regierungen getroffene Zusicherungen und Abreden entgegengestellt und für höher bewertet. Man dürfe im Auslieferungsverkehr nicht die in Deutschland gültigen rechtsstaatlichen Maßstäbe anwenden, sondern müsse die Besonderheiten des Verfolgerstaates berücksichtigen, lautete das stereotyp hergebrachte Argument. So wäre auch Frau N. ohne Weiteres nach Vietnam ausgeliefert worden, obwohl letztlich sowohl das Auswärtige Amt als auch das Bundesjustizministerium, die zuvor an der Einleitung des Auslieferungsverfahrens beteiligt waren, zugeben mussten, dass in diesem Staat keine rechtsstaatlichen Verhältnisse herrschen. Lediglich der engagierte Einsatz der Helfer und Verteidiger von Frau N. sorgte dafür, dass die Verhältnisse in Gefängnissen und vor Gerichten in Vietnam bei den bundesdeutschen Gerichten berücksichtigt wurden. Hätte Frau N. nicht aufgrund ihrer hervorragenden Kontakte die Aufklärung über die Menschenrechtslage in Vietnam vorangetrieben, wäre sie schon nach wenigen Monaten abgeschoben worden. Zurück bleibt der schale Geschmack eines hart erkämpften Sieges vor bundesdeutschen Gerichten, den Frau N. mit einer fast zweijährigen Auslieferungshaft bezahlen musste, während der sie aufgrund ihrer Todesängste körperlich und psychisch teilweise schwer angeschlagen war.

Marei Pelzer

Auslieferung in Folterstaaten?

Sorgloser Umgang mit Auslieferungsanträgen der Türkei

Folterstaaten können sich der wohlwollenden Kooperationsbereitschaft deutscher Gerichte sicher sein – politische Verfolgte hingegen scheinen sich auf nichts mehr verlassen zu können. Dies ist eine bittere Erfahrung, die der aus der Türkei geflohene Kurde Yusuf K. im Frühsommer 2006 machen musste. Obwohl er in der Türkei gefoltert worden war und deswegen in Deutschland den Flüchtlingsstatus erhalten hatte, saß er über drei Monate in Auslieferungshaft. Der sorglose Umgang mit Auslieferungsanträgen der Türkei und die bereitwillige Anordnung von Auslieferungshaft ist leider kein Einzelfall. Die

Auslieferung von Yusuf K. in die Türkei konnte nach monatelangem Bangen nur knapp verhindert werden.

Als Yusuf K. im Mai 2005 vom Verwaltungsgericht Frankfurt als Flüchtling anerkannt worden war, fühlte er sich zum ersten Mal seit langem wieder sicher. Er wollte ein neues Leben anfangen und die Vergangenheit hinter sich lassen. Im Juni 2006 hatte er einen Job antreten wollen. Doch es kam anders. Am 3. Mai 2006 fand sich Yusuf K. in der Justizvollzugsanstalt Weiterstadt wieder. Die Türkei beantragte im Frühjahr 2006 seine Auslieferung. Auf einen Schlag hatte ihn die Vergangenheit wieder eingeholt.

Yusuf K. war 1996 vom Staatssicherheitsgericht in Izmir zu lebenslanger Haft verurteilt worden. Er soll Mitglied in der Vereinigung TKP/LM gewesen sein und verschiedene Einzeldelikte begangen haben. Zehn Jahre lang hatte er in der Türkei im Gefängnis gesessen. Yusuf K. schildert in einer Mitteilung an die Presse vom 1. Juni 2006 seine Erlebnisse: »In der Zeit in meiner Haft in der Polizeiabteilung für politische Angelegenheiten wurde ich unzählige Male mit Elektroschocks (an Geschlechtsorganen, Zunge und Ohren) gefoltert. Mehrmals wurde ich am ›palästinensischen Haken‹ aufgehängt, mehrere Tage musste ich ohne Schlaf und nackt an kalten Stellen verbringen. Sie tauchten meinen Kopf ins Wasser, indem sie mir währenddessen die Nasenlöcher zustopften. Ich wurde zu einsamen Orten gebracht und mit dem Tode bedroht. Sie drohten mir damit, meine Familienangehörigen der Folter auszusetzen und sie umzubringen.« Yusuf K. gibt weiter an, dass er auch in der zehn Jahre dauernden Strafhaft immer wieder Angriffen ausgesetzt war. Erst als die Haft unterbrochen wurde, weil er wegen dauerhafter Nahrungsverweigerung (sogenanntes »Todesfasten«) am »Wernicke-Korsakoff«-Syndrom (»durch Hungern bedingte hirnorganisches Psychosyndrom) erkrankte, gelang ihm die Flucht.

Foltergefahr als Haftgrund?

Da Yusuf K. rechtskräftig als Flüchtling anerkannt worden war, wären Zweifel an der Zulässigkeit nicht nur der Auslieferung selbst, sondern schon an der Haft angebracht gewesen. Das Oberlandesgericht (OLG) Frankfurt am Main, das über die Auslieferung zu entscheiden hatte, war zwar nicht formell an die Asylanerkennung gebunden (§ 4 Satz 2 AsylVfG). Es hat aber in seiner Entscheidungen die Genfer Flüchtlingskonvention und die Europäische Menschenrechtskonvention zu beachten. Auf zynische Weise setzte sich das OLG über die drohende Menschenrechtsverletzung hinweg und wendete sie sogar gegen Herrn K. Die Foltergefahr wertete das Gericht als Anreiz für Yusuf K., sich dem Auslieferungsverfahren zu entziehen: »Hinzu kommt, dass gerade die von dem Verfolgten vorgetragenen Umstände, Herbeiführung des der Verurteilung zugrunde liegenden Geständnisses durch Folter und weiterhin drohende Folter, den Anreiz zur Flucht, um der Strafvollstreckung eines nach Auffassung des Verurteilten auf einem erpressten Geständnis beruhenden Urteils in der Türkei zu entgehen, deutlich werden lassen.« (OLG Frankfurt, Beschluss v. 23. 5. 2006, Az. 2 Ausl A 36/06)

Zusicherung schützt nicht vor Folter

Im weiteren Verfahren versuchte das Gericht die Auslieferung dadurch zu ermöglichen, dass es von der Türkei die Zusicherung verlangte, dass Yusuf K. seine Haft in einem Gefängnis Typ F fortsetzt, und dass die deutsche Botschaft Gelegenheit erhält, den Inhaftierten aufzusuchen und sich über die konkreten Haftbedingungen zu informieren.

Im Zuge des »internationalen Kampfes gegen den Terrorismus« werden derartige Zusicherungen vermehrt eingesetzt, um »Terrorismusverdächtige« auszuliefern oder sonstwie zwangsweise an andere Staaten zu überstellen. Human Rights Watch hat in einer Studie vom April 2005 zahlreiche Fälle dokumentiert, in denen europäische Staaten, Kanada und die USA das absolute Folterverbot mittels diplomatischer Zusicherungen unterlaufen haben. Wie wenig diplomatische Zusicherungen, bestimmte Personen nicht zu foltern, in der Praxis wert sind, zeigen auch Berichte des »UN Comittee Against Torture«, etwa im Falle der Abschiebung von zwei des Terrorismus verdächtigten Personen von Schweden nach Ägypten, die trotz eines vereinbarten Überwachungsmechanismus gefoltert wurden (CAT/C/32/D2003, § 2.8 Agiza and al-Zari vs. Schweden).

Auch im Fall Yusuf K. hätte die geforderte Zusicherung eine Umgehung des Menschenrechtsschutzes bedeutet. Falls Yusuf K. ausgeliefert worden und erneut gefoltert worden wäre, hätte die Bundesrepublik keinerlei völkerrechtlichen Anspruch gehabt, die Auslieferung wieder rückgängig zu machen. Diplomatischen Druck kann vorangegangene Menschenrechtsverletzung nicht rückgängig machen. Zusicherungen stellen ein völlig ungeeignetes Mittel zur Vorbeugung gegen die Gefahr der politischen Verfolgung und Folter dar.

Verstoß gegen rechtsstaatliches Verfahren

Dass die Auslieferung durch das Oberlandesgericht am 23. August 2006 schließlich doch für unzulässig erklärt worden ist, wovon zunächst aufgrund der Haftbeschlüsse desselben Gerichts nicht auszugehen war, ist vor allem auf das Engagement der Menschenrechtsorganisationen und die Arbeit des Anwalts zurückzuführen. Letztendlich konnte dem OLG Frankfurt deutlich gemacht werden, dass die Auslieferung unter anderem auf Grund der rechtsstaatlichen Garantien der Europäischen Menschenrechtskonvention und der ständigen Rechtsprechung des Europäischen Gerichtshofs für Menschenrechte unzulässig ist.

Der Europäische Gerichtshof für Menschenrechte hat in ständiger Rechtsprechung festgestellt, dass ein Angeklagter vor den früheren Staatssicherheitsgerichten der Türkei kein faires Verfahren zu erwarten hatte und deshalb bei Verurteilung durch diese Gerichte generell ein Verstoß gegen Artikel 6 EMRK vorliegt (Grundsatzentscheidung v. 9. 6. 1998 41/1997/825/1031). Im Fall von Herrn K. konnten darüber hinaus zahlreiche Verstöße gegen die Rechtsstaatlichkeit des Verfahren belegt werden: die »Zeugenvernehmung« erfolgte allein durch Niederschriften – sie konnten vom Angeklagten nicht befragt werden. Das Recht, Fragen an die Belastungszeugen stellen zu dürfen, gehört zu einem rechtsstaatlichen Verfahren zwingend hinzu.

Weiterhin wurden die Angaben von Herrn K. während des Strafverfahrens, er sei von der Polizei gefoltert worden, zu keinem Zeitpunkt angemessen gewürdigt. Schließlich wurde das Recht auf einen Verteidiger missachtet. Herr K. wurde sowohl von Polizei und Staatsanwaltschaft als auch vor dem Staatssicherheitsgericht ohne Verteidiger vernommen.

Störfeuer aus dem BMJ

Das OLG hätte wahrscheinlich wesentlich früher festgestellt, dass die Auslieferung von Herrn K. rechtsstaatswidrig ist, wenn das Bundesjustizministerium (BMJ) sich anders verhalten hätte. Statt gegenüber dem OLG und der Staatsanwaltschaft die Unzulässigkeit der Auslieferung deutlich zu machen, hat das BMJ die Betreibung der Auslieferung sogar noch gestützt, indem es gegenüber dem OLG die Auslieferung von Yusuf K. für unbedenklich erklärte. Im Schreiben vom 4. August 2006 teilte ein Mitarbeiter des BMJ der Generalstaatsanwaltschaft mit: »Darüber hinaus teile ich mit, dass im Einvernehmen mit dem Auswärtigen Amt zurzeit keine Anhaltspunkte erkennbar sind, die eine Bewilligung der Auslieferung ausschließen.« Hätte das BMJ anders agiert, wären Yusuf K. vielleicht die monatelange Auslieferungshaft und die damit einhergehenden psychischen und physischen Belastungen erspart geblieben.

Helmut Pollähne

Und verwahre uns vor dem Bösen ...

Die Renaissance der Sicherungsverwahrung

Sinnfälligster Ausdruck einer Ablösung der Kriminalpolitik durch Sicherheitspolitik ist die Renaissance der Sicherungsverwahrung in den letzten acht Jahren (Weber 1999, Vack 2002, Pollähne 2005). Einen vorläufigen Höhepunkt fand diese Entwicklung mit der Verankerung der nachträglichen Sicherungsverwahrung in § 66 b Strafgesetzbuch (StGB) durch die rot-grüne Bundestagsmehrheit im Jahre 2004. Die Sicherheitsgeister, die man rief, wird man aber nicht mehr los: Derzeit (Oktober 2006) stehen allein sechs Gesetzentwürfe zur Debatte, die allesamt auf eine Ausweitung der Sicherungsverwahrung hinauslaufen. In der vagen Hoffnung, künftige schwere Straftaten verhindern zu können, sollen immer mehr Menschen auf der Grundlage fragwürdiger Kriminalprognosen auf unabsehbare Zeit eingesperrt werden. Ihre Grund- und Menschenrechte werden einem verfassungsrechtlich nicht legitimierten Allgemeinheits-Grundrecht auf Sicherheit geopfert.

Sicherungsverwahrung gegen Jugendstraftäter

Mit dem soundsovielten Gesetz zur Änderung des Sexualstrafrechts wurde die Sicherungsverwahrung 2003 erstmals ins Jugendstrafrecht eingeführt. Auch wenn es zunächst nur solche Heranwachsende traf, gegen die ohnehin allgemeines Strafrecht Anwendung findet, war doch absehbar, dass das nicht das letzte Wort sein würde: Nach Entwürfen mehrerer Länder soll zukünftig auch gegen Heranwachsende, auf die Jugendstrafrecht Anwendung findet, Sicherungsverwahrung verhängt werden dürfen. Dem hat sich der Bundesrat mit großer Mehrheit angeschlossen (BT-Drs 16/1992).

Bayern geht noch einen Schritt weiter und fordert, die nachträgliche Sicherungsverwahrung auch gegen ehedem Jugendliche nach Verbüßung einer Jugendstrafe von mindestens fünf Jahren in Anschlag zu bringen (BR-Drs 181/06). Selbstverständlich immer nur wegen einer im Vollzug neu in Erscheinung getretenen Gefährlichkeit und nur auf der Grundlage zweier Gutachten – als würde allein das schon Rechtsstaatlichkeit verbürgen: Immerhin könnten so bereits Jugendliche auf ewig im Knast ein- und aus der Gesellschaft ausgeschlossen werden – sozialer Tod, bevor das Leben überhaupt richtig beginnen konnte.

Sicherungsverwahrung gegen Ersttäter

Als die Nazis Ende 1933 die Sicherungsverwahrung in das deutsche Strafrecht einführten, verankerten sie vergleichsweise hohe formale Hürden (Sicherungsverwahrung nur gegen einschlägig und mehrfach vorbestrafte Täter, sog. Gewohnheitsverbrecher). Die bundesdeutsche Gesetzgebung fällt in den letzten Jahren mehr und mehr dahinter zurück: Nachdem die Voraussetzungen bereits 1998 erheblich abgesenkt wurden, wird nun ernsthaft die Einführung einer Sicherungsverwahrung für Ersttäter erwogen. Einem Entwurf Mecklenburg-Vorpommerns zufolge soll bereits die erstmalige Verurteilung wegen einer schweren Tat zu mindestens fünf Jahren Freiheitsstrafe ausreichen, um – entsprechende Gefährlichkeitsprognosen vorausgesetzt – unbefristete Sicherungsverwahrung anzuordnen (BR-Drs 876/05). Was vor nicht allzu langer Zeit noch als infamer Scherz abgetan worden wäre, erscheint damit bereits am Horizont: Warum soll ein konsequenter Sicherheitsstaat eigentlich die erste (schwere) Tat abwarten? Wer will denn dem Opfer des Ersttäters erklären, warum dieser nicht bereits hinter Schloss und Riegel saß, wenn doch zwei Gutachter seine Gefährlichkeit hätten belegen können?

Sicherungsverwahrung gegen den Bundesgerichtshof

Besonders brisant ist das Ansinnen, das Instrumentarium der nachträglichen Sicherungsverwahrung (§ 66 b StGB) »nachzubessern«, weil sich der Bundesgerichtshof (BGH) darum bemüht, deren Anwendungsbereich in Grenzen zu halten: Die nachträgliche Sicherungsverwahrung erscheint ihm allenfalls dann vertretbar, wenn neue Tatsachen während des Vollzuges eine schwerwiegende Wiederholungsgefahr begründen, die dem letzten Tatgericht noch nicht erkennbar war – alles andere wäre eine gesetzlich nicht vorgesehene Wiederaufnahme zu Lasten des rechtskräftig Verurteilten (vgl. aber BT-Drs 16/1344). Diese BGH-Linie kommt dem rot-grünen Minimalkonsens von 2004 ziemlich nahe – die neuen realpolitischen Mehrheiten reklamieren jedoch judikativen Ungehorsam gegenüber der Legislative: Mit einem Gesetzentwurf »zur Stärkung der Sicherungsverwahrung« (BT-Drs 16/1992) will der Bundesrat mit großer Mehrheit eine Ausweitung des § 66 b StGB erreichen. Er wendet sich damit zwar auch gegen den o.g. Plan Mecklenburg-Vorpommerns zur Einführung einer Sicherungsverwahrung gegen Ersttäter, aber nur, um stattdessen die nachträgliche Sicherungsverwahrung auszuweiten und auf Altfälle zu erstrecken: Es gehe auch um »Verurteilte, gegen die eine originäre Sicherungsverwahrung grundsätzlich nicht möglich war und ist (Ersttäter). Es besteht ein dringendes Bedürfnis, die Bevölkerung auch vor solchen Gewalttätern zu schützen« (a.a.O. S. 6).

Sicherungsverwahrung gegen Grund- und Menschenrechte

Zugegeben: In einem dem Prinzip der Gewaltenteilung verpflichteten demokratischen Rechtsstaat muss der Gesetzgeber das letzte Wort darüber haben, was von Gesetzes wegen gelten soll. Aber auch in einem demokratischen Rechtsstaat darf er nicht alles, was in seiner Mehrheitsmacht steht: Bundesverfassungsgericht und Europäischer Gerichtshof für Menschenrechte wachen über die Einhaltung der Grund- und Menschenrechte, auf dass der Sicherheitsstaat sie nicht zu Tode schütze.

Das BVerfG hat die gesetzliche Konstruktion der nachträglichen Sicherungsverwahrung (in § 66 b Absatz 2 StGB) zwar kürzlich abgesegnet, die restriktive Rechtsprechung des BGH (s.o.) aber konsequent fortgeschrieben: Eine der wenigen Anordnungen, die sogar der BGH hingenommen hatte, wurde von den Verfassungsrichtern aufgehoben (Beschluss vom 23. 8. 2006 – 2 BvR 226/06). Neu seien Tatsachen nach der Vorstellung des Gesetzgebers nur, wenn sie erst im Vollzug der Freiheitsstrafe bekannt geworden sind und dem letztinstanzlich zuständigen Gericht im Ausgangsverfahren auch bei pflichtgemäßer Wahrnehmung seiner Aufklärungspflichten nicht hätten bekannt werden können. Nur so werde verfassungsrechtlich sichergestellt, dass durch die nachträgliche Sicherungsverwahrung nicht Versäumnisse der Strafverfolgungsbehörden im Ausgangsverfahren zu Lasten des Verurteilten korrigiert werden. Der vorgelegte Entwurf des Bundesrates wird dem absehbar nicht gerecht.

Das BVerfG hatte nicht darüber zu befinden, ob die nachträgliche Sicherungsverwahrung überhaupt mit der Europäische Menschenrechtskonvention zu vereinbaren ist, wie dies in der einschlägigen Fachliteratur mehrfach bestritten wurde (exempl. Rzepka 2003, 207 ff.). In der Tat fällt es nicht leicht, dieses radikale Sicherheitsinstrumentarium in dem abschließenden Katalog menschenrechtlich akzeptierter Freiheitsentziehungen (Artikel 5 Absatz 1 EMRK) unterzubringen – einer Entscheidung des EGMR darf man gespannt entgegensehen.

Verwahren wir uns gegen die sichere Entgrenzung des Rechtsstaats!

Ein Staat, der zur Sicherung der Allgemeinheit beständig für sich in Anspruch nimmt, bis an die Grenzen des Rechtsstaats gehen zu dürfen, täuscht darüber hinweg, dass er damit ebenso beständig an der Grenze des Unrechtsstaats agiert. Mit den vorliegenden Entwürfen würde diese Grenze einmal mehr verwischt – in der Hoffnung, im Namen der Sicherheit fänden keine Grenzkontrollen mehr statt: Die gerichtlichen Kontrollinstanzen (allen voran BGH, BVerfG und EGMR) können gewissen Entgrenzungen des Rechtsstaates begegnen – in Zeiten großer sicherheitspolitischer Koalitionen bedarf es aber mehr denn je einer starken bürgerrechtspolitischen APO.

Literatur

Helmut Pollähne, Trendwende im Strafrecht?, in: SchlHA 2005, S. 135 ff.

Helmut Pollähne, Große kriminalpolitische Koalitionen, in: RAV-Informationsbrief 96, April 2006, S. 6 ff.

Dorothea Rzepka, Sicherheits- statt Rechtsstaat, in: R&P 2003, S. 91 ff., 127 ff.

Sonja Vack, Strafe nach der Strafe?, in: Grundrechte-Report 2002, S. 189 ff.

Hartmut-Michael Weber, Die Wiederauferstehung der Sicherungsverwahrung, in: Grundrechte-Report 1999, S. 181 ff.

Alle Menschen sind vor dem Gesetz gleich
Art. 3 (1) Alle Menschen sind vor dem Gesetz gleich.
(2) Männer und Frauen sind gleichberechtigt. Der Staat fördert die tatsächliche Durchsetzung der Gleichberechtigung von Frauen und Männern und wirkt auf die Beseitigung bestehender Nachteile hin.
(3) Niemand darf wegen seines Geschlechtes, seiner Abstammung, seiner Rasse, seiner Sprache, seiner Heimat und Herkunft, seines Glaubens, seiner religiösen oder politischen Anschauungen benachteiligt oder bevorzugt werden. Niemand darf wegen seiner Behinderung benachteiligt werden.

Susanne Dern

Kulturrevolution oder nur lokales Beben?

Beginnt mit dem Allgemeinen Gleichbehandlungsgesetz eine neue Kultur der Antidiskriminierung?

Im August 2006 endete mit dem Inkrafttreten des Allgemeinen Gleichbehandlungsgesetzes (AGG) eine lange Wartephase: Die BRD wurde vom Europäischen Gerichtshof bereits mehrmals verurteilt, da die Umsetzungsfristen für drei der vier EU-Antidiskriminierungsrichtlinien, die dem AGG zugrunde liegen, schon seit langem verstrichen sind. Im Herbst 2005 scheiterte der letzte Entwurf der rot-grünen Koalition noch auf der Zielgeraden. Damit bietet bereits das bloße Inkrafttreten des Gesetzes Anlass zum Feiern. Trifft dies aber auch für den Inhalt zu? Beginnt mit dem AGG nun eine neue, lang ersehnte Antidiskriminierungskultur in Deutschland?

Ein wichtiger Schritt in diese Richtung ist sicherlich die Ausweitung des Diskriminierungsschutzes auch auf den zivilrechtlichen Bereich. Erstmals gelten nun harmonisierte Diskriminierungsverbote nicht nur für den Staat oder den Arbeitgeber, sondern auch für Geschäfte zwischen Privatleuten (Mietverträge, Versicherungsverträge oder Alltagseinkäufe). Erfreulich ist auch, dass sich der Gesetzgeber für einen horizontalen Ansatz entschieden hat, der zumindest vordergründig alle (acht) in den EU-Richtlinien genannten »Gruppen« einbezieht und Diskriminierungen wegen »der Rasse oder wegen der ethnischen Herkunft, des Geschlechts, der Religion oder Weltanschauung, einer Behinderung, des Alters oder der sexuellen Identität« verbietet.

Flickwerk in der Umsetzung

Bei einem genaueren Blick fällt jedoch auf, dass das Gesetz auf seinem langen, von ständigen Modifikationen geprägten Weg die nötige Klarheit in der Antidiskriminierungsbotschaft verloren hat. So wurde etwa in letzter Sekunde die Kategorie »Weltanschauung« aus dem zivilrechtlichen Diskriminierungsschutz herausgenommen, aber im arbeitsrechtlichen Bereich belassen.

Die Streichung verfolgt den Zweck, Rechtsstreitigkeiten mit Rechtsextremen zu verhindern. Hier kommen aber Zweifel auf, ob damit gerechtfertigt werden kann, zugleich jegliche Form der Weltanschauung schutzlos zu stellen.

Höchst problematisch erscheint vor allem die gesetzliche Regelung zum Wohnungsmarkt. Insbesondere Migrant/inn/en oder Personen, die dafür gehalten werden, berichten immer wieder von Diskriminierungserfahrungen bei der Wohnungssuche. Gerade hier hätte es also einer klaren Handlungsanweisung an Vermieter bedurft. Stattdessen weist der gesetzliche Schutz große Lücken auf: Im Regelfall ist es nur Großvermietern (mit über 50 Wohnungen) verboten, bei der Wohnungsvergabe wegen »des Geschlechts, der Religion, einer Behinderung, des Alters oder der sexuellen Identität« zu diskriminieren. Migrant/inn/en sind davon abweichend zwar auch vor Diskriminierung wegen »der Rasse oder ethnischen Herkunft« gegenüber kleineren Vermietern geschützt, allerdings erleichtert es die sogenannte »Ghettoklausel« – unter Berufung auf ausgewogene Siedlungsstrukturen sowie ausgeglichene wirtschaftliche, soziale und kulturelle Verhältnisse –, Bewerber/-innen mit Migrationshintergrund weiterhin auszusieben. Diese weiten Ausnahmekataloge sind nicht mehr mit den europarechtlichen Vorgaben zu vereinbaren. Die Klausel konterkariert das Ziel der Richtlinien sogar, in dem sie selbst Anreize zur Benachteiligung aufgrund der ethnischen Herkunft setzt.

Kündigungsschutz europarechtswidrig ausgenommen

Die Bewertung des arbeitsrechtlichen Komplexes fällt ebenfalls ambivalent aus. Das AGG nimmt Arbeitgeber stärker in die Pflicht, sie tragen nicht nur die Verantwortung für ihr eigenes Handeln, sondern auch für Diskriminierungen durch ihre Angestellten. Sie sollen zudem proaktiv gegen Diskriminierungsgefahren vorgehen, beispielsweise ihre Mitarbeiter/-innen schulen und so nicht zuletzt für ein diskriminierungsfreies Klima sorgen, in dem Mobbing etwa aus rassistischen, sexistischen, homophoben Motiven im Ansatz unterbunden werden kann. Diesen breiten Ansatz hält das Gesetz jedoch leider nicht durch: Arbeitnehmer/-innen sind zwar ab der Stellenausschreibung und während des Arbeitsverhältnisses durch das AGG vor Diskriminierungen geschützt, nicht aber bei der Beendigung. In letzter Minute wurde in § 2 Absatz 4 AGG festgeschrieben, Kündigungen vom Anwendungsbereich des Gesetzes auszunehmen. Die Kündigung des schwulen Betreuers, der im Herbst 2006 von einem Frankfurter Jugendheim ausgesprochen wurde, wird also weiterhin nur nach den allgemeinen Kriterien des Kündigungsschutzes überprüft. Diese wären dann zwar gemeinschaftsrechtskonform auszulegen; die Herausnahme der Kündigungen über § 2 Absatz 4 AGG verstößt in dieser pauschalen Form dennoch klar gegen die Antidiskriminierungsrichtlinien.

Zahnlose Regelungen im Sozialrecht

Dass eine neue Antidiskriminierungskultur kaum entstehen kann, wenn wesentliche Teilbereiche ausgespart und Strukturen nicht angegriffen werden, zeigt sich auch in einem seitens des AGG eher vernachlässigten Feld, dem Sozialrecht. Hier beschränkte sich der Gesetzgeber u.a. darauf, im allgemeinen Teil des Sozialgesetzbuches ein Diskriminierungsverbot zugunsten der Rasse, ethnischen Herkunft und der Behinderung zu installieren. Schon diese Beschränkung auf drei (statt der acht oben genannten) »Gruppen« vereitelt eine eindringliche Antidiskriminierungsbotschaft. Gleichzeitig wird betont, dass mit der Implementierung des Diskriminierungsverbotes keine neuen Ansprüche entstehen sollen. Es geht dem Gesetz also nicht darum, die tieferen Diskriminierungsstrukturen der sozialen Sicherung anzugreifen. Am strukturellen Ausschluss von Migranten/-innen aus der Arbeitsförderung oder fehlenden Angeboten der Jugendhilfe und Altenpflege für Muslime und Musliminnen ändert ein solches Diskriminierungsverbot daher nichts.

Beschränkte Durchsetzungsmöglichkeiten

Mit dem AGG wird es für die Betroffenen kaum leichter, Diskriminierungsverbote (gerichtlich) durchzusetzen, das Gesetz bleibt sogar teilweise hinter den Richtlinien-Vorgaben zurück. Zwar sieht das AGG die Einrichtung einer zentralen Antidiskriminierungsstelle auf Bundesebene für alle acht »Gruppen« vor, ihre Unterstützung beschränkt sich jedoch auf allgemeine Aufklärung und Weitervermittlung an andere Stellen. Einzelne Betroffene zu begleiten ist hingegen nicht vorgesehen.

Antidiskriminierungsverbände, die nach den Richtlinien die Betroffenen bei der Rechtsdurchsetzung unterstützen sollen, dürfen lediglich als »Beistände« im gerichtlichen Verfahren fungieren. Sie können weder im Namen des Betroffenen klagen, noch im Wege einer Verbandsklage auf eigene Initiative Diskriminierungsfälle vor Gericht bringen. Im Gegenteil: Eine verbliebene Möglichkeit der Vertretung durch Verbände im arbeitsgerichtlichen Verfahren wurde im Oktober 2006, gerade zwei Monate nach Inkrafttreten des AGG, eliminiert – versteckt in einer Änderung des Betriebsrentengesetzes. Es bleibt also weiter primär den Opfern überlassen, sich gegen Diskriminierung zur Wehr zu setzen. Aber selbst in der individuellen Rechtsverfolgung gelingt es dem AGG kaum, Hürden abzubauen: So ist die Klagefrist auf zwei Monate ab Kenntnis der Diskriminierung beschränkt. Damit lastet auf den Betroffenen ein enormer Druck, schnell entscheiden zu müssen, ob sie sich gerichtlich zur Wehr setzen wollen, ohne die weitreichenden Folgen (Gefahr der öffentlichen Zurschaustellung, Spannungen am Arbeitsplatz) abschätzen zu können. Zudem lässt es der Wortlaut der Beweislastregelung in § 22 AGG zu, den Betroffenen deutlich höhere Risiken aufzubürden als dies die Richtlinien vorsehen.

Ein solitäres Gleichbehandlungsgesetz wie das AGG ruft also nur ein erstes – wenn auch beachtliches – Beben hervor, es kann nur einen einzelnen Baustein eines kohärenteren Antidiskriminierungsrechts bilden. Um aber von einer neuen Antidiskriminierungskultur sprechen zu können, muss darüber hinaus ein ernsthafter Wille erkennbar sein, auch die tiefer liegenden Diskriminierungsstrukturen anzugehen und die rechtlichen Systeme einer grundlegenden Revision zu unterziehen. Dass dem Gesetzgeber dieser Wille fehlt, ist politisch bedauerlich, dass er deshalb verbindliche europarechtliche Vorgaben ignoriert, ein offener Rechtsbruch.

Literatur

Antirassismus-Richtlinie (2000/43/EG)
Rahmen-Richtlinie (2000/78/EG)
Gender-Richtlinie (2002/73/EG)
Güter-Zugangs-Richtlinie (2004/113/EG)
Download unter: http://baer.rewi.hu-berlin.de/wissen/antidiskriminierungsrecht/europaeischerichtlinien/

Die Freiheit des Glaubens und des Gewissens ist unverletzlich

Art. 4 (1) Die Freiheit des Glaubens, des Gewissens und die Freiheit des religiösen und weltanschaulichen Bekenntnisses sind unverletzlich.

Till Müller-Heidelberg

Kampf den christlichen Fundamentalisten

Das Kopftuch und kein Ende

»Das Kopftuch und kein Ende« war der Beitrag des Verfassers im Grundrechte-Report 2004 überschrieben, in dem über die Entscheidung des Bundesverfassungsgerichts zum Kopftuch der Lehrerin Fereshta Ludin vom 24. September 2003 berichtet wurde. Nachdem das Bundesverfassungsgericht in der seinerzeitigen Entscheidung das Verbot eines islamischen Kopftuchs für Lehrkräfte mangels einer gesetzlichen Grundlage untersagt, gleichzeitig aber generelle gesetzliche Regelungen für zulässig erklärt hatte, die sich gegen religiöse Bekleidungen von Lehrkräften in staatlichen Schulen richten, hatten sofort mehrere Ministerpräsidenten angekündigt, sie würden Landesgesetze mit einem Kopftuchverbot für Lehrerinnen initiieren. Sie hatten das Urteil des Bundesverfassungsgerichts nicht zu Ende gelesen. Denn das Gericht hatte ausdrücklich erklärt, dass wir nicht in einem christlichen Staat leben. Wegen der Neutralitätspflicht des Staates müssten sich Bekleidungsvorschriften für Lehrkräfte diskriminierungsfrei auf alle Religionen beziehen. Das wollten die christlichen Ministerpräsidenten natürlich nicht, und im Grundrechte-Report 2004 hatte ich geschrieben: »Hier werden sich die Ministerpräsidenten und Landtage noch die Zähne ausbeißen.«

Das Land Baden-Württemberg war eines der ersten, welches

unverzüglich sein Schulgesetz änderte und bereits am 1. April 2004 u. a. äußere religiöse Bekundungen von Lehrkräften (womit im Wesentlichen das islamische Kopftuch gemeint war) verbot. Als die damalige Landes- und heutige Bundeskultusministerin Annette Schavan in der Landtagsberatung darauf hingewiesen wurde, dass auch Nonnen im Nonnenhabit an staatlichen Schulen unterrichten, erklärte sie ausdrücklich, dass diese das »selbstverständlich« weiterhin dürften und die Landesregierung keine Veranlassung sehe, dies zu unterbinden. Die in der Kopftuchentscheidung des Bundesverfassungsgerichts nachdrücklich betonte Pflicht des Staates, alle Religionen und Weltanschauungen gleich zu behandeln, interessierte die Ministerin nicht.

Vielmehr ließ sie einer deutschstämmigen islamischen Lehrerin an einer Grund- und Hauptschule in Stuttgart unverzüglich nach Erlass des neuen Landesgesetzes das Tragen des Kopftuchs verbieten. Die Lehrerin trug seit 1995 unbeanstandet von Schülern, Eltern und Lehrkräften dies Kopftuch in modischer Form und half in vielen Konfliktfällen an der Schule, an der auch zahlreiche muslimische Kinder unterrichtet werden. Konkrete Probleme, die es nicht gab, interessieren jedoch die christlichen Fundamentalisten in deutschen Regierungen und Landtagen nicht. Ihnen geht es um das ideologische Prinzip: Das Kopftuch ist nicht abendländisch, ist nicht christlich, entspricht nicht ihrem Weltbild. Daher muss es verboten werden.

Keine Diskriminierung, keine Privilegierung

Dem setzte das Verwaltungsgericht Stuttgart in seinem Urteil vom 7. Juli 2006 ein Ende. Die Vorschrift in der Landesverfassung und im Schulgesetz, dass christliche und abendländische Bildungs- und Kulturwerte im Unterricht dargestellt werden dürfen, enthalte »keine Ermächtigung zur Privilegierung christlicher Glaubensbekundungen«. Dies habe der Landesgesetzgeber zwar offensichtlich gewollt, wie sich aus der Landtagsdebatte ergebe, es sei aber verfassungsrechtlich unzulässig. Den Versuch nicht nur der baden-württembergischen Landesregierung (der Landtag Nordrhein-Westfalen hat im Juni 2006 ein ähnliches Gesetz beschlossen), das verfassungsrechtliche Gebot der gleichen Neutralität des Staates gegenüber allen Religionen und Weltanschauungsgemeinschaften zu unterlaufen, indem man zwar ein scheinbar neutrales Gesetz verabschiedet, es in der Praxis aber ausschließlich gegen das islamische Kopftuch anwendet und christliche Kleidungsstücke weiterhin duldet, wurde vom Verwaltungsgericht Stuttgart unterbunden. Und es setzte zu Recht noch eins drauf: Die Berufung wurde nicht zugelassen, »da in der Rechtsprechung des Bundesverfassungsgerichtes und des Bundesverwaltungsgerichtes das Gebot strikter Gleichbehandlung der verschiedenen Glaubensrichtungen in der praktischen Durchsetzung gesetzgeberischer Eingriffe in die religiöse Bekenntnisfreiheit anerkannt ist.« Konnten das Regierung und Ministerialbeamte vorher nicht wissen? Doch. Aber sie setzen sich zunehmend über gerichtliche Entscheidungen, die ihnen nicht passen, hinweg.

Literatur

Urteil des Verwaltungsgerichts Stuttgart vom 7. 7. 2006, Az. 18 K 3562/05

Urteil des Bundesverfassungsgerichts vom 24. 9. 2003, Neue Juristische Wochenschrift 2003, S. 3111

Jürgen Kühling

Ich glaub's nicht

Kirchenaustritt und Religionsfreiheit im Sozialrecht

Die Religionsfreiheit umfasst das Recht, an eine Heilslehre zu glauben oder auch nicht. Die Zugehörigkeit zu einer Religionsgemeinschaft ist nicht weniger geschützt als das Fernbleiben, der Kircheneintritt nicht weniger als der Kirchenaustritt. Das ist im Grundsatz unbestritten. Das Bundesverfassungsgericht hat in Konfliktfällen mit kirchlichen Arbeitgebern die Religionsfreiheit der Arbeitnehmer nicht unerwähnt gelassen und seine Abwägung mit der Position der Kirche verlangt (BVerfGE 70, 138, 169ff.). In der Sache hat es dazu aber bisher keinen nennenswerten Beitrag geleistet.

Die Arbeitsgerichte sehen den Kirchenaustritt von Arbeitnehmern in kirchlichen Einrichtungen als eine so schwerwiegende Verletzung der Loyalitätsobliegenheiten an, dass eine fristlose oder personenbedingte Kündigung regelmäßig gerechtfertigt ist. Diese arbeitsgerichtliche Praxis ist verfassungsrechtlich angreifbar. Bei der im Kündigungsschutzprozess vorzunehmenden Abwägung zwischen Arbeitgeber- und Arbeitnehmerinteressen ist nicht das kirchenrechtliche Vergehen als solches, sondern sind nur seine Auswirkungen auf die Glaubwürdigkeit der Religionsgemeinschaft als Trägerin der Einrichtung und auf die Glaubwürdigkeit der Einrichtung zu würdigen. In welchem Umfang die Glaubwürdigkeit betroffen ist, hängt einmal von der Öffentlichkeitswirksamkeit des Verstoßes ab. Zu berücksichtigen ist auch, in welchem Umfang die Einrichtung selbst in ihrem öffentlichen Erscheinungsbild und bei ihrer Tätigkeit als religiös geprägt erscheint. Auf der anderen Seite schlägt das Gewicht der Grundrechte des Arbeitnehmers zu Buche. Dabei geht es in allen Fällen um deren freie Entfaltung der Persönlichkeit (Artikel 2 Absatz 1 GG), so etwa bei homosexuellen Verbindungen, sowie um die Berufsfreiheit in der Form der freien Wahl des Arbeitsplatzes (Artikel 12 Absatz 1 GG), die bei arbeitsrechtlichen Maßregelungen betroffen ist. Bei kritischen öffentlichen Äußerungen ist die Meinungsfreiheit (Artikel 5 Absatz 1 Satz 1 GG) zu berücksichtigen, bei Kirchenaustritten die (negative) Religionsfreiheit (Artikel 4 Absatz 1 GG).

Kündigung wegen Kirchenaustritt?

Zu welchen Ergebnissen diese Abwägung im Einzelfall führt, ist prinzipiell offen. Eine arbeitgeberseitige Kündigung wegen eines Kirchenaustritts, der nur durch die Lohnsteuerkarte erkennbar wird, dürfte jedoch in keinem Fall gerechtfertigt sein.

Der Arbeitsvertrag darf nicht als Druckmittel zur Eintreibung von Kirchensteuern missbraucht werden. Es wird Zeit, dass das Bundesverfassungsgericht damit erneut befasst wird. Die Arbeitnehmer sollten sich durch die ständige Praxis der Arbeitsgerichte nicht vom Gang nach Karlsruhe abhalten lassen.

Eine weitere Missachtung erfährt die Religionsfreiheit der Arbeitnehmer jetzt durch das Landessozialgericht Rheinland-Pfalz in einem Urteil vom 30. März 2006 (L 1 AL 162/05). Eine Arbeitnehmerin hatte ihre Stellung als Hausangestellte im St. Joseph-Krankenhaus in Zell verloren, weil sie aus der Kirche ausgetreten war. In einem vor dem ArbG Koblenz abgeschlossenen Vergleich war vereinbart worden, dass das zunächst fristlos gekündigte Arbeitsverhältnis aufgrund ordentlicher Kündigung unter Wahrung der Kündigungsfrist beendet wurde. Das Arbeitsamt verhängte gegen sie eine zwölfwöchige Sperrfrist, weil sie durch den Kirchenaustritt gegen ihre arbeitsvertraglichen Pflichten verstoßen und dadurch ihre Arbeitslosigkeit herbeigeführt habe. Das Sozialgericht Koblenz hatte die Sperrfrist aufgehoben. Das Landessozialgericht Mainz bestätigte sie.

Nach § 144 Absatz 1 Nr. 1 Sozialgesetzbuch III (SGB III) tritt eine Sperrfrist von zwölf Wochen ein, wenn der Arbeitslose u.a. durch arbeitsvertragswidriges Verhalten Anlass für die Lösung des Beschäftigungsverhältnisses gegeben hat, ohne hierfür einen wichtigen Grund zu haben. Einen wichtigen Grund verneint das Landessozialgericht mit der Begründung, bei der vorzunehmenden Güterabwägung wiege das Gemeinschaftsinteresse der Versichertengemeinschaft schwerer als das Interesse der Klägerin an einer folgenlosen Verwirklichung ihrer negativen Religions- und Bekenntnisfreiheit. Die Berufung auf Artikel 4 Absatz 1 GG gebe dem Arbeitnehmer im Allgemeinen keinen wichtigen Grund, seinen Arbeitsplatz ohne weiteres aufzugeben und deshalb folgenlos Mittel der Versichertengemeinschaft zu erhalten. Ein anderes Verhalten unter wenigstens zeitweiser Zurückstellung seiner Interessen sei im Interesse der Versichertengemeinschaft zumutbar. Er müsse zunächst im Rahmen des Arbeitsverhältnisses eine Lösung der Konfliktlage anstreben und unter Aufrechterhaltung des Arbeitsverhältnisses einen anderen Arbeitsplatz suchen. Anders könne es liegen, wenn er etwa verpflichtet sei, die Glaubenslehre im Arbeitsverhältnis aktiv zu vertreten oder an kirchlichen Ritualen teilzunehmen.

Verstoß gegen Religionsfreiheit

Von der Religions- und Gewissensfreiheit der Arbeitnehmerin bleibt bei dieser Betrachtungsweise nicht viel übrig. Die anstandslose Kennzeichnung des Kirchenaustritts als Vertragsverletzung ist indiskutabel. Kann eine katholische Einrichtung von ihren Arbeitnehmern verlangen, der Kirche weiter anzugehören, ohne an deren Botschaft zu glauben? Gibt es ein sachliches Interesse der Arbeitgeberin an der geheuchelten Glaubenstreue einer Wirtschafterin, die bei ihrer Arbeit nach den Feststellungen des Landessozialgerichts »keine Berührungspunkte mit der katholischen Glaubenslehre« hatte und die ihre Abkehr vom Glauben nicht öffentlich bekundete? Kann etwa die Aufrechterhaltung der Kirchensteuerpflicht der Mitarbeiterin als ein legitimes Arbeitgeberinteresse angesehen werden?

Über die Bedeutung der Religionsfreiheit verliert das Landessozialgericht kein Wort. Stattdessen bürdet es der Arbeitnehmerin die Pflicht auf, mit der Arbeitgeberin »eine Lösung der Konfliktlage zu suchen«, ihre Religionsfreiheit eine Zeitlang nicht auszuüben und sich um einen anderen Arbeitsplatz zu bemühen. Wie eine Lösung der Konfliktlage aussehen könnte, deutet das Landessozialgericht nicht einmal an. Dazu fällt mir auch nichts ein. Wo Arbeitnehmer bei Kirchenaustritt ohne Federlesens fristlos entlassen werden, bleibt für Kompromisse kein Raum. Die Zumutung, sich beizeiten einen anderen Arbeitsplatz zu suchen, läuft auf eine Vorwegnahme der fristlosen Entlassung durch den Arbeitnehmer hinaus. Soll der Arbeitnehmer tatsächlich gehalten sein, sich mit dem Verlust seines Arbeitsplatzes abzufinden, obwohl er ihn gern behalten möchte und auf den Schutz seiner Religionsfreiheit vertraut? Und: ist es ihm wirklich zuzumuten, »unter wenigstens zeitweiser Zurückstellung seiner eigenen Interessen« Mitglied einer Religionsgemeinschaft zu bleiben, deren Glauben er nicht (mehr) teilt?

Das Bundessozialgericht hat die Revision gegen das Urteil des Landessozialgerichts zugelassen. Man darf gespannt sein, wie sein Urteil ausfällt.

Ulrich Finckh

Ein Ministerium windet sich

Das Bundesministerium der Verteidigung hat – bisher intern – für Rechtsberater und Rechtslehrer der Bundeswehr Hinweise für den Umgang mit Soldaten und Soldatinnen, die aus Gewissensgründen Befehle nicht befolgen wollen, herausgegeben. Es geht ihm darum, »nachteilige Auswirkungen von Gewissensentscheidungen einzelner Soldaten und Soldatinnen auf die Einsatzbereitschaft so gering wie möglich zu halten, ohne der Gewissensfreiheit den verfassungsrechtlich gebotenen Respekt zu versagen«. Das Ministerium bezieht sich auf ein Urteil des Bundesverwaltungsgerichts vom 21. Juni 2005 (BVerwG 2 WD 12.04). Der darin dargelegten Auffassung des 2. Wehrdienstsenates des Bundesverwaltungsgerichts, dass der Irakkrieg mit dem Völkerrecht kaum vereinbar war, wird entgegnet, »dass bisher durch kein hierzu berufenes Organ der internationalen Staatengemeinschaft verbindlich festgestellt worden ist, dass dieser Krieg völkerrechtswidrig gewesen ist.« Eine solche Feststellung gegen die USA als Vetomacht im UN-Sicherheitsrat ist allerdings, das verschweigt das Ministerium, praktisch ausgeschlossen.

Darf sich ein Soldat auf das Verbot der Vorbereitung eines Angriffskrieges (§ 80 StGB) berufen? Nach Ansicht des Ministeriums nicht! Denn: »Diesem Verbot unterfallen nur Soldaten oder Soldatinnen, die als sicherheits- und militärpolitische Berater/Beraterinnen eine herausgehobene Funktion im Regierungsapparat ausüben. Nur sie können auf die politische Willensbildung bei der Entfesselung oder Förderung eines Angriffskrieges überhaupt entsprechenden Einfluss nehmen.« Dass nur die Handlungen von Regierenden und ihren Beratern mit Strafe bedroht sind, ist freie Erfindung und weder mit dem vorgeblichen Leitbild des Bürgers in Uniform noch mit internationalem Recht vereinbar. Im Gegenteil: Nach dem Kriegsvölkerrecht ist jeder Beteiligte für sein Handeln voll verantwortlich. Den weiteren Hinweis des Bundesverwaltungsgerichts, dass eine erklärte Neutralität jede direkte und indirekte Mitwirkung am Krieg verbietet, verschweigt das Ministerium gleich ganz. Da war Deutschland zu offensichtlich im Unrecht.

Gewissensentscheidung überprüfbar?

Ausführlich wird die Frage der Gewissensentscheidung behandelt. Eine Gewissensentscheidung, das liegt in der Natur der Sache, kann man nicht beweisen, man kann sie bestenfalls glaubhaft machen – wenn das Gegenüber bereit ist, darauf einzugehen. Der Unterschied zu früheren Kriegsdienstverweigerungsverfahren ist lediglich, dass die Disziplinarvorgesetzten den Soldaten oder die Soldatin in der Regel kennen und deshalb besser beurteilen können sollen. Das ist schon deswegen problematisch, weil, wer Bedenken hat, nach militärischen Kriterien im Dienst nicht positiv auffallen wird. Die Hinweise verschweigen außerdem, dass Kriegsdienstverweigerer im Krieg sofort vom Dienst an der Waffe freizustellen sind, ohne dass die Vorgesetzten die Berechtigung dazu zu beurteilen haben. Wenn das möglich ist, kann es nicht sein, dass Gewissensbedenken im Frieden nur gelten sollen, wenn die Disziplinarvorgesetzten sie geprüft haben.

Natürlich geht es dem Verteidigungsministerium vor allem um die Eingrenzung der Entscheidung des Bundesverwaltungsgerichts. Der Major, um dessen Verweigerung es ging, hatte geltend gemacht, dass seine Arbeit für den Kriegseinsatz im Irak genutzt werden könnte. Das wurde vom Bundesverwaltungsgericht als Gewissensbelastung anerkannt. Dagegen argumentiert das Verteidigungsministerium, die Möglichkeit einer künftigen Gewissensbelastung dürfe nicht bestimmend sein. Nur ein gewisser Grad an Wahrscheinlichkeit für den

Eintritt von gewissensbelastenden Folgen könne anerkannt werden.

Am Ende steht eine Handlungsanleitung. Vorgeschlagen wird der Weg der Deeskalation von Seiten der Vorgesetzten, und von den Verweigernden wird die rechtzeitige Erklärung ihrer Gewissensnöte erwartet. Außerdem sollen die Vorgesetzten öffentlich diskutierte kritische Themen im Unterricht behandeln. Werden Bedenken deutlich, soll der Vorgesetzte das persönliche Gespräch suchen. Er soll sich von den Gewissensbedenken überzeugen. Das klingt nur auf den ersten Blick vernünftig, denn wer mit seiner Gewissensentscheidung nicht von Anfang an schon seinen Disziplinarvorgesetzten überzeugt, dem drohen Disziplinarmaßnahmen. Zudem kündigen sich auch neue Gewissensentscheidungen nicht immer lange im Voraus an, sondern können spontan ausgelöst werden.

Funktionsfähigkeit der Streitkräfte versus Gewissensfreiheit

Doch es wird noch schlimmer: Zuletzt wird nämlich behauptet, dass die Funktionsfähigkeit der Streitkräfte Verfassungsrang habe und geeignet sei, die Gewissensfreiheit einzuschränken. Verwiesen wird auf alte Rechtsprechung des Bundesverfassungsgerichts zu hergebrachten Grundsätze des Berufsbeamtentums: »Es liegt auf der Hand, dass die Funktionsfähigkeit des Staates ernstlich bedroht wäre, könnte ein Beamter sich unter bloßer Berufung auf sein Gewissen einer dienstlichen Weisung entziehen.« Daraus folgert das Ministerium: »Insofern kann der Negierung des verfassungsrechtlich geschützten Guts der Funktionsfähigkeit der Streitkräfte nicht gefolgt werden.« Dass es bei militärischem Handeln nicht um die Zustellung von Briefen oder die Zugehörigkeit einer Pistole zur Polizeiuniform, sondern um Leben und Tod und damit um eine zentrale Gewissensentscheidung geht, wird übergangen. Stattdessen wird behauptet: »Insofern gab es, entgegen der Auffassung des Senats, in dem entschiedenen Fall keine echte Gewissensentscheidung.« Und dann: »Andere Gewissensentscheidungen mit politischem Hintergrund dürften ähnlich zu bewerten sein.«

Diese plumpe Urteilsschelte reicht dem Ministerium nicht. Am Ende geht der politisch entschiedene Auftrag dem Gewissen vor: »Dies ergibt sich aus dem Berufsrisiko, das Soldaten/Soldatinnen auf Zeit und Berufssoldaten/Berufssoldatinnen freiwillig eingehen. Insofern werden den Angehörigen der Streitkräfte engere Grenzen gezogen als den ›normalen‹ Staatsbürgern und Staatsbürgerinnen. In derartigen Fallkonstellationen tritt als Ergebnis einer unverzichtbaren Güterabwägung die Gewissensfreiheit hinter das verfassungsrechtlich geschützte Gut der Funktionsfähigkeit der Streitkräfte zurück.« Dass der demokratische Rechtsstaat Grundrechte kennt, die alle staatlichen Institutionen, auch die Bundeswehr, binden, müssen die Verteidiger noch lernen.

Literatur

Ulrich Finckh, Gewissen vor Befehl, in: Grundrechte-Report 2006, S. 68 ff.

Stefan Sohm, Vom Primat der Politik zum Primat des Gewissens?, in: Neue Zeitschrift für Wehrrecht 1/2006, S. 1 ff.

Jürgen Rose, Absolutes Schweigen in der Bundeswehr zum Freispruch von Major Pfaff – Kritische Soldaten sollen mundtot gemacht werden, in: Forum Pazifismus 9, I/2006, S. 27 ff.

Jürgen Rose, Juristische Lohnschreiber, in: Forum Pazifismus 10, II/2006, S. 6 ff.

Jeder hat das Recht, seine Meinung in Wort, Schrift und Bild frei zu äußern

Art. 5 (1) Jeder hat das Recht, seine Meinung in Wort, Schrift und Bild frei zu äußern und zu verbreiten und sich aus allgemein zugänglichen Quellen ungehindert zu unterrichten. Die Pressefreiheit und die Freiheit der Berichterstattung durch Rundfunk und Film werden gewährleistet. Eine Zensur findet nicht statt.

(2) Diese Rechte finden ihre Schranken in den Vorschriften der allgemeinen Gesetze, den gesetzlichen Bestimmungen zum Schutze der Jugend und in dem Recht der persönlichen Ehre.

(3) Kunst und Wissenschaft, Forschung und Lehre sind frei. Die Freiheit der Lehre entbindet nicht von der Treue zur Verfassung.

Eckart Spoo

Geheimdienstliche Medienüberwachung

Symbiotische Beziehungen zwischen BND und Journalisten

Im Ringen um Finanzen, Kompetenzen und Einfluss wollen Geheimdienste gelegentlich zeigen, wie wichtig, wie notwendig sie sind. Offenbar zu diesem Zweck fingierte der Bundesnachrichtendienst (BND) nach dem Zusammenbruch der Sowjetunion einen Plutoniumschmuggel von Russland nach Deutschland. Die Täuschung der Öffentlichkeit misslang, denn der *Spiegel* erfuhr davon und berichtete darüber. Der blamierte Geheimdienst begab sich auf die Suche nach dem Informationsleck – und griff zu fragwürdigen Mitteln. Zum Beispiel wurde ein Journalist gewonnen, der bereit war, einen *Spiegel*-Mitarbeiter auszuhorchen und dann den BND zu informieren. Damit griff der Geheimdienst eindeutig in die Freiheit der Presse ein. Doch der damalige BND-Abteilungsleiter Volker Foertsch war in dieser Hinsicht wenig penibel. Vielmehr übernahm er persönlich den Kontakt mit diesem Journalisten und benutzte ihn nun auch dazu, »die Quellen anderer Journalisten und weitere Einzelheiten über die Journalistenszene zu erfahren«. So liest man es in dem 179-seitigen Bericht, den der ehemalige Bundesrichter Gerhard Schäfer im Mai 2006 dem Parlamentarischen Kontrollgremium (PKG) und der Öffentlichkeit vorlegte. Der ganze Bericht handelt von der dubiosen Symbiose zwischen Geheimdienstlern und Journalisten, also zwischen zwei Berufsgruppen mit gegenteiligen Aufgaben – denn Journalisten sollen Öffentlichkeit herstellen, und für diese Aufgabe haben sie besonderen verfassungsrechtlichen Schutz.

Dem Schäfer-Bericht ist zu entnehmen, dass der BND einen großen Teil seiner Aktivitäten darauf verwendet, für die Geheimhaltung seiner Aktivitäten zu sorgen. Dafür gibt es eine eigene Abteilung, eben die zeitweilig von Foertsch geleitete Abteilung 5. Sie wurde auch tätig, nachdem der Buchautor Erich Schmidt-Eenboom 1993 unter dem Titel »Schnüffler ohne Nase – Der BND, die unheimliche Macht im Staate« etliche Machenschaften dieses eigentlich für Spionage im Ausland zuständigen Geheimdienstes aufgedeckt hatte. Offenbar hatten Mitarbeiter geplaudert. Um ihnen auf die Spur zu kommen, observierte der BND, wie Schäfer in seinem Bericht mitteilt, einige Monate lang sechs eigene Mitarbeiter – ergebnislos.

Durchwühlter Müll und Drohungen am Telefon

Fünf Mitarbeiter wurden abgestellt, Schmidt-Eenboom selber zu observieren und die Identität aller seiner Besucher zu klären. Von mehreren Autos und später von einem eigens angemieteten Gebäude aus beobachteten und fotografierten die Geheimdienstler tagaus, tagein von früh bis spät Schmidt-Eenbooms Arbeitsplatz, später auch seine Wohnung. Weil aber all der personelle und materielle Aufwand immer noch nicht ausreichte, wurden auch noch drei Techniker hinzugezogen. Zu zweit belauschte man Gespräche Schmidt-Eenbooms in einem Restaurant, und man überprüfte Hunderte Autokennzeichen von Besuchern. Das ging nicht nur monate-, sondern jahrelang. Dann verfiel der BND auf die Idee, systematisch das Altpapier Schmidt-Eenbooms sowie eines von ihm geleiteten Instituts einzusammeln und auszuwerten, vor allem die auf Briefumschlägen oder in Textpassagen genannten Namen zu überprüfen, wobei eine 98 Seiten lange Liste mit Namen und Telefonnummern entstand – ergebnislos.

Inzwischen war längst ein direkter Kontakt zwischen Schmidt-Eenboom und dem BND entstanden. Der Autor hatte dem Geheimdienst zum Beispiel Einsicht in Unterlagen eines verstorbenen BND-Vizepräsidenten ermöglicht und war ihm, so der Schäfer-Bericht, auch sonst weit entgegengekommen. Als der BND schließlich glaubte, einen seiner eigenen Mitarbeiter als Informanten Schmidt-Eenbooms enttarnt zu haben, wurden weder straf- noch arbeitsrechtliche Maßnahmen gegen ihn ergriffen – um den Kontakt zu Schmidt-Eenboom nicht zu gefährden.

Nachdem der Autor erfahren hatte, wie er observiert worden war, wurde er nach eigenen Angaben am Telefon bedroht: »Wenn Sie die Observationskiste öffentlich machen, werden wir Sie schlachten.« Er ließ sich aber nicht einschüchtern, und so kam es zu dem Auftrag an Schäfer, Aktivitäten des Geheimdienstes darauf hin zu untersuchen, ob sie das Grundrecht der Pressefreiheit gefährden.

Einige Details aus dem Bericht: Ausgeschiedene Referatsleiter des BND sollen Unterlagen in den Ruhestand mitgenommen haben – getrieben von dem »Bedürfnis, sich bei Journalisten auszusprechen«, vor allem ihre Erfahrungen mit Foertsch publik zu machen. Ein Kreis ehemaliger Referatsleiter soll Geld für Geheimdienstpapiere verlangt haben. Rache? Geldgier? Jedenfalls nur erklärbar in einem Klima der Käuflichkeit.

Nebenverdienste für Journalisten

Der BND war, wie aus dem Bericht hervorgeht, bereit, einem Journalisten 50 000 Mark für die Nennung eines Informanten in der Plutonium-Affäre zu zahlen. Ein für *Spiegel*, *Stern*, *Fo-*

cus und andere Zeitschriften arbeitender Journalist erhielt als »reisender Gesprächsaufklärer« in 15 Jahren vom BND mehr als 650 000 Mark. Die Zusammenarbeit mit einem Journalisten hatte speziell den Zweck, ihn an der Veröffentlichung »negativer Meldungen« über den BND zu hindern.

Weiter stellte Schäfer u.a. fest, dass der BND prüfen ließ, welche Unterlagen ein Journalist im Bundesarchiv eingesehen hatte, speziell ob Unterlagen dabei waren, die Foertsch belasteten. Der Geheimdienst habe klären lassen, wem Autos gehörten, die in der Tiefgarage des *Focus*-Gebäudes abgestellt waren. Von einem Gewährsmann habe sich der BND nicht nur über einzelne Journalisten, sondern auch »über Hintergründe und Materialien bevorstehender Veröffentlichungen« berichten lassen. »Die Ausforschung des Medienbereichs« durch einen anderen Gewährsmann sei »außerordentlich intensiv und breit angelegt« gewesen.

Schäfer gelangte zu dem Schluss, dass etliche dieser Aktivitäten – auch angesichts eines berechtigten Interesses des BND an Eigensicherung – rechtswidrig gewesen seien; er wies darauf hin, dass u.a. die Freiheit der Informationsbeschaffung, der Informantenschutz und das Redaktionsgeheimnis tangiert wurden. Das Bundeskanzleramt, dem der BND untersteht, erteilte daraufhin die Anweisung, Journalisten nicht mehr als Quellen zur Erforschung der Medienszene zu führen.

Lizenz zum Lügen?

Ähnliche Dienstvorschriften galten aber schon früher; Kontakte mit inländischen Journalisten waren dem Auslandsspionagedienst verboten, Ausnahmen sollten nur durch Entscheidung des BND-Präsidenten möglich sein. Die Leitung versicherte dem Parlamentarischen Kontrollgremium, sie habe von all den Kontakten mit Journalisten nichts gewusst. Aber kann sich das PKG darauf verlassen? Der Innenstaatssekretär und frühere BND-Präsident August Hanning nährte Zweifel an der Glaubhaftigkeit seiner eigenen Auskünfte, als er sich am 30. November 2006 in anderem Zusammenhang weigerte, die Frage eines Abgeordneten zu beantworten, ob er ein US-amerikanisches Schweigeersuchen als »Lizenz« betrachte, das PKG zu belügen.

Gewissenhafte Journalisten täten gut daran, sich mit Geheimdiensten überhaupt nicht einzulassen. In dem »Pressekodex«, auf den sich die deutschen Journalisten- und Verlegerverbände verständigt haben, ist längst klargestellt: »Nachrichtendienstliche Tätigkeiten von Journalisten und Verlegern sind mit den Pflichten aus dem Berufsgeheimnis und mit dem Ansehen der Presse nicht vereinbar.«

Ehe und Familie stehen unter dem besonderen Schutze der staatlichen Ordnung

Art. 6 (1) Ehe und Familie stehen unter dem besonderen Schutze der staatlichen Ordnung.

(2) Pflege und Erziehung der Kinder sind das natürliche Recht der Eltern und die zuvörderst ihnen obliegende Pflicht. Über ihre Betätigung wacht die staatliche Gemeinschaft.

(3) Gegen den Willen der Erziehungsberechtigten dürfen Kinder nur auf Grund eines Gesetzes von der Familie getrennt werden, wenn die Erziehungsberechtigten versagen oder wenn die Kinder aus anderen Gründen zu verwahrlosen drohen.

(4) Jede Mutter hat Anspruch auf den Schutz und die Fürsorge der Gemeinschaft.

(5) Den unehelichen Kindern sind durch die Gesetzgebung die gleichen Bedingungen für ihre leibliche und seelische Entwicklung und ihre Stellung in der Gesellschaft zu schaffen wie den ehelichen Kindern.

Hiltrud Stöcker-Zafari

Binationale Paare unter Verdacht

Staatliche Behörden erhalten das Recht zur Anfechtung der Vaterschaft

Das wesentliche Merkmal der Reform des Kindschaftsrechts 1998 war die Abschaffung des Jugendamtes als Amtspfleger für ein nichtehelich geborenes Kind. Der Gesetzgeber stärkte die Elternautonomie und sah es als ausreichend für das Zustandekommen einer wirksamen Vaterschaftsanerkennung an, wenn die Erklärung des Vaters und die Zustimmung der Mutter vorliegen. Damit wurde auch die Unterscheidung zwischen ehelich und nichtehelich geborenen Kindern aufgehoben und der gesellschaftlichen Realität Rechnung getragen, neben der Abstammung ebenso die sozial-familiäre Beziehung zwischen Vater und Kind grundgesetzlich zu schützen (Artikel 6 GG).

Dieser Schutz ist ein Grundrecht und gilt für alle sozialfamiliären Beziehungen unabhängig von Staatsangehörigkeit und Herkunft der Eltern. Folglich auch für die unverheiratete ausländische Mutter, die mit einem Deutschen ein Kind hat. Dieses Kind erhält durch die Vaterschaftsanerkennung nach § 4 Staatsangehörigkeitsrecht die deutsche Staatsangehörigkeit und die Mutter als Sorgeberechtigte die Aufenthaltserlaubnis nach § 28 Absatz 1 Aufenthaltsgesetz.

Gegen diese staatsbürgerschaftlichen und aufenthaltsrechtlichen Gegebenheiten will die Bundesregierung vorgehen, da sie sogenannte Scheinvaterschaften in größerer Anzahl vermutet; d.h. wahrheitswidrige Vaterschaftsanerkennungen, die der ausländischen Mutter zu einer Aufenthaltserlaubnis verhelfen sollen.

Die Bundesregierung legte am 3. April 2006 den Gesetzentwurf zur Ergänzung des Rechts zur Anfechtung der Vaterschaft vor sowie einen entsprechenden Regierungsentwurf am 29. August 2006 und plant zum 1. Januar 2007 die Einführung eines behördlichen Anfechtungsrechts einer Vaterschaftsanerkennung.

Der Kern der gesetzlichen Regelung und ihre Begründung

Eine staatliche Behörde soll das Recht erhalten, Vaterschaftsanerkennungen anzufechten, wenn weder eine biologische noch eine sozial-familiäre Beziehung zwischen Vater und Kind besteht bzw. zum Zeitpunkt der Anerkennung bestanden hat. Die Anfechtung ist gerichtlich innerhalb eines Jahres ab Kenntnis relevanter Tatsachen vorzunehmen. Sie ist zeitlich befristet und kann nicht mehr vorgenommen werden, wenn nach der Vaterschaftsanerkennung für ein im Bundesgebiet geborenes Kind fünf Jahre vergangen sind bzw. fünf Jahre nach der Einreise des Kindes (§ 1600 ff. Bürgerliches Gesetzbuch). Damit besteht für das Kind fünf Jahre lang Rechtsunsicherheit hinsichtlich der

Beibehaltung der deutschen Staatsangehörigkeit und dem Verbleib im Bundesgebiet.

Die Bundesregierung begründet ihren Handlungsbedarf damit, dass eine Vielzahl unrichtiger Vaterschaftsanerkennungen abgegeben werden, um für die ausländische Mutter eine Aufenthaltserlaubnis zu erlangen, die sie sonst nicht bekommen würde. Diese Begründung kann durch keine gesicherte statistische Erhebung belegt werden. Es werden lediglich die Ergebnisse der von der Innenministerkonferenz eingesetzten Arbeitsgruppe angeführt. Hiernach erhielten 1694 unverheiratete, meist ausreisepflichtige ausländische Mütter in der Zeit vom 1. April 2003 bis 31. März 2004 aufgrund der Vaterschaftsanerkennung eine Aufenthaltserlaubnis. Auch wenn eingeräumt wird, dass damit keine Erkenntnisse über zweckwidrige Vaterschaftsanerkennungen vorliegen, werden die Zahlen als Indiz für das Vorhandensein eines Missbrauchs angesehen.

Aufgrund einer unsicheren Datenlage sowie 1694 erteilten Aufenthaltserlaubnissen wird eine Gesetzesänderung auf den Weg gebracht, die die Errungenschaften der Kindschaftsrechtsreform in Teilen zurücknimmt und in Grund- und Menschenrechte eingreift.

Genereller Verdacht gegen unverheiratete ausländische Mütter

Die Einführung eines behördlichen Anfechtungsrechts zielt auf die Personengruppe unverheirateter binationaler Paare ab, denn nur sie können mit einer Vaterschaftsanerkennung aufenthaltsrechtliche Vorteile erlangen.

Dabei steht die ausländische Mutter im Fokus, die einen ungesicherten Aufenthaltsstatus in Deutschland hat, z.B. Asylbewerberin ist oder eine Duldung besitzt. Mütter mit solch einem ungesicherten Aufenthaltsstatus erhalten zukünftig die Aufenthaltserlaubnis nur dann nach einer Vaterschaftsanerkennung, wenn die Qualität der sozial-familiären Beziehung zwischen Vater und Kind erwiesen ist. Diese ist von den Behörden durch Fragen zur persönlichen und privaten Kindesbeziehung zu ermitteln und vor allem qualitativ zu beurteilen. In der Praxis dürfte es dabei erhebliche Schwierigkeiten geben, die sozialfamiliäre Beziehung zu erfassen. Letztendlich werden mangels objektiver Kriterien individuelle Erfahrungen und Erkenntnisse behördlicher Mitarbeiter/-innen in die Beurteilung Eingang finden. Dabei können Paare zu Unrecht verdächtigt werden.

Die Gleichheit vor dem Gesetz ist grundgesetzlich in Artikel 3 garantiert und gilt für alle Menschen ungeachtet ihrer Herkunft und ihres Familienstandes. Es gibt keine sachlich berechtigten Gründe unverheiratete, ausländische Mütter anders zu behandeln. Der ungesicherte Aufenthaltsstatus in Kombination mit der Vaterschaftsanerkennung ist kein Grund. Er stellt allein eine Vermutung dar, dass ein Recht missbraucht werden könnte. Weiterhin verletzt das vorgesehene behördliche Anfechtungsrecht Artikel 6 GG, indem es in schutzwürdige Eltern-Kind-Beziehungen eingreift und in der Privatsphäre von Vater und Kind ermittelt. In Artikel 1 GG heißt es, dass die Würde des Menschen unantastbar ist. Sie wird verletzt, wenn Eltern zu ihrer privaten Beziehung zum Kind ausgehorcht werden und diese obendrein qualitativ bewertet wird.

Folgen für das Kind

Das behördliche Anfechtungsrecht führt zudem zu Rechtsunsicherheit für das Kind. Ist eine Anfechtungsklage erfolgreich, so entfällt die Vaterschaft des Anerkennenden rückwirkend auf den Tag der Geburt des Kindes. Das Kind würde seine bisherige deutsche Staatsbürgerschaft verlieren und nur dann die der Mutter erhalten, wenn das Heimatrecht ihres Herkunftlandes die Weitergabe der Staatsbürgerschaft auch über die Mutter vorsieht. Ist dies nicht der Fall, ist das Kind staatenlos. Dabei stellt sich die Frage, ob diese Form der Rücknahme der Staatsangehörigkeit einer verfassungsrechtlichen Prüfung standhält. Das Kind erhielt die Staatsbürgerschaft durch Abstammung, nicht durch Einbürgerung, die auf Nachweisen, Dokumenten und Angaben des Antragstellers basiert. So zu tun, als ob das Kind nie deutsch gewesen wäre, ist dem Kindeswohl nicht zuträglich. Ebenso kann es nicht dem Kindeswohl entsprechen, wenn dem Kind durch eine erfolgreiche Anfechtung der Vaterschaftsanerkennung der Vater entzogen wird, ohne dass es einen anderen erhält.

Mit solchen Sanktionen wird das Kind für die wahrheitswidrigen Angaben seiner Eltern bestraft, obgleich es nichts dazu beigetragen hat.

Zudem wird ein Kind, das nichtehelich von einer ausländischen Mutter geboren wird, anders behandelt als ein ehelich geborenes Kind bzw. das Kind einer deutschen Mutter. Auch dieses Verhalten widerspricht dem grundgesetzlich garantierten Recht auf Gleichheit vor dem Gesetz und nimmt die Aufhebung der Unterscheidung zwischen ehelich und nichtehelich geborenen Kindern nach der Kindschaftsrechtsreform zurück.

Alle Deutschen haben das Recht, sich zu versammeln

Art. 8 (1) Alle Deutschen haben das Recht, sich ohne Anmeldung oder Erlaubnis friedlich und ohne Waffen zu versammeln.

(2) Für Versammlungen unter freiem Himmel kann dieses Recht durch Gesetz oder auf Grund eines Gesetzes beschränkt werden.

Alexander Wagner

Polizeilicher Gewaltexzess im Frankfurter Studierendenhaus

Im Sommer 2006 protestierten und demonstrierten in vielen Bundesländern Studierende und andere gesellschaftliche Gruppen gegen die geplante Einführung von Studiengebühren. Die Demonstranten waren vielerorts so engagiert und entschlossen wie man es bei sozialen Protesten schon lange nicht mehr erlebt hatte. Gegen die Einführung von Studiengebühren entwickelte sich in Hessen eine besonders starke Protestbewegung. Von sich Reden machten jedoch nicht nur die Aktionen gegen die Studiengebühren. Auch das brutale Vorgehen der Polizei gegen die Demonstranten prägten die Ereignisse im Sommer 2006.

In der Nacht zum 22. Juni 2006 feierten Studierende nach einer Spontandemonstration im Studierendenhaus der Uni Frankfurt eine Solidaritätsparty, deren Erlös unter anderem für im Zuge der Proteste entstehende Anwaltskosten dienen sollte. Während die Party in vollem Gange war, sammelten sich auf dem Campus zwei Einheiten der Polizei und umstellten das Studierendenhaus. Die zu später Stunde noch etwa fünfzig anwesenden Studierenden verbarrikadierten sich daraufhin im Gebäude. Der Vorsitzende des Allgemeinen Studierendenausschusses (AStA), Amin Benaissa, der als Hausherr angereist war, um zwischen der Polizei und den Partygästen zu vermitteln, wurde unmittelbar nach seinem Eintreffen gewaltsam mit Kabelbindern gefesselt. Polizeikräfte teilten ihm mit, dass es für die Partygäste ab nun ein fünfminütiges Ultimatum gebe, um sich widerstandslos erkennungsdienstlich behandeln zu lassen. Benaissa begann daraufhin, mit den Partygästen zu verhandeln. Er teilte anschließend den Polizeikräften mit, dass die Studierenden bereit seien, das Gebäude zu verlassen, das Ganze aber etwas länger als fünf Minuten dauern würde. Mit der Begründung, dass die Zeit um sei, begannen die Polizeieinheiten nichtsdestotrotz umgehend mit der Stürmung des Studierendenhauses.

Brutales Vorgehen der Polizei

Die Beamten/-innen verschafften sich gewaltsam Zutritt zu den Räumlichkeiten und nahmen fünfzig Personen, inklusive der vom Land Hessen bezahlten Pförtner, fest. Die gesamte Polizeiaktion war durch eine vollkommen unverhältnismäßige Gewaltanwendung gekennzeichnet. Mehrere Zeuginnen berichteten, dass die Anwesenden äußerst brutal auf den Boden geworfen und mit Kabelbindern gefesselt worden seien. Studierende seien mit Faustschlägen – auch ins Gesicht – traktiert worden, einige Studentinnen haben verbale sexuelle Belästigungen über sich ergehen lassen müssen. Ein Betroffener berichtete, dass ein Beamter die um seine Handgelenke geschnürten Kabelbinder noch fester angezogen habe, nachdem er sich darüber beschwert hatte, dass diese ihm die Blutzufuhr zu seiner Hand abschnürten. Ein Student sei die Steintreppen zwischen dem ersten Stock und dem Erdgeschoss des Gebäudes hinuntergestoßen worden. Eine weitere Studentin berichtete, dass ihr Kopf von Polizeibeamten mehrfach auf den Boden geschlagen und sie anschließend an den Füßen mit dem Gesicht durch Glasscherben gezerrt worden sei.

Im weiteren Verlauf der Nacht mussten die Festgenommenen mehrere Stunden in einem eigens errichteten Käfig vor dem Polizeipräsidium verbringen. Einige erzählten, dass sie nicht ausreichend mit Wasser und Nahrung versorgt worden seien. Einem weiteren Studenten wurden von einem anderen Polizeibeamten Schläge angedroht. Auf dem Polizeipräsidium wurden alle Festgenommenen – teilweise mit körperlicher Gewalt – gezwungen, sich zum Zwecke einer Leibesvisitation vollständig zu entkleiden. Zusammengepfercht in viel zu kleinen Zellen – bis zu sechs Personen in Zweipersonenzellen – wurde teilweise sogar die Verrichtung der Notdurft verwehrt. Erst im Laufe des nächsten Tages wurden die Festgenommenen aus dieser unwürdigen Situation nach und nach entlassen.

Polizeiliche Rechtfertigungsversuche

Zwar hatte die Polizei für den Einsatz noch nachts eine amtsrichterliche Durchsuchungsanordnung erwirkt. Die Begründung für die Stürmungs- und Festnahmeaktion stellte sich bei Lichte betrachtet jedoch als fragwürdig heraus. Angegeben wurden angebliche Sachbeschädigungen auf und in der Umgebung des Universitätscampus, die jedoch nicht näher konkretisiert wurden. Das zweite Argument, das Studierendenhaus sei rechtswidrig besetzt worden, ist nicht nur vage, sondern entbehrt jeder Grundlage. Die Feier fand mit ausdrücklicher Genehmigung des Hausherren statt.

War schon der Anlass für die Polizeiaktion mehr als zweifelhaft, so war ihre Durchführung derart martialisch, dass von der Wahrung des Verhältnismäßigkeitsgrundsatzes nicht mehr die Rede sein kann: Zahlreichen Körperverletzungen, Traumatisierungen, dem Freiheitsentzug von fast fünfzig Personen, darunter Angestellten der Studierendenschaft, der Auflösung einer legalen Versammlung und einem hohen Sachschaden an dem Gebäude der Studierendenschaft steht die Einleitung eines einzigen Ermittlungsverfahrens gegenüber, dessen Ausgang offen ist.

Ebenso fragwürdig wie die Stürmung selbst war das spätere Einsperren der Festgenommenen und die Behandlung auf dem Polizeipräsidium. Wasser und Nahrung vorzuenthalten, die Verrichtung der Notdurft zu verwehren oder Schläge anzudrohen – das sind Methoden, die denen der Folter nahekommen.

Gegen die Polizeiaktion erhob der AStA der Uni Frankfurt

beim Landgericht Frankfurt Beschwerde. Zwar blieb die Beschwerde im Ergebnis erfolglos – jedoch offenbart die Begründung der Gerichtsentscheidung, auf welch wackeligen Füßen das Vorgehen der Polizei stand: Auch das Gericht räumt ein, dass keine »präzisen Feststellungen der Zeugen« dazu vorlagen, dass Beschuldigte sich in das Studierendenhaus begeben hätten. Dass die Stürmung des Studierendenhauses dem Ergreifen von Beschuldigten und der Sicherstellung von Beweismitteln dienen würde, ließen die Richter der Polizei dennoch mit wenig überzeugenden Argumenten durchgehen. Die Zeugenaussagen hätten den Schluss nahegelegt, dass die Beschuldigten sich ins Studierendenhaus begeben hätten. Aufgrund der »erheblichen Schäden« und da »den Betroffenen seitens der Polizei eine freiwillige Identitätsfeststellung angeboten wurde«, sei die Aktion auch »nicht unverhältnismäßig« gewesen. Aus Sicht der Studierenden stellte sich die Situation jedoch anders dar. Die Bereitschaft der Studierenden, sich erkennungsdienstlich behandeln zu lassen, wurde mit der oben beschriebenen Polizeieskalation beantwortet.

Einschüchterung durch Polizeigewalt

Hinter dem massiven Vorgehen der Polizei stand offensichtlich das Kalkül, Studierende einzuschüchtern. Die mutigen und engagierten Proteste der Studierenden gegen die Einführung von Studiengebühren sollen in Zukunft unterbleiben. Leider blieb die erlebte Polizeigewalt bei den Betroffenen tatsächlich nicht ohne Wirkung: Einige trauten sich nach der Polizeiaktion nicht mehr auf Studierendenversammlungen, bei denen mit der Anwesenheit uniformierter Beamten/-innen zu rechnen war – das Risiko, unversehens wieder Opfer physischer Polizeigewalt zu werden, war ihnen zu hoch. Die Stürmung des Frankfurter Studierendenhauses ist ein düsteres Lehrstück über grundrechtsschädliches Verhalten der Polizei. Eingriffsbefugnisse werden missbraucht, um Bürgerinnen und Bürger von der Wahrnehmung ihrer Grundrechte zukünftig abzuschrecken. Dies beschädigt nicht nur die Meinungs- und Versammlungsfreiheit, sondern auch die Grundlagen der rechtsstaatlichen Demokratie.

Martin Singe

Bundeswehr contra Versammlungsfreiheit

Öffentliche Selbstinszenierungen der Bundeswehr beschneiden Grundrechte

Stellt sich die Bundeswehr in der Öffentlichkeit dar, kommt es regelmäßig zu Auseinandersetzungen um die Grundrechte militärkritischer Bürgerinnen und Bürger. Insbesondere die Grundrechte auf Versammlungs- und Meinungsfreiheit scheinen die militärischen Verteidiger der Freiheit als Bedrohung wahrzunehmen. Zwei Beispiele sollen illustrieren, wie massiv das Demonstrationsrecht bei öffentlichen Selbstdarstellungen der Bundeswehr im Jahr 2006 eingeschränkt wurde.

Die Auflösung einer Panzerdivision – hoheitlicher Akt mit Folgen

Am Abend des 13. Juni 2006 sollte die 7. Panzerdivision anlässlich ihrer Auflösung mit einem Zapfenstreich in der Düsseldorfer Altstadt verabschiedet werden. Wegen öffentlicher Proteste im Vorfeld wurde die Zeremonie in den Garten des Benrather Schlosses verlegt. »Hasenfüße« hätten diese Verlegung veranlasst, meinte Oberbürgermeister Joachim Erwin unter Anspielung auf die polizeilichen Sicherheitsbedenken.

Ein Düsseldorfer Friedensbündnis versammelte sich an diesem Abend gegen 20.15 Uhr mit rund 150 Demonstrierenden am Bahnhof Benrath. Die Versammlung wurde unter dem Motto »Keine neuen Militärdoktrinen« angemeldet. Ca. 300 Polizeibeamte waren ebenfalls angereist – sie sollten sich nicht als »hasenfüßig« erweisen: Wegen der Demonstrationsroute wollte sich der vor Ort verantwortliche Polizeibeamte mit dem Polizeipräsidium beraten, da wurde plötzlich die ganze Versammlung eingekesselt.

Der Polizeikessel wurde ab 21.20 Uhr zwei Stunden lang aufrechterhalten. Die Eingeschlossenen protestierten wegen Unterdrückung ihrer Versammlungs- und Meinungsfreiheit. Ihnen wurde mitgeteilt, dass mitgeführte Trillerpfeifen zu einer Beeinträchtigung der »hoheitlichen Veranstaltung« der Bundeswehr führen könnten. Auf die Forderung der Demonstrierenden, den Zug unter Auflagen zuzulassen, ging die Polizei nicht ein. Der Kessel bedeutete ein – förmlich nie ausgesprochenes – Totalverbot der Demonstration.

Aus dem Kessel wurde nur herausgelassen, wer seine Personalien angab und bereit war, einen Platzverweis zu akzeptieren. Außerdem wurden alle im Kessel befindlichen Personen von Polizeikameras erfasst. Die Bitte um Versorgung der Eingeschlossenen mit Wasser – es war ein sehr heißer Sommertag gewesen – wurde abgelehnt. Das Friedensbündnis sieht die Straftatbestände der Nötigung und Freiheitsberaubung durch das polizeiliche Vorgehen erfüllt. Strafanzeigen gegen die Polizeieinsatzleitung sind noch anhängig.

Die Würde eines Großen Zapfenstreiches ist unantastbar

»Bereits die bloße Anwesenheit von Demonstranten gegen die Bundeswehr unmittelbar gegenüber dem Veranstaltungsort würde den Sinn und die Würde des Großen Zapfenstreiches als Geschenk der Bundeswehr an das 800-jährige Dresden in nicht hinnehmbarer Weise beeinträchtigen.« Mit solch fulminanten Formulierungen ist der Auflagenbescheid der Stadt Dresden vom 27. September 2006 an den Anmelder einer Versammlung »Gegen das Militär weltweit, besonders in Deutschland« gespickt. In den Abendstunden des 12. Oktober 2006 wollte die Landeshauptstadt im Rahmen ihrer 800-Jahr-Feier ein besonderes Highlight platzieren: die Inszenierung eines geschenkten Großen Zapfenstreichs am Dresdner Altmarkt mit anschließendem Empfang im Kulturpalast für die städtischen Würdenträger und würdige Gäste. Friedensaktivisten meldeten daraufhin eine Versammlung (vgl. www.ohne-uns.de) an, die im behördlichen Auflagenbescheid an einen leicht abriegelbaren Ort ohne Sicht- und Hörkontakt zum Veranstaltungsort verbannt wurde.

Die Behörde bemüht in ihrer Begründung sogar das Ansehen der Landeshauptstadt und stellt fest, »dass die Durchführung einer Protestkundgebung gegen die Bundeswehr während des Großen Zapfenstreiches in unmittelbarer räumlicher Nähe zu dieser Veranstaltung unweigerlich dieses feierliche und würdevolle Zeremoniell sowie auch das Ansehen der Landeshauptstadt Dresden als mit dieser Veranstaltung Beschenkte stören würde.« Als Ermächtigungsgrundlage für sämtliche Auflagen wird § 15 Absatz 1 Versammlungsgesetz bemüht, der Schutz der öffentlichen Sicherheit und Ordnung.

Das Bundeswehr-Ritual »Großer Zapfenstreich« umfasst auch ein befehlsmäßig angeordnetes Gebet (»Helm ab zum Gebet!«). Die Stadt Dresden sieht daher noch ein sehr sensibles Rechtsgut gefährdet: »Durch die Kundgebung würden das zum Großen Zapfenstreich gehörende Gebet und damit die religiösen Gefühle der Soldaten, der Gäste und der Zuschauer gestört.« Der Bescheid übergeht die bekannte Tatsache, dass sich viele Christen durch den Gebets-Befehl an die Soldaten im religiös-weltanschaulich neutralen Staat verletzt fühlen. Personen aus der christlichen Friedensbewegung hatten schon mehrfach ein gerichtliches Verbot gerade dieses Zapfenstreichteils gefordert, da sie in der staatlichen Instrumentalisierung des christlichen Glaubens eine Verletzung ihrer religiösen Gefühle sehen. Ihnen wurde bislang ohne eine Entscheidung in der Sache lediglich ihre individuelle Klagebefugnis abgestritten (vgl. etwa VG Köln, Az. 27 L 1487/05: »Als Zuschauer können sie, müssen aber nicht [an dem Zapfenstreich – M. S.] teilnehmen und sich so einer Verletzung ihrer religiösen Gefühle aussetzen.«)

Auch ein Vergleichsangebot der Veranstalter lehnte die Landeshauptstadt ab, denn es würde versucht, »unter an Rechtsmissbrauch grenzender Berufung auf das Grundrecht der Versammlungsfreiheit« eine »Präsenz des Störerpotentials in unmittelbarer Nähe zum Veranstaltungsort zu ermöglichen«. Die Möglichkeit einer Versammlungsauflösung sei kein geeignetes Gegenmittel, da auch eine solche »medienwirksame Auflösung der Kundgebung« zur »Konterkarierung des Großen Zapfenstreiches« führen würde.

Erst die Anrufung des Verwaltungsgerichts führte immerhin

zu einem Kompromiss-Kundgebungsort für die Demonstration. Das Verwaltungsgericht Dresden widersprach in seinem Beschluss vom 11. Oktober 2006 (Az. 14 K 2084/06) in vielen Punkten der Argumentation der Landeshauptstadt. Dabei erinnerte es an die Entscheidung des Bundesverwaltungsgerichts vom 15. Dezember 1989 (Az. BVerwG 7 C 88.88), in der es u.a. heißt: »Wenn die Bundeswehr ihre eigenen Ordnungsvorstellungen ohne Abstriche verwirklichen will, so steht es ihr frei, das Kasernengelände als Veranstaltungsort zu wählen. Dagegen kann sie nicht beanspruchen, den Großen Zapfenstreich auf einem öffentlichen Platz vor einem ihr wohlgesonnenen oder wenigstens meinungsindifferenten Publikum auszuführen.«

Es ist nicht hinnehmbar, dass Anmeldende von militärkritischen Demonstrationen erst kostenaufwändig Anwälte und Gerichte bemühen müssen, um ihre Grundrechte (teilweise) durchzusetzen. Demokratie lebt vom lebendigen Streit der Meinungen. Die Debatte über die Ziele bundesdeutscher Militärpolitik und Kriegseinsätze in Zeiten sogenannter »Anti-Terror-Kriege« muss weiterhin möglich bleiben. Deshalb dürfen die Grundrechte der Versammlungs- und Meinungsfreiheit gerade im Kontext öffentlicher Selbstinszenierungen der Bundeswehr nicht durch konzertierte Aktionen von Verwaltung, Politik, Polizei und Armee eingeschränkt werden.

Das Fernmeldegeheimnis ist unverletzlich
Art. 10 (1) Das Briefgeheimnis sowie das Post- und Fernmeldegeheimnis sind unverletzlich.
(2) Beschränkungen dürfen nur auf Grund eines Gesetzes angeordnet werden. Dient die Beschränkung dem Schutze der freiheitlich demokratischen Grundordnung oder des Bestandes oder der Sicherung des Bundes oder eines Landes, so kann das Gesetz bestimmen, dass sie dem Betroffenen nicht mitgeteilt wird und dass an die Stelle des Rechtsweges die Nachprüfung durch von der Volksvertretung bestellte Organe und Hilfsorgane tritt.

Tobias Singelnstein

Größte Hürde im »Kampf gegen den Terror« wird umgangen

Seit den 1990er Jahren und insbesondere nach dem 11. September 2001 hat der Gesetzgeber die Befugnisse von Polizei und Geheimdiensten zur heimlichen Überwachung massiv ausgeweitet. Das Bundesverfassungsgericht (BVerfG) sah sich daraufhin veranlasst, in mehreren Entscheidungen die diesbezüglichen verfassungsrechtlichen Vorgaben deutlich zu machen. Eine nicht zu überschreitende Grenze hat das Gericht zunächst in seiner Entscheidung zum »Großen Lauschangriff« (NJW 2004, S. 999 ff.) herausgearbeitet. Danach schützt Artikel 1 Absatz 1 GG den »Kernbereich privater Lebensgestaltung« absolut, sodass hier jeder Eingriff verboten ist. In ihrer Entscheidung zur präventiven Telekommunikationsüberwachung (NJW 2005, S. 2603 ff.) haben die obersten Richter sodann auch den Grundsatz der Verhältnismäßigkeit und das Bestimmtheitsgebot betont.

Zwar betreffen die Urteile unmittelbar nur die in dem jeweiligen Verfahren angegriffenen Gesetze. Ihre Wirkung geht jedoch weit darüber hinaus. Denn die Entscheidungen legen die Grundrechte aus und konkretisieren den Schutzgehalt, den die Verfassung allgemein im Bereich heimlicher staatlicher Überwachung vermittelt. Damit geben sie einen Maßstab vor, der von Gesetzgebung und Praxis stets zu beachten ist – bei der Strafverfolgung wie auch bei den präventiv ausgerichteten Regelungen der Polizeigesetze. Konkret ergeben sich hieraus vor allem drei Vorgaben: Erstens müssen die Länder mangels Gesetzgebungskompetenz die »Strafverfolgungsvorsorge« als Aufgabe aus den Polizeigesetzen entfernen. Zweitens muss bei allen Überwachungsmaßnahmen, die in Grundrechte mit einem engen Bezug zur Menschenwürde eingreifen, der absolute Schutz des Kernbereichs privater Lebensgestaltung sichergestellt werden. Drittens sind bei Maßnahmen im Vorfeld eines Verdachts oder einer konkreten Gefahr ganz besondere Anforderungen an Bestimmtheit und Verhältnismäßigkeit zu beachten: Je früher ein Eingriff erfolgt, umso bestimmter muss die gesetzlicher Regelung und umso gewichtiger müssen die Gründe hierfür sein.

Mangelnder Vollzug und Umgehungen

Die Erwartung, dass sich der Gesetzgeber sozusagen »von Amts wegen« an diese vom BVerfG konkretisierten verfassungsrechtlichen Grenzen staatlicher Eingriffe hält, anstatt dass sie für jede einzelne gesetzliche Regelung gerichtlich durchgesetzt werden müssen, scheint indes zu hoch gegriffen. Weder ist fast zwei bzw. drei Jahre nach den Urteilen die Strafverfolgungsvorsorge aus allen Landespolizeigesetzen gestrichen worden, noch sind dort immer die Anforderungen an Verhältnismäßigkeit und Bestimmtheit gewahrt bzw. finden sich ausreichende Bestimmungen zum Schutz des Kernbereichs privater Lebensgestaltung. Dabei wäre gerade hinsichtlich Letzterem eine allgemeine, für alle heimlichen Überwachungsmaßnahmen geltende Regelung in den Gesetzen zu wünschen.

Diese Mängel sind nicht allein bei Gesetzen zu beobachten, die bereits vor den in Rede stehenden Urteilen in Kraft getreten sind, sondern auch für solche aus dem Berichtszeitraum. So sieht beispielsweise das noch 2006 geänderte Polizeigesetz von Mecklenburg-Vorpommern weiterhin die Strafverfolgungsvorsorge als präventiv-polizeiliche Aufgabe vor. Das hessische Polizeigesetz vom Januar 2005 lässt es darüber hinaus auch an hinreichenden Regelungen zum Schutz des Kernbereichs fehlen. Dem 2006 eingebrachten Gesetzentwurf für eine Änderung des schleswig-holsteinischen Polizeirechts zufolge soll die Telekommunikationsüberwachung im Vorfeld konkreter Gefahren einsetzbar sein, ohne dass dies ausreichend klar auf besondere, schwerwiegende Ausnahmefälle begrenzt wäre. Darüber hinaus wird auch der Kernbereichsschutz nicht hinreichend sichergestellt, da er nicht alle Maßnahmen erfasst und teilweise erst zu spät eingreift. Ähnliches gilt für den im September 2006 vom brandenburgischen Kabinett beschlossenen Gesetzentwurf für ein neues Polizeigesetz. Hier ist zwar die Strafverfolgungsvorsorge gestrichen. Dafür sieht der Entwurf ebenfalls eine kaum hinreichend bestimmte und begrenzte Telekommunikationsüberwachung im Vorfeldbereich vor.

Indes wären möglichst konkrete gesetzliche Umsetzungen der verfassungsrechtlichen Vorgaben auch über das absolut notwendige Maß hinaus umso wichtiger, als die Bindungswirkung von Urteilen des BVerfG in der Praxis der Sicherheitsinstitutionen noch geringer ist als aufseiten des Gesetzgebers. So werden zwar die Festlegungen hinsichtlich des Kernbereichsschutzes beim »Großen Lauschangriff« in der polizeilichen Praxis offenbar beachtet. Dass dieser Schutz aber etwa auch bei der Telekommunikationsüberwachung relevant ist, hat sich bei den Dienststellen nicht wirklich herumgesprochen. Noch problematischer stellen sich die Begrenzungen durch den Grundsatz der Verhältnismäßigkeit dar, der in der Praxis angesichts der wenig festen Kriterien vergleichsweise breite Bewertungsspielräume eröffnet.

Politik versus Rechtsstaat

Die damit beschriebene mangelnde Umsetzung der verfassungsrechtlichen Vorgaben im Bereich heimlicher Überwachung verstößt gegen Artikel 20 Absatz 3 GG, der den Gesetzgeber an die Verfassung und die Exekutive an das Gesetz bindet. Diese Missachtung kann nur bedingt auf Überlastungen des Gesetzgebers zurückgeführt werden. Vielmehr lässt sich hier eine grundsätzliche politische Auseinandersetzung um die Zukunft des Rechtsstaats beobachten. Während Bürgerrechtsorganisationen, liberale Öffentlichkeit und immer wieder auch das BVerfG dessen Grundsätze betonen, stellen auf der anderen Seite wesentliche Teile der Politik die Effektivität von Strafverfolgung und Gefahrenabwehr in den Mittelpunkt. Zu diesem Zweck wird versucht, die vom BVerfG belassenen rechtlichen Spielräume möglichst umfassend zu nutzen. Wenn es notwendig erscheint, werden die gemachten Vorgaben mitunter aber auch umgangen.

Eine solche Politik kann sich auf die Unterstützung durch einen erheblichen Teil der Allgemeinheit sowie durch verschiedene Medien verlassen. Der *Spiegel* schrieb dem BVerfG gar vorwurfsvoll zu, die »größten Hürden im Kampf gegen den Terror« errichtet zu haben (Heft 35/2006, »Angriff auf Karlsruhe«). Und übersah dabei offenbar, dass nicht das Gericht, sondern die Grundrechte und die Verfassung die Grenzen ziehen. Unabhängig von der Frage, in welchem Maße das Gericht diesem öffentlichen Druck langfristig standhalten kann, ist infolge dieser Auseinandersetzung bereits heute ein erschreckender inhaltlicher Wandel im Verständnis des Rechtsstaates zu beobachten, der auch vor den Grundrechten nicht haltmacht.

Literatur

Fredrik Roggan (Hg.), Lauschen im Rechtsstaat. Zu den Konsequenzen des Urteils des Bundesverfassungsgerichts zum großen Lauschangriff, Berliner Wissenschafts-Verlag, 2004

Martin Kutscha, Unerwünschte Hausaufgaben – Die Gesetzgeber ignorieren die Vorgaben aus Karlsruhe, in: Bürgerrechte & Polizei/CILIP 82, 3/2005, S. 16 ff.

Jens Puschke/Tobias Singelnstein, Verfassungsrechtliche Vorgaben für heimliche Informationsbeschaffungsmaßnahmen, in: Neue Juristische Wochenschrift (NJW) 2005, S. 3534 ff.

Alle Deutschen haben das Recht, Beruf, Arbeitsplatz und Ausbildungsstätte frei zu wählen

Art. 12 (1) Alle Deutschen haben das Recht, Beruf, Arbeitsplatz und Ausbildungsstätte frei zu wählen. Die Berufsausübung kann durch Gesetz oder aufgrund eines Gesetzes geregelt werden.
(2) Niemand darf zu einer bestimmten Arbeit gezwungen werden, außer im Rahmen einer herkömmlichen allgemeinen, für alle gleichen öffentlichen Dienstleistungspflicht.
(3) Zwangsarbeit ist nur bei einer gerichtlich angeordneten Freiheitsentziehung zulässig.

Rolf Gössner

Staatsautoritäres Urteil

Berufsverbot in Baden-Württemberg gerichtlich abgesegnet

Im Grundrechte-Report 2005 (S. 139 ff.) berichtete Elke Steven über den Heidelberger Realschullehrer Michael Csaszkóczy, dem das Land Baden-Württemberg 2004 die Einstellung in den staatlichen Schuldienst hauptsächlich mit der Begründung verweigert hatte, er habe sich in der »Antifaschistischen Initiative Heidelberg« (AIHD) politisch betätigt. Ist dieser Skandal inzwischen ausgeräumt? Im Gegenteil: Das Land Hessen schloss sich Baden-Württemberg an und lehnte seine dortige Bewerbung ebenfalls ab. Und das Verwaltungsgericht (VG) Karlsruhe gab der baden-württembergischen Kultusbehörde Recht.

Die damals zuständige Ministerin Annette Schavan (CDU), jetzt Mitglied der Bundesregierung, hatte das Berufsverbot vor allem damit begründet, dass der Bewerber aktives Mitglied der AIHD sei – eine legale Initiative, die sich gegen fremdenfeindliche und neonazistische Bestrebungen engagiert. Eigentlich eine anerkannt löbliche Arbeit – doch die Gruppe sei »linksextremistisch« und halte Militanz gegen Nazis für ein legitimes Mittel, so der Verfassungsschutz (VS) im Ländle, der Csaszkóczy schon seit mehr als einem Jahrzehnt hinterherschnüffelt. Der Fall hat bundesweit für Wirbel gesorgt: Viele Organisationen und Schüler setzen sich für den qualifizierten Lehramtsanwärter ein.

Antifaschist zum »Linksextremisten« erklärt

Csaszkóczy reichte gegen die Berufsverbotsentscheidung Klage vor dem VG Karlsruhe ein, weil er darin einen Verstoß gegen die Grundrechte auf Meinungs- und Berufsfreiheit nach Artikel 5 und 12 GG sieht. Das Gericht hat seine Klage als unbegründet abgewiesen (Urteil vom 10. März 2006, Az. 1 K 83/06). Bereits während der Gerichtsverhandlung glaubte der Vorsitzende Richter, »Anlass zu der Befürchtung« zu haben, dass der Kläger in seinen Fächern Deutsch und Geschichte »ein Bild unseres Staates« zeichne und an Schüler weitergebe, »das von Seiten des Landes als diskriminierend angesehen wird«. Der von einem Realschullehrer diskriminierte Staat – auf ein solches Bedrohungsszenario war noch nicht einmal der Rechtsvertreter des Landes Baden-Württemberg gekommen. Dieser erklärte, er könne sich zwar vorstellen, »Herrn Csaszkóczy zu einer Party einzuladen« – aber seinen Sohn, den wolle er keinesfalls von ihm unterrichten lassen.

Was hat Michael Csaszkóczy verbrochen, was geschrieben oder gesagt, dass von Amts wegen so über ihn gesprochen wird? Weder während der Verhandlung noch im Urteil werden dem Kläger persönliches Fehlverhalten oder gar verfassungsfeindliche Aktionen zur Last gelegt – im Gegenteil: Von allen Seiten wird ihm bescheinigt, Engagement und Zivilcourage gegen Rechtsextremismus zu zeigen, friedliebend und für seinen Beruf bestens qualifiziert zu sein. Nie habe er während seiner Referendarzeit versucht, Schüler zu indoktrinieren.

Was also macht ihn in den Augen des Gerichts für den Lehrerberuf untragbar? Es ist allein seine Mitgliedschaft in der AIHD, die der definitionsmächtige VS für »linksextremistisch« erklärt, ein Verdikt, das Oberschulamt und Gericht gleichermaßen übernahmen – schließlich sei auf der AIHD-Homepage von Militanz die Rede und davon, dass sich auf parlamentarischem Weg die Unterdrückungsverhältnisse nicht grundlegend verändern ließen. Doch kein einziger eigener Text, keine einzige eigene Rede oder konkrete Handlung wird Csaszkóczy persönlich angelastet, sondern ausschließlich fremde Texte, von denen er sich zwar nicht distanzierte, aber die er sich auch nicht zu eigen machte. Zum Verhängnis wird ihm letztlich sein politisches Umfeld – also seine Kontakte zu Gruppen wie der AIHD, aber auch der »Vereinigung der Verfolgten des Nazi-Regimes« oder der »Roten Hilfe«, ebenfalls Beobachtungsobjekte des VS.

Da nutzte es dem Kläger auch nichts, dass er vor Gericht ausdrücklich die Verfassung bejahte, Gewalt gegen Personen und Sachen ablehnte und auch den Parlamentarismus befürwortete. Damit mochte sich das Gericht nicht zufriedengeben, denn es fordert von einem Staatsdiener weit mehr: nämlich ein »positives, ein besonderes Treueverhältnis zum Staat« – und zwar zu diesem unseren Staat, so wie er ist, »nicht zu einem gewünschten, fiktiven«, wie er dem Kläger vorschwebe.

Aber es sei doch legitim, so Michael Csaszkóczy vor Gericht, Missstände in Staat und Gesellschaft aufzuzeigen. Denn: »Auch der Staat muss doch kritisiert werden dürfen – das gehört zur Demokratie.« Dem konnte sich das Gericht zwar nicht verschließen, ohne undemokratisch zu wirken – aber die AIHD gehe entschieden zu weit, wenn sie einen Aufruf zum antifaschistischen Kampf damit begründe, dass gewalttätig-rassistische Angriffe hierzulande zur Normalität gehörten, oder wenn sie behaupte, es gebe einen »immer drastischer werdenden Rechtsruck in Staat, Parteien und großen Teilen der Gesellschaft«, und ein Bruch mit der NS-Vergangenheit sei nur »vermeintlich« vollzogen worden. »Mit solchen Ausführungen werden die Grenzen einer legitimen Kritik unseres Staates und seiner Verfassung mit Augenmaß weit überschritten«, wetterten die Richter in ihrem Urteil: »Hier wird die Bundesrepublik Deutschland haltlos angegriffen und diffamiert, es wird kaum verhüllt zum Kampf gegen die Grundlagen unseres Staates und die ihn tragende Gesellschaft aufgerufen.« In Wahrheit werde hier ein »gewaltbereiter Antifaschismus mit System überwindender Stoßrichtung gepflegt«.

Gerichtliche Förderung des Duckmäusertums

Auch wenn der Kläger als »engagierter Streiter gegen Rechts und für friedliche Auseinandersetzungen mit der Staatsmacht« geschildert werde, so schließe dies »eine tiefgreifend negative Einstellung gegenüber unserem Staat und seiner Verfassungsordnung nicht aus«. Denn: »Auch wer aus übersteigerter Sensibilität für bestimmte positive Prinzipien oder aus lebensfremdem Idealismus heraus unseren Staat und das Handeln seiner Verfassungsorgane wegen stets möglicher Missstände verachtet, grundsätzlich ablehnt und bekämpft, ist als Beamter dieses Staates ungeeignet, weil er die besondere politische Treuepflicht wegen seiner ablehnenden inneren Einstellung nicht garantieren kann.« Weil die inkriminierten Texte fraglos nicht vom Kläger stammen, findet das Gericht folgenden Dreh: »Auch wer aus moralischem Rigorismus, Naivität oder Leichtgläubigkeit eine Gruppe unterstützt, von der sich ein Beamter distanzieren müsste, handelt gegen die beamtenrechtliche Treuepflicht.«

Es dürfte wohl gerechtfertigt sein, angesichts solcher Sätze von einem Staatsschutz-Urteil zu sprechen, denn die Richter argumentieren nicht so sehr verfassungs- und demokratieorientiert als vielmehr staatsfixiert – die Staatstreue wird zum Dreh- und Angelpunkt ihrer Argumentation, mit der das Duckmäusertum im öffentlichen Dienst gefördert, ein mehr als zweifelhafter Eingriff in die Berufsfreiheit gerichtlich abgesegnet und an die berüchtigte Berufsverbotspolitik früherer Jahrzehnte angeknüpft wird. Aus der Urteilsbegründung jedenfalls spricht ein illiberaler, staatsautoritärer Geist vergangen geglaubter Zeiten.

Es ist daran zu erinnern, dass die Bundesrepublik schon einmal für die Verhängung eines Berufsverbots vom Europäischen Gerichtshof für Menschenrechte in Straßburg wegen Verstoßes gegen die Menschenrechte verurteilt worden ist (EGMR,

Neue Juristische Wochenschrift 1996, 375 ff.) – nachdem die deutschen Gerichte durch alle Instanzen hindurch jenes Verbot für rechtens erklärt hatten. Insofern ist es durchaus sinnvoll, dass Michael Csaszkóczy Rechtsmittel eingelegt hat – auch wenn jenes EGMR-Urteil nur auf Amtsinhaber und nicht auf Anwärter zugeschnitten war und der Weg durch die Instanzen mühsam und kostenträchtig ist und Lebenszeit raubt.

Das VG Karlsruhe wollte dem Kläger aber gerade diesen Weg verbauen, indem es die Berufung gegen das Urteil nicht zuließ. Auf seine Beschwerde hin hat der Verwaltungsgerichtshof Baden-Württemberg mit Beschluss vom 4. August 2006, Az. 4 S 994/06, die Berufung dennoch zugelassen – mit einer mutmachenden Begründung: Der Erfolg eines Berufungsverfahrens in dieser Sache sei offen und es bestünden »ernstlich Zweifel an der Richtigkeit« des Karlsruher Urteils.

Literatur

Rolf Gössner, Wiederkehr der Berufsverbote. Jüngere Disziplinierungsfälle aus Ost und West, in: Junge Welt vom 7. September 2005

www.gegen-berufsverbote.de

Die Wohnung ist unverletzlich

Art. 13 (1) Die Wohnung ist unverletzlich.

(2) Durchsuchungen dürfen nur durch den Richter, bei Gefahr im Verzuge auch durch die in den Gesetzen vorgesehenen anderen Organe angeordnet und nur in der dort vorgeschriebenen Form durchgeführt werden.

(3) Begründen bestimmte Tatsachen den Verdacht, dass jemand eine durch Gesetz einzeln bestimmte besonders schwere Straftat begangen hat, so dürfen zur Verfolgung der Tat auf Grund richterlicher Anordnung technische Mittel zur akustischen Überwachung von Wohnungen, in denen der Beschuldigte sich vermutlich aufhält, eingesetzt werden, wenn die Erforschung des Sachverhalts auf andere Weise unverhältnismäßig erschwert oder aussichtslos wäre. Die Maßnahme ist zu befristen. Die Anordnung erfolgt durch einen mit drei Richtern besetzten Spruchkörper. Bei Gefahr im Verzuge kann sie auch durch einen einzelnen Richter getroffen werden.

(4) Sind technische Mittel ausschließlich zum Schutze der bei einem Einsatz in Wohnungen tätigen Personen vorgesehen, kann die Maßnahme durch eine gesetzlich bestimmte Stelle angeordnet werden. Eine anderweitige Verwertung der hierbei erlangten Erkenntnisse ist nur zum Zwecke der Strafverfolgung oder der Gefahrenabwehr und nur zulässig, wenn zuvor die Rechtmäßigkeit der Maßnahme richterlich festgestellt ist; bei Gefahr im Verzuge ist die richterliche Entscheidung unverzüglich nachzuholen.

(6) Die Bundesregierung unterrichtet den Bundestag jährlich über den nach Absatz 3 sowie über den im Zuständigkeitsbereich des Bundes nach Absatz 4 und, soweit richterlich überprüfungsbedürftig, nach Absatz 5 erfolgten Einsatz technischer Mittel. Ein vom Bundestag gewähltes Gremium übt auf der Grundlage dieses Berichts die parlamentarische Kontrolle aus. Die Länder gewährleisten eine gleichwertige parlamentarische Kontrolle.

(7) Eingriffe und Beschränkungen dürfen im Übrigen nur zur

Abwehr einer gemeinen Gefahr oder einer Lebensgefahr für einzelne Personen, auf Grund eines Gesetzes auch zur Verhütung dringender Gefahren für die öffentliche Sicherheit und Ordnung, insbesondere zur Behebung der Raumnot, zur Bekämpfung von Seuchengefahr oder zum Schutze gefährdeter Jugendlicher vorgenommen werden.

Helmut Pollähne

Verfassungswidrige Durchsuchungen und kein Ende

»Die endlose Reihe von Urteilen zu unzulässigen Durchsuchungen und Beschlagnahmen reißt nicht ab« – so begann ein Beitrag im letzten Grundrechte-Report aus Anlass mehrerer Entscheidungen des Bundesverfassungsgerichts (BVerfG) zu Artikel 13 GG (vgl. Julia Kühn im Grundrechte-Report 2006, S. 128 ff.). Am Anfang dieses Beitrages müsste derselbe Satz stehen, und doch kann es nicht nur darum gehen, jener »endlosen« (sic) Reihe von Urteilen weitere hinzuzufügen: Es muss auch darum gehen, wie der Grundrechtsschutz der Wohnung diesseits nachträglichen Rechtsschutzes gestärkt werden kann.

Tendenz steigend

In dem o.g. Beitrag werden drei Entscheidungen des BVerfG zitiert, denen Ende 2005 noch einige folgten; allein im Zeitraum März bis September 2006 sind nun sieben weitere stattgebende Kammerbeschlüsse ergangen (Tendenz steigend), die sich auf folgende amtsrichterliche Durchsuchungsanordnungen der Jahre 2004 bis 2006 beziehen:

- Braunschweig, 3. Mai 2004: Im Rahmen einer Betriebsprüfung geriet ein Unternehmer in den Anfangsverdacht der Steuerhinterziehung und musste eine Durchsuchung der Wohn- und Geschäftsräume über sich ergehen lassen; zusätzlich wurden die Geschäftsräume seines Steuerberaters durchsucht und Bankunterlagen beschlagnahmt. Dass der Verdacht völlig unbegründet war, hätte sich ohne Weiteres ergeben, wenn man die plausiblen Erklärungen des Betroffenen überprüft hätte – darauf war aber aus »ermittlungstaktischen Gründen« verzichtet worden (Beschluss vom 3. Juli 2006 – 2 BvR 2030/04).

- Bad Kreuznach, 22. Dezember 2004: Bei einer Verkehrskontrolle wurde der Fahrer positiv auf THC getestet; er räumte ein, zu Hause eine kleine Menge Cannabis aufzubewahren, woraufhin nach fernmündlicher Rücksprache mit dem zuständigen Staatsanwalt (kurz nach 18.00 Uhr) eine Durchsuchung vorgenommen wurde, ohne auch nur zu versuchen, eine richterliche Anordnung zu erwirken. Die »Gefahr im Verzuge« wurde damit begründet, es gebe keinen richterlichen Bereitschaftsdienst (Beschluss vom 8. März 2006 – 2 BvR 1114/05).
- Köln, 3. Februar 2005: Im Rahmen von Ermittlungen gegen den Verteidiger eines inhaftierten »Chefs einer gewalttätigen Türsteher- und Zuhälterbande« wegen des Verdachts der Geldwäsche wurde u.a. die Kanzlei durchsucht; abgehörte Mandantengespräche hätten ergeben, dass der Anwalt Ratschläge erteilt habe zur Verwendung nicht versteuerter Bordellgewinne (Beschluss vom 4. Juli 2006 – 2 BvR 950/05).
- Hanau, 28. Februar 2005: Nachdem in einem Strafverfahren einer der Richter erfolglos wegen Befangenheit abgelehnt wurde (er hatte den Angeklagten in einem früheren Verfahren verteidigt), sah sich ein Anwalt nach weiteren Recherchen einem Ermittlungsverfahren wegen des Verdachts der Nötigung des Richters ausgesetzt. Als wäre das nicht schon Skandal genug, wurde auch noch die Durchsuchung der Kanzlei angeordnet, um vermeintliche »Dossiers« sicherzustellen (Beschluss vom 7. September 2006 – 2 BvR 1219/05).
- Aachen, 2. März 2005: In einem Streit über Bußgeldbescheide wegen Falschparkens vor dem Justizgebäude (zweimal

15 Euro) wurde die Durchsuchung der Büroräume des betroffenen Anwalts zum Auffinden und ggf. zur Beschlagnahme von Terminkalendern angeordnet (Beschluss vom 7. September 2006 – 2 BvR 1141/05).
- München, 17. Februar 2006: Im Zuge der Fahndung nach Beteiligten an einer Messerstecherei durchsuchte die Polizei die Wohnung eines Festgenommenen, ohne vorher einen richterlichen Beschluss zu erwirken – am Montagabend um 18.00 Uhr wäre dies nicht mehr möglich gewesen, bestätigten auch die zuständigen Gerichte in der nachträglichen Durchsuchungs-Bestätigung (Beschluss vom 28. September 2006 – 2 BvR 876/06).

Besondere Beachtung verdient schließlich eine Beschwerdeentscheidung des Landgerichts Bochum vom 17. März 2005, die einen bemerkenswerten Ungehorsam dem Rechtsstaat gegenüber offenbart: Die Durchsuchung der Wohn- und Geschäftsräume war vom BVerfG mangels Tatverdacht für verfassungswidrig erklärt worden (Beschluss vom 9. Februar 2005 – 2 BvR 1108/03). Nach Zurückverweisung der Sache zur Entscheidung über die Kosten verwarf das Landgericht die Beschwerde erneut, weil die Aktenlage weiterhin »nach kriminalistischer Erfahrung einen Tatverdacht« begründe. Auch die dagegen eingelegte Verfassungsbeschwerde war erfolgreich: Das Landgericht habe »die Grundrechtsverletzung erneuert und vertieft und zudem die Rechtskraft des Beschlusses des BVerfG missachtet« (Beschluss vom 14. Juni 2006 – 2 BvR 537/05).

Evidente Willkür

Die den Verfassungsbeschwerden stattgebenden Kammerbeschlüsse ergingen in allen Fällen, weil sie »offensichtlich begründet« waren und die maßgeblichen verfassungsrechtlichen Fragen bereits allesamt (und mehrfach) entschieden sind. Dabei spart das Gericht nicht mit deutlichen Worten:

- Manche amtsrichterlichen Beschlüsse würden den verfassungsrechtlichen Anforderungen in puncto Tatverdacht »bei weitem nicht gerecht« (Fälle Hanau und Köln) und verlören sich »in allzu allgemeinen Wendungen«, zumal eine Durchsuchung nicht »der Ermittlung von Tatsachen dienen [dürfe], die zur Begründung eines Verdachts erforderlich sind; denn sie setzt einen Verdacht voraus« (Fall Braunschweig);

- die Durchsuchung einer Anwaltskanzlei wegen Geldbußen von zweimal 15 Euro erscheine »evident sachfremd und daher grob unverhältnismäßig und willkürlich« (Fall Aachen);
- in einer Großstadt bereits gegen 18.00 Uhr auf eine richterliche Anordnung von vorneherein zu verzichten, könne »nicht hingenommen werden« (Fall München) – sie sei auch nicht durch »den abstrakten Hinweis verzichtbar, eine richterliche Entscheidung sei zur maßgeblichen Zeit gewöhnlicherweise nicht mehr zu erlangen« (Fall Bad Kreuznach).

Gerade der letztgenannte Fall zeigt, dass die Geduld des BVerfG in Sachen Missachtung des Richtervorbehalts offenbar erschöpft ist (vgl. bereits Martina Kant im Grundrechte-Report 1998, S. 158 ff.): »Die Auffassung der Fachgerichte, der fehlende richterliche Bereitschaftsdienst rechtfertige die Anordnung der Durchsuchung einer Wohnung durch den Staatsanwalt ohne den vorausgegangenen Versuch, einen Beschluss des Ermittlungsrichters zu erwirken, ist verfassungsrechtlich nicht haltbar. Denn sie läuft darauf hinaus, die im Grundgesetz verankerte Regelzuständigkeit des Ermittlungsrichters zu unterlaufen.« Das Grundgesetz verlange von den zuständigen Behörden, sich beim Schutz der Grundrechte – hier: der Unverletzlichkeit der Wohnung – Mühe zu geben: »Es mag für die Ermittlungsbehörden mühevoller sein, auf diese Weise durch Auskunftsersuchen und eventuell durch Zeugenvernehmungen die Hinweise auf ein strafbares Verhalten zu überprüfen; der hohe Wert der Integrität der Wohnung verlangt diese Mühewaltung jedoch, bevor ein empfindlicher Eingriff in das Grundrecht aus Artikel 13 Absatz 1 GG zulässig sein kann.«

Grundrechtsschutz diesseits des nachträglichen Rechtsschutzes?

Die mit der Stärkung des nachträglichen Rechtsschutzes verbundene Hoffnung, rechtswidrigen Durchsuchungen vorzubeugen, hat wohl getrogen (vgl. bereits Till Müller-Heidelberg im Grundrechte-Report 1998, S. 186 ff.). Wie die vorliegenden Entscheidungen einmal mehr zeigen, ist aber auch auf die grundrechtsschützende Funktion des Richtervorbehalts kein Verlass (vgl. zur Grundsatzentscheidung BVerfGE 103, 142 u. a. Asbrock, Neue Justiz 2001, 293 f.). Und schließlich drängt sich der Eindruck auf, das BVerfG habe mit dem Schutz des Artikel 13 GG umso mehr zu tun, je häufiger es verfassungswidrige Durchsuchungen moniert.

Was bleibt zu tun? Rechtspolitisch liegt es nahe, ein Verwertungsverbot für den Fall zu fordern, dass Beweise im Rahmen einer rechtswidrigen Durchsuchung gewonnen wurden (Burhoff, Strafverteidiger-Forum 2006, 140, 147 und Ransiek, Strafverteidiger 2002, 565, 567 ff.), zum Teil wird eine Beweislastumkehr vorgeschlagen, wenn der Richtervorbehalt umgangen wurde (Amelung/Mittag, Neue Zeitschrift für Strafrecht 2005, 614 ff.); ob beides miteinander vereinbar wäre, bliebe zu diskutieren. Denkbar ist auch – neben der verfassungsrechtlichen Selbstverständlichkeit eines richterlichen Bereitschaftsdienstes (s. o.) – die Installation eines Anwaltsdienstes, der die generalisierten Beschuldigteninteressen im Rahmen der ermittlungsrichterlichen Prüfung, vor allem aber während polizeilicher Durchsuchungen bei »Gefahr im Verzuge« wahrnimmt.

Ungeachtet solcher Vorschläge muss die öffentliche Kontrolle der Polizei und der Justiz gestärkt werden: Auf das BVerfG scheint Verlass – es kann aber immer nur die Spitze des Eisberges bearbeiten.

Literatur

Knut Amelung/Matthias Mittag, Beweislastumkehr bei Haussuchungen ohne richterliche Anordnung gemäß § 105 StPO, in: Neue Zeitschrift für Strafrecht 2005, S. 614 ff.

Bernd Asbrock, »Gefahr im Verzug« für den Richtervorbehalt bei Wohnungsdurchsuchungen?, in: Neue Justiz 2001, S. 293 f.

Detlef Burhoff, Durchsuchung und Beschlagnahme. Bestandsaufnahme zur obergerichtlichen Rechtsprechung, in: Strafverteidiger-Forum 2006, S. 140 ff.

Martina Kant, »Gefahr im Vollzuge« statt »Gefahr im Verzuge«, in: Grundrechte-Report 1998, S. 158 ff.

Julia Kühn, Ausufernder Durchsuchungspraxis Grenzen gesetzt, in: Grundrechte-Report 2006, S. 128 ff.

Till Müller-Heidelberg, Ein Stückchen mehr Rechtsstaat, in: Grundrechte-Report 1998, S. 186 ff.

Andreas Ransiek, Durchsuchung, Beschlagnahme und Verwertungsverbot, in: Strafverteidiger 2002, S. 565 ff.

Wird jemand durch die öffentliche Gewalt in seinen Rechten verletzt, so steht ihm der Rechtsweg offen

Art. 19 (4) Wird jemand durch die öffentliche Gewalt in seinen Rechten verletzt, so steht ihm der Rechtsweg offen. Soweit eine andere Zuständigkeit nicht begründet ist, ist der ordentliche Rechtsweg gegeben. Artikel 10 Absatz 2 Satz 2 bleibt unberührt.

Till Müller-Heidelberg

Kein Kraut gewachsen gegen vorsätzlich rechtswidriges Handeln der Polizei?

Die Polizeistrategie der Einkesselung

Am 8. Juni 1986 fand auf dem Heiligengeistfeld in Hamburg eine Demonstration statt, die traurige Berühmtheit erlangte. Nachdem die Polizei die Demonstration aufgelöst hatte, ließ sie die Teilnehmer nicht etwa nach Hause gehen, was ja nach dem Versammlungsgesetz der Sinn der Demonstrationsauflösung gewesen wäre, sondern schloss sie auf dem Heiligengeistfeld ein, ließ sie dort acht Stunden stehen, ermöglichte kaum Toilettenbesuche, sorgte nicht für Verpflegung, ließ keinen Kontakt zu Verwandten oder Rechtsanwälten zu und behandelte die Versammelten Zug um Zug erkennungsdienstlich. Der »Hamburger Kessel« als polizeitaktische Maßnahme war geboren.

Die Rechtswidrigkeit des Hamburger Kessels wurde durch die Verwaltungsgerichte festgestellt, die Zivilgerichte sprachen den Teilnehmern ein Schmerzensgeld von 200 DM zu.

Die eindeutige Position der Gerichte war aber für die Polizei in ganz Deutschland irrelevant. Es folgten der Münchner Kessel, der Göttinger Kessel, der Braunschweiger Kessel, der Mainzer

Kessel – die sämtlich von den zuständigen Verwaltungsgerichten (veröffentlicht sowohl in der Fach- wie in der Tagespresse) für rechtswidrig erklärt wurden, und jeweils erhielten die aufrechten Versammlungsteilnehmer, die genug Kraft hatten, den Gerichtsweg zu beschreiten, ein Schmerzensgeld von 100 oder 200 DM. Freiwillig erkannte »Vater Staat« in keinem einzigen Fall die Rechtswidrigkeit an, freiwillig zahlte er kein Schmerzensgeld.

Im Gegenteil: Trotz der eindeutigen Rechtswidrigkeit all dieser polizeilichen Kessel wird diese Maßnahme in der polizeilichen Ausbildung ausdrücklich empfohlen und geschult, weil sie nach Auffassung der Polizei so wirksam ist! Egal, wie oft die Gerichte angerufen werden und die Polizeipraxis für rechtswidrig erklären – es ändert sich nichts.

Der neue Hamburger Kessel

Am 21. Dezember 2002 tätigt Barbara E. auf der Mönckebergstraße in Hamburg, dem zentralen Einkaufsparadies der zweitgrößten Stadt Deutschlands, ihre Weihnachtseinkäufe. Sie kann nicht wissen, dass an diesem Nachmittag in der Innenstadt mal wieder demonstriert wird. Als sie das Karstadt-Kaufhaus verlässt und mit dem Fahrrad nach Hause fahren will, ist die Straße durch eine Polizeikette versperrt. Sie wird von einem Polizeibeamten von hinten an den Schultern gepackt und durch die Polizeikette durchgeschoben – und befindet sich nun in einem Polizeikessel. Alle Personen werden in Gewahrsam genommen, fotografiert, Personalien festgestellt. Der Rucksack wird durchsucht, die Hände werden auf dem Rücken gefesselt. Von 18.00 Uhr bis nach 21.00 Uhr werden die Gefesselten in Polizeibussen kreuz und quer durch Hamburg gefahren und schließlich wie auch andere in einer Polizeizelle in den Außenbezirken von Hamburg bis 23.00 Uhr eingesperrt. Dies alles, obwohl die Demonstration seit 19.00 Uhr beendet ist und keinerlei Gewalttätigkeiten sich ereignen.

Nicht nur in Hamburg ein beinahe alltäglicher Vorgang. Jedoch mit einer Besonderheit: Barbara E. ist Rechtsanwältin, weiß, worauf es ankommt, sammelt Zeugen und wehrt sich gegen Polizeiwillkür. Und sie hat das Glück, einen Ex-Bundesverfassungsrichter als engagierten Prozessbevollmächtigten zu gewinnen.

Die Ermittlungsverfahren gegen Polizeibeamte gehen aus wie immer: Sie werden eingestellt. Zwar heißt es in dem Einstellungsbescheid: »Die Ermittlungen haben ergeben, dass die auf das hamburgische Sicherheits- und Ordnungsgesetz gestützten Ingewahrsamnahmen – und damit sämtliche in diesem Zusammenhang durchgeführten Maßnahmen wie z. B. die Fesselung der Geschädigten beim Transport zu den Gefangenensammelstellen – rechtswidrig waren ... Die Vollstreckung des Polizeigewahrsams ... erfüllte mindestens den objektiven Tatbestand der Freiheitsberaubung, § 239 StGB; erlittene Schmerzen und Verletzungen aufgrund von angelegten Handfesseln waren tatbestandlich Körperverletzungen im Amt, § 340 StGB.« Klarer geht es nicht mehr! Aber natürlich sind die einzelnen ausführenden Polizeibeamten genau so wenig ermittelbar wie der Beamte, der letztlich den Befehl zur Einkesselung, zur Gewahrsamnahme, zur Fesselung gegeben hat. Und die leitenden Polizeiführer lassen sich entweder keine Aussagegenehmigung erteilen (wie schön einfach!) oder erinnern sich nicht oder schweigen. Strafrechtliche Konsequenzen haben folglich Freiheitsberaubung und Körperverletzung im Amt nicht, ebensowenig wie die erneute Feststellung der Rechtswidrigkeit dieses Kessels durch das Verwaltungsgericht – das wusste ja die Polizeiführung auch schon vorher. Auch 150 Euro Schmerzensgeld zahlt die Hansestadt an Barbara E. Das kann man leicht verschmerzen und den nächsten Polizeikessel vorbereiten.

Geld regiert die Welt

Doch nun geschieht etwas Unerhörtes. Barbara E. nimmt den Kampf David gegen Goliath auf. 150 Euro Schmerzensgeld zahlt die Polizei aus der Portokasse. Aber z. B. 5000 Euro Schmerzensgeld – und das vielleicht bei jedem erneuten rechtswidrigen Kessel und bei jedem Betroffenen –, da schaut der Rechnungshof hin, da muss die Polizei sich rechtfertigen, da wird vielleicht sogar der verantwortliche Polizeibeamte in Regress genommen. Das wird er sich vor dem nächsten Kessel reiflich überlegen.

Frau E. klagt 5000 Euro Schmerzensgeld ein. Eine unverschämte Summe? Mitnichten. Nach der ständigen Rechtsprechung des Bundesgerichtshofs hat das Schmerzensgeld bei Verletzung von Persönlichkeitsrechten sowohl Genugtuungsfunktion für den Geschädigten als auch Präventionsfunktion, damit der Schädiger es nicht ein zweites Mal tut. Der Staat hat aus Artikel 1 des Grundgesetzes den Verfassungsauftrag, das allgemeine Persönlichkeitsrecht als Teil der Menschenwürde zu schützen.

Vor dem Landgericht Hamburg argumentiert Frau E.: »Der durch Artikel 19 Absatz 4 Grundgesetz verfassungsrechtlich gewährleistete Rechtsschutz gegenüber staatlichen Grundrechtseingriffen entfaltet im Allgemeinen hinreichende präventive Wirkungen. Behörden, deren Verhalten von den Gerichten als rechtswidrig eingestuft wurde, respektieren diese Entscheidungen und ändern ihre Praxis. Für die (hamburgischen) Polizeibehörden trifft das inzwischen offensichtlich nicht mehr zu. Sie lassen sich von Entscheidungen der Straf- und Verwaltungsgerichte zur Rechtswidrigkeit von strafprozessualen oder polizeilichen Festnahmen nicht beeindrucken und fahren ungeniert fort, missliebige Teilnehmer an öffentlichen Protestaktionen durch Freiheitsentziehungen mit schikanösen Begleitmaßnahmen zu demütigen und einzuschüchtern. Sie lassen damit den betroffenen Bürgern keine andere Wahl, als den Schutz ihrer Grundrechte bei den Zivilgerichten über eine präventiv wirksame Geldentschädigung zu suchen.«

Der Bundesgerichtshof hat etwa in seiner Entscheidung vom 5. Oktober 2004 wegen der Veröffentlichung eines heimlich angefertigten Fotos der Tochter des Fürstenpaares von Monaco dem Kleinkind eine Entschädigung von 150 000 DM zugesprochen, der Mutter 125 000 DM! Und dies bei einer unverfänglichen Aufnahme. Als Begründung wurde maßgeblich vor allem auf die Präventionsfunktion der Entschädigung abgestellt. Es gibt aber im deutschen Rechtsstaat kein Prominentenprivileg. Deshalb müssen bei den rechtswidrigen Polizeikesseln nun Schmerzensgeldentschädigungen gefordert und zugesprochen werden, die der Polizei auch wirklich wehtun und damit Präventionswirkung haben. Offensichtlich der letzte Weg, um wieder rechtmäßiges Verhalten zu erzwingen. Der Europäische Menschenrechtsgerichtshof in Straßburg hat dies bereits erkannt. Mit Urteil vom 4. April 2000 hat er im Fall Witold Litwa gegen Polen (Az. 26629/95) für eine sechseinhalbstündige unberechtigte Ingewahrsamnahme ein Schmerzensgeld von 2000 Euro zugesprochen. Das Landgericht Hamburg war für einen effektiven Grundrechtsschutz nicht zu gewinnen; es hat mit Urteil vom 30. Juni 2006 nicht mehr als die bereits gezahlten 150 Euro zugesprochen. Berufung ist eingelegt.

Die Bundesrepublik Deutschland ist ein demokratischer und sozialer Bundesstaat
Art. 20 (1) Die Bundesrepublik Deutschland ist ein demokratischer und sozialer Bundesstaat.

Frank Schreiber

Hartz IV: Gefühlter Missbrauch und reale Einschnitte

Gesetzgebung im Hamsterrad: Zum 1. April 2006 und zum 1. August 2006 sind nach vielen punktuellen Änderungen bereits die zweite und dritte größere Novelle zum Zweiten Buch des Sozialgesetzbuches (SGB II) in Kraft getreten, das die Grundsicherung für Arbeitsuchende (Arbeitslosengeld II) regelt. Die euphemistisch als »Fortentwicklung« titulierten Änderungen verkleinern den Kreis der Leistungsberechtigten und vergrößern die Zahl derer, die für die Existenzsicherung anderer herangezogen werden, bevor der Sozialstaat eintritt. Zur Rechtfertigung der Einschnitte wird ein aus der Asylrechtsdebatte bekanntes argumentatives Schnittmuster herangezogen: Der »Missbrauch« von Leistungsrechten erfordere die Beschränkung eben derselben – ohne dass belastbare Daten zum Umfang des betrugsmäßigen Leistungsbezuges vorliegen. Nur ein Bruchteil der Neuregelungen verbessert die Überprüfung der Leistungsvoraussetzungen. Demgegenüber hat der »gefühlte Missbrauch« von Leistungen bei Parlament und Regierung zu Regelungen geführt, die für eine Vielzahl von ernsthaft Hilfebedürftigen sehr reale Einschnitte bei der Sicherung des Existenzminimums bedeuten. In einigen Fällen verstoßen diese Neuerungen gegen den Gleichheitssatz (Artikel 3 GG), das europarechtliche Diskriminierungsverbot sowie den Schutz von Ehe und Familie (Artikel 6 GG).

Diskriminierte Unionsbürger

Europarechtswidrig dürfte der neue Leistungsausschluss von Ausländern sein, deren Aufenthaltsrecht sich allein aus dem Zweck der Arbeitssuche ergibt (§ 7 Absatz 1 Satz 2 SGB II), soweit Unionsbürger betroffen sind, die ihren Aufenthalt in Deutschland legal begründet haben. Zwar wird die Regelung mit einer ausdrücklichen Ermächtigung in der sog. Unionsbürgerrichtlinie 2004/38/EG gerechtfertigt, indes bestehen erhebliche Zweifel, ob der Ausschluss mit dem Verbot der Diskriminierung von Unionsbürgern im höherrangigen EG-Vertrag (Artikel 12 und 18 EGV) vereinbar ist. Ungeachtet der Vereinbarkeit der Richtlinie mit Artikel 12 und 18 EGV müssen die nationalen Vorschriften, mit denen von der genannten Öffnungsklausel in der Richtlinie Gebrauch gemacht wird, selbstverständlich ihrerseits dem EG-Vertrag genügen. Hierzu hat sich der EuGH in der sogenannten Collins-Entscheidung (Rs. C-138/02) deutlich geäußert: Vom Anwendungsbereich des Diskriminierungsverbots ist eine finanzielle Leistung nicht ausgenommen, die den Zugang zum Arbeitsmarkt erleichtern soll. Unzulässig ist es nach einer Reihe anderer EuGH-Entscheidungen, den Zugang zu sozialhilfeartigen Leistungen bei Unionsbürgern von anderen Voraussetzungen abhängig zu machen als bei Inländern, wenn die Unionsbürger ihren Aufenthalt im Mitgliedstaat legal begründet haben (z. B. Rs. C-184/99 – Grzelczyk).

Willkürliche Verpflichtungen zur Existenzsicherung anderer?

Das Einkommen von Stiefelternteilen oder »Stiefpartnern« wurde bislang nicht auf den Bedarf der nicht-leiblichen Kinder in der Bedarfsgemeinschaft angerechnet. Überzeugend wurde diese Auslegung von der obergerichtlichen Rechtsprechung mit der Vermeidung von Wertungswidersprüchen zwischen Sozialrecht und Unterhaltsrecht begründet. Diese Widersprüche sind nunmehr gewollt: Nach der Neufassung des § 9 Absatz 2 Satz 2 SGB II ist bei Kindern das Einkommen des mit ihnen in Bedarfsgemeinschaft lebenden Stiefelternteils oder Partners des Elternteils voll zu berücksichtigen. Hinzu kommt, dass seit 1. Juli 2006 bis zu 25-jährige Kinder, die im Haushalt leben, im Falle der Bedürftigkeit auch Teil der Bedarfsgemeinschaft sind. Dies kann z. B. dazu führen, dass der vollzeitberufstätige Freund der Mutter eines 22-jährigen ledigen Arbeitslosen mit abgeschlossener Berufsausbildung durch die Einkommensanrechnung in die Hilfebedürftigkeit gedrückt wird, während der leibliche Vater Millionär sein kann, ohne Unterhaltsansprüchen ausgesetzt zu sein. Diese Ungleichbehandlung ist wohl kaum zu rechtfertigen, zumal in der Sozialhilfe (SGB XII) der Einkommenseinsatz abweichend geregelt ist. Wenn z. B. Stiefvater und Mutter verheiratet sind, ist darüber hinaus zweifelhaft, wie dies mit dem Schutzauftrag für Ehe und Familie (Artikel 6 GG) zu vereinbaren ist.

Teil einer solchen Bedarfsgemeinschaft wird man schneller, als man denkt: Die schon länger diskutierte Beweislastumkehr bei eheähnlichen Lebensgemeinschaften (vgl. Udo Geiger im Grundrechte-Report 2006, S. 153) ist nun in Gestalt einer Vermutungsregelung Gesetz geworden (§ 7 Absatz 3 a SGB II). So soll unter anderem ein einjähriges Zusammenleben schon ausreichen, um eine eheähnliche Lebensgemeinschaft zu vermuten. Die Betroffenen müssen dann beweisen, dass eine solche nicht vorliegt. Die Gerichte werden hier bei den Anforderungen an das Beweismaß im Einzelfall »nachjustieren« müssen, um der Schwierigkeit des Beweises einer negativen Tatsache Rechnung zu tragen und willkürliche Ergebnisse zu vermeiden. Aus verfassungsrechtlicher Sicht kann zudem nicht beliebig geregelt werden, wer für wen einstehen muss. Schließlich wurde die eheähnliche Lebensgemeinschaft als Rechtsfigur einmal »erfunden«, um Artikel 6 GG Rechnung zu tragen und in engen Grenzen eine wirklich vorhandene »Eheähnlichkeit« mit der Ehe gleich zu behandeln; daneben wirkt auch bei der gesetzlichen Ausgestaltung von Bedarfsgemeinschaften das Willkürverbot (Artikel 3 GG) als Grenze.

Verschärfung der Sanktionen: Anspruch und Wirklichkeit von Eingliederungsvereinbarungen

Zum 1. August 2006 wurden auch die Möglichkeiten der Behörde erweitert, Pflichtverstöße durch Leistungskürzungen zu sanktionieren (§ 31 SGB II). Derartige Sanktionen spielten bislang aus Sicht des sozialgerichtlichen Alltags eine untergeordnete Rolle. Ob dies seinen Grund darin hat, dass es schlicht wenig Verstöße durch die Hilfebedürftigen gibt, sie nicht dagegen klagen oder ob bislang die Verwaltung überfordert war, Verstöße aufzuklären und zu sanktionieren, kann hier nicht beantwortet werden. Bei der Sanktionierung von Verstößen gegen die Eingliederungsvereinbarung, in der die Maßnahmen zur Eingliederung in Arbeit individuell geregelt werden sollen, fällt aber bereits jetzt auf, dass bei der Verwaltung Anspruch und Wirklichkeit zuweilen auseinanderfallen: Mal sind die Vereinbarungen so verständlich wie die Allgemeinen Geschäftsbedingungen eines Kamelhaardeckenverkäufers, mal enthalten sie Rechtswidriges. So prellt z.B. ein SGB II-Leistungsträger die Hilfebedürftigen um einen Monat Arbeitslosengeld II, indem in der Eingliederungsvereinbarung die Auszahlung des Geldes an das Monatsende verschoben wird und später im Falle einer Einkommenserzielung vor einem Monatsende die Leistung für den letzten Monat nicht mehr gezahlt werden soll. Zweifel bestehen auch häufig, ob die Verpflichtung zu einem bestimmten »Ein-Euro-Job« rechtmäßig ist. Solche Angebote dürfen nämlich nur »zusätzlich« zum regulären Arbeitsmarkt angeboten werden. Haushaltsbedingter Personalmangel des Maßnahmeträgers kann die »Zusätzlichkeit« allein nicht begründen und »Ein-Euro-Job-Missbrauch« – vor allem durch die Kommunen – wird beobachtet: Im Maler- und Lackiererhandwerk, aber auch im Gärtnereibereich sollen reguläre Arbeitsplätze tausendfach verdrängt worden sein. Wie hemdsärmelig die Frage behandelt wird, wann ein »Ein-Euro-Job« zusätzlich ist, belegt ein »Monitor«-Beitrag vom 19. Januar 2006. Auf die Frage, was an den Bau- und Recyclingleistungen des »Werkhofes Hagen«, eines kommunalen Unternehmens mit 800 Billigst-Arbeitskräften, denn zusätzlich sei, antwortet der Geschäftsführer: »Daran ist zusätzlich, dass das eine Investition des Werkhofes ist. (…) Wenn der Werkhof sie nicht getätigt hätte, hätte sie nicht stattgefunden.«

Literatur

Arbeitslosenprojekt TuWas (Hg.), Leitfaden zum Arbeitslosengeld II, 3. Aufl., Frankfurt 2006, S. 258 ff.

Frank Schreiber, Die Bedeutung des Gleichbehandlungsanspruchs aus Artikel 12 i. V. m. Artikel 18 EGV für Grundsicherungsleistungen (SGB II und SGB XII), in: ZESAR 2006, S. 428

Norbert Reuter/Martin Kutscha

Gewinnpflege statt Steuergerechtigkeit

Seit fünfzehn Jahren zeigen die Löhne und Gehälter in Deutschland eine Tendenz nach unten. Die gesamte Nettolohn- und Gehaltssumme lag 2005 inflationsbereinigt um 5,7 Prozent unter dem Wert von 1991. Dies hat zwei Ursachen: einerseits anhaltend niedrige Tarifabschlüsse, andererseits steigende steuerliche Belastungen. Plakativ kann man von einem »Marsch in den Lohnsteuerstaat« sprechen. In der Folge immer neuer Steuerreformen sank die Steuerbelastung der privaten Gewinn- und Unternehmenseinkommen von 20,3 Prozent im Jahr 1980 auf 9,8 Prozent im Jahr 2005. Im gleichen Zeitraum stieg die Steuerbelastung der Löhne und Gehälter dagegen von 15,7 Prozent auf 17,3 Prozent an. Angekündigte neuerliche Steuerreformen der großen Koalition werden diesen Trend noch verstärken. Und 2006 fielen die Reallöhne weiter um knapp ein Prozent.

Das geschah und geschieht vor dem Hintergrund eines anhaltend steigenden Volkseinkommens – seit 1991 um rund 40 Prozent. Unter Berücksichtigung der Preissteigerung bleibt ein realer Anstieg von rund sechs Prozent. Es gibt also nicht weniger, sondern deutlich mehr zu verteilen, so viel wie noch nie! Bei der Aufteilung des Volkseinkommens auf Arbeitnehmerentgelte (Bruttolöhne und Gehälter zuzüglich Sozialbeiträge der Arbeitgeber) einerseits und Unternehmens- und Vermögenseinkommen andererseits zeigt sich deutlich, wem der Zuwachs vor allem zugute gekommen ist: Das Volkseinkommen erhöhte sich zwischen 2000 und 2005 um 151 Milliarden Euro, davon flossen den Unternehmens- und Vermögenseinkommen 122 Milliarden zu, den Arbeitnehmerentgelten gerade einmal 29 Milliarden Euro. Die fehlende Steigerung der Arbeitnehmereinkommen führte zu einer massiven Schwächung der Binnennachfrage und des Wachstums.

Neoliberale Wirtschaftspolitik von Kohl bis Merkel

Die Umverteilung von den Einkommen zu den Gewinnen stellt keineswegs einen Betriebsunfall dar. Sie wurde von der Wirtschaft wie von der Politik als notwendige Voraussetzung für die Überwindung von Wachstumsschwäche und Arbeitslosigkeit propagiert: Die Gewinne von heute seien die Investitionen von morgen und die höhere Beschäftigung von übermorgen. Dabei wurde jedoch die Nachfrage völlig vergessen. Werden Gewinne einseitig zu Lasten der Masseneinkommen gesteigert, verschlechtern sich automatisch die Absatzbedingungen der Unternehmen. Gelingt es diesen immer schlechter, ihre laufende Produktion abzusetzen, werden auch bei steigenden Gewinnen keine arbeitplatzschaffenden Investitionen getätigt. Sofern das Geld nicht sofort auf die Finanzmärkte fließt und dort unter anderem in Private Equity- und Hedge-Fonds sein Unwesen treibt, wird es vor allem für Rationalisierungsmaßnahmen verwendet – dann allerdings mit weiteren negativen Auswirkungen auf den Arbeitsmarkt.

Tatsächlich haben die letzten Jahre diese Entwicklung eindrucksvoll bestätigt: Die Gewinne allein der Kapitalgesellschaften sind zwischen 2000 und 2005 um rund 50 Prozent von 224 Milliarden Euro auf 337 Milliarden Euro gestiegen. Trotz dieses enormen Gewinnsprungs kam es nicht zu einem Anstieg der Investitionen und zur Schaffung einer nennenswerten Anzahl neuer Arbeitsplätze. Im Gegenteil: Die Investitionen gingen sogar um rund zehn Prozent von 251 Milliarden Euro auf 227 Milliarden Euro zurück.

Und die Verfassung?

Tatsächlich aber verpflichtet das Sozialstaatsprinzip des Grundgesetzes den Staat zur Bekämpfung der Massenarbeitslosigkeit. Auch muss der Gesetzgeber, wie das Bundesverfassungsgericht in seinem Urteil vom 27. April 1999 ebenfalls feststellte, für einen »Ausgleich der sozialen Gegensätze« sorgen (BVerfGE 100, 284). Die Gesetzgebung der letzten Jahre bewirkt aber genau das Gegenteil.

Aus dem Gleichheitssatz des Artikel 3 Absatz 1 GG folgt, dass die Steuerpflichtigen »rechtlich und tatsächlich gleich belastet werden«. Dies hat das Bundesverfassungsgericht in seinem Urteil vom 27. Juni 1991 zur Zinsbesteuerung (BVerfGE 84, 239) betont. Damit meint es freilich nicht, dass alle Steuerzahler und -zahlerinnen gleich viel bezahlen sollen. Aus dem Prinzip der vertikalen Steuergerechtigkeit folgt vielmehr, dass sich die Höhe der Besteuerung nach der wirtschaftlichen Leistungsfähigkeit richtet: Wer wohlhabend ist, soll auch relativ mehr Steuern bezahlen.

Die Wirklichkeit sieht allerdings anders aus: Durch die Steuerreformen von Kohl bis Merkel wurden und werden vor allem Reiche und Unternehmen entlastet. Hätten wir heute noch einen gleich hohen Anteil der Steuereinnahmen am Bruttoinlandsprodukt wie im Jahr 2000, würde der Staat Jahr für Jahr über Mehreinnahmen von über 50 Milliarden Euro verfügen. Dies zeigt, dass genügend Spielraum zur Finanzierung etwa eines öffentlichen Investitionsprogramms für Arbeit, Bildung und Umwelt besteht.

Vor diesem Hintergrund hat die Arbeitsgruppe Alternative Wirtschaftspolitik zusammen mit ver.di, der IG Metall und attac ein umfassendes Steuerkonzept vorgelegt. Das »Konzept Steuergerechtigkeit« zeigt, dass das geforderte Investitionsprogramm weitgehend ohne zusätzliche Schuldenaufnahme zu finanzieren ist. Eckpunkte dieses Konzepts sind eine Anhebung des Spitzensteuersatzes auf 48 Prozent, eine Erhöhung des Körperschaftssteuersatzes von 25 Prozent auf 33 Prozent, die Wiedereinführung der Vermögensteuer (wie sie in vergleichbaren Ländern erhoben wird), eine moderate Erhöhung der Erbschaftsteuer und eine konsequente Bekämpfung von Steuerflucht und Steuerhinterziehung.

Gesetzlicher Mindestlohn

Einen Ausweg aus dem Teufelskreis einer immer weiter wegbrechenden Binnennachfrage stellt neben einer deutlichen Ausweitung der öffentlichen Ausgaben für Arbeit, Bildung und Umwelt auch der gesetzliche Mindestlohn dar. Forderungen der Arbeitsgruppe Alternative Wirtschaftspolitik und der Gewerkschaften bewegen sich zwischen 7,50 Euro und neun Euro. Als Folge würden die Löhne und Gehälter von fast sieben Millionen Beschäftigten steigen, die heute für Niedriglöhne (weniger als 66 Prozent des Medianeinkommens, also des Einkommens, das 50 Prozent aller Betrachteten höchstens verdienen) arbeiten müssen (Vollzeitbeschäftigte, sozialversicherungspflichtige Teilzeitbeschäftigte und geringfügig Beschäftigte). Dies würde eine spürbare Verbesserung ihres Einkommens bedeuten und zusammen mit den höheren öffentlichen Ausgaben zusätzliche Impulse für die Nachfrage bringen.

Zusammenfassend lässt sich festhalten: Eine Politik, die den Beschäftigten ihren gerechten Anteil am Wohlstandszuwachs vorenthält, läuft nicht nur allen Vorstellungen einer gerechten Verteilung des Reichtums entgegen. Sie bremst auch das Wachstum, reduziert die Investitionen und steigert die Arbeitslosigkeit.

Literatur

Arbeitsgruppe Alternative Wirtschaftspolitik, Memorandum 2006. Mehr Beschäftigung braucht eine andere Verteilung, Köln 2006

Martin Kutscha, Erinnerung an den Sozialstaat, in: Blätter für deutsche und internationale Politik 3/2006, S. 355–364

Norbert Reuter, Hedgefonds oder Arbeitsplätze, in: Blätter für deutsche und internationale Politik, 10/2006, S. 1180–1183
ver.di-Bundesvorstand (Hg.), Arm trotz Arbeit? Wir brauchen den gesetzlichen Mindestlohn, 2. Auflage, Berlin 2006

Stefanie Janczyk

Emanzipation mit sozialer Schieflage

Wie das Elterngeld nur bestimmte Familien und Frauen fördert

Im Herbst 2006 haben Bundestag und Bundesrat das Gesetz zur Einführung des Elterngeldes beschlossen. Es ersetzt das bisherige Erziehungsgeld und gilt für Eltern, deren Kinder ab dem 1. Januar 2007 geboren sind. Die neue Regelung ist über alle politischen Lager hinweg nahezu einhellig als frauen- und familienpolitischer Erfolg gewertet worden. In der Tat ist zu erwarten, dass die neue Elterngeldregelung für eine ganze Reihe Frauen positive Wirkungen mit sich bringen und ihnen insbesondere einen schnelleren Wiedereinstieg in den Beruf sowie eine größere finanzielle Unabhängigkeit ermöglichen wird. Die allseitige Freude wird aber erheblich getrübt, wenn man sich vor Augen führt, dass die neue Elterngeldregelung eine deutliche soziale Schieflage enthält: Für Eltern mit niedrigem Haushaltseinkommen, Erwerbslose, Studierende und Alleinerziehende wird das Elterngeld die bestehenden geschlechtsspezifischen Rollen und die soziale Lage keineswegs verbessern, sondern verschlechtern.

Neuausrichtung – Vom Erziehungsgeld zum Elterngeld

Die alte Erziehungsgeldregelung verfolgte das Ziel, Einkommensschwache und Bedürftige zu unterstützen und dem mit der Geburt von Kindern entstehenden erhöhten Armutsrisiko entgegenzuwirken. Entsprechend enthielt sie Einkommenshöchstgrenzen für den Bezug des Erziehungsgelds (Paare 30 000 Euro, Alleinerziehende 23 000 Euro Jahreseinkommen; ab dem 7. Lebensmonat des Kindes sanken die Einkommensgrenzen noch einmal deutlich). Anspruchsberechtigte konnten Erziehungsgeld von monatlich 300 Euro für bis zu zwei Jahre beziehen. Eltern mit niedrigem Jahreseinkommen hatten zudem alternativ die Option, den Bezugszeitraum auf zwölf Monate zu verkürzen und monatlich bis zu 450 Euro zu erhalten. Mit der neuen Elterngeldregelung tritt der Aspekt der Unterstützung ökonomisch schwacher Eltern nun zurück. In den Vordergrund rückt demgegenüber das Anliegen, nicht bedürftige erwerbstätige Paare zu motivieren, sich für Kinder zu entscheiden, indem der Einkommensausfall im ersten Lebensjahr des Kindes verringert wird. Nach der neuen Elterngeldregelung kann der die Betreuung übernehmende Elternteil 67 Prozent des bisherigen Nettoverdienstes – bis zum Höchstbetrag von 1800 Euro – für zwölf Monate beziehen. Anders als bisher gibt es somit keine Einkommenshöchstgrenze, ab der ein Anspruch entfällt. Der Mindestbetrag des Elterngeldes liegt bei 300 Euro, den auch zuvor nicht erwerbstätige betreuende Eltern erhalten. Zudem gibt es eine Aufstockungsregel, nach der sich bei Geringverdienern der Prozentsatz von 67 Prozent erhöhen kann.

Angesichts der Tatsache, dass es sich bei den Betreuenden noch immer zumeist um Frauen handelt, sind die Bonusmonate und die jetzige Kopplung des Elterngeldes an das Entgelt zu begrüßen. Denn während das alte Erziehungsgeld stärker die traditionelle geschlechtsspezifische Arbeitsteilung forcierte und ein Verzicht auf das in der Regel deutlich höhere Einkommen des Mannes oft weder ökonomisch möglich noch individuell sinnvoll schien, ermöglicht das Elterngeld es vielen Betreuenden, ihren Lebensstandard weitgehend zu halten und von ihrem Partner finanziell unabhängig zu bleiben. Darüber hinaus enthält das neue Gesetz mit seiner »Bonusmonate«-Regelung zumindest erste Anreize für eine Teilung der Betreuungsarbeit: Beteiligen sich beide Eltern an der Elternzeit, wird der Bezugszeitraum um zwei Monate verlängert.

Exklusive Emanzipation

Das neue Elterngeld wird sich jedoch nicht für alle positiv auswirken. Verlierer sind zum einen Geringverdiener. Sie erfahren trotz der im Zuge der letzten Verhandlungsrunden eingefügten Aufstockungsregel einen faktischen finanziellen Verlust im Vergleich zum Erziehungsgeld durch die Kürzung der Bezugszeit auf höchstens zwölf bis vierzehn Monate. Zudem erhalten Geringverdienende mit einem Einkommen bis zu 500 Euro in den ersten zwölf Monaten weniger als den bisher möglichen Satz von 450 Euro.

Noch stärkere Einschnitte müssen ALG-II-Empfänger hinnehmen. Haben diese bisher bis zu vierundzwanzig Monate ein Erziehungsgeld in Höhe von 300 Euro beziehen können, erhalten sie nach der Elterngeldregelung nur noch zwölf bzw. vierzehn Monate lang den Elterngeldmindestsatz von 300 Euro. Für ALG-II-Empfänger ergeben sich damit finanzielle Kürzungen von bis zu 50 Prozent. Dabei betont die schwarzrote Koalition, dass diese Kürzung durchaus politisch gewollt sei. Sie ziele darauf, für ALG-II-Empfänger zusätzliche Anreize für die schnelle Aufnahme einer Tätigkeit schaffen. Eine solche Argumentation ist ebenso autoritär-repressiv wie zynisch. Denn der Grund für die hohe Erwerbslosigkeit liegt eben nicht in der mangelnden Motivation der betroffenen Erwerbslosen, eine Erwerbstätigkeit aufzunehmen, sondern ist schlicht dem strukturellen Mangel an Erwerbsarbeitsplätzen hierzulande geschuldet. Der vermeintliche ökonomische Anreiz zur Wiedereingliederung in den Arbeitsmarkt entpuppt sich somit als reine Verschleierung einer Kürzung einer familienpolitischen Leistung für Erwerbslose.

Die Anzahl der Haushalte, die insgesamt mit finanziellen Einbußen rechnen müssen, ist selbst nach den Angaben des Bundesfamilienministeriums erheblich. Nach den wahrscheinlich eher vorsichtigen Schätzungen des Ministeriums wird die Anzahl der Verlierer-Haushalte bei 249 000 liegen. Profiteure der neuen Elterngeld-Regelung sind demgegenüber Haushalte mit mittleren bis hohen Einkommen. Diese haben aufgrund der Orientierung des Erziehungsgeldes an der Bedürftigkeit bisher kaum oder keine finanzielle Unterstützung erfahren und erhalten mit dem Elterngeld nun erstmalig bzw. in erhöhtem Maße finanzielle Leistungen.

Insgesamt erweist sich der Wechsel vom Erziehungs- zum Elterngeld in seiner konkreten Form damit als eine Umverteilung von unten nach oben: Während Familien mit mittleren bis sehr guten Einkommen profitieren – und insbesondere Gut- bis Besserverdienenden darüber hinaus aus der 2006 ebenfalls eingeführten Verbesserung der steuerlichen Absetzbarkeit von Kinderbetreuungskosten noch zusätzliche Vorteile erwachsen –, verschärft die Elterngeldregelung die finanzielle Lage von Geringverdienern und Erwerbslosen. Für sie gilt weiterhin und sogar verstärkt die Feststellung des Armutsberichts: Wer Kinder hat, läuft stärker Gefahr, arm zu werden und dauerhaft zu bleiben, als diejenigen ohne Kinder.

Diese Umverteilung ist aber keinesfalls zwingend, sie liegt vielmehr in der jetzigen konkreten Ausgestaltung des Elterngeldes begründet. Natürlich wäre es beispielsweise möglich, den Elterngeldmindestsatz auf ein Niveau zu setzen, durch welches Einbußen für Einkommensschwache und Erwerbslose vermieden werden. Das ist eine Frage der politischen Entscheidung.

Frauenpolitisches Unbehagen

Auch wenn erfreulich ist, dass die Kopplung des Elterngeldes an das Einkommen vielen durchschnittlich bis gut verdienenden Frauen mehr Unabhängigkeit von ihren Partnern verschafft, ist festzustellen, dass dieser Fortschritt mit dem Elterngeld in der jetzigen Form auf Kosten der sozial Schwächeren erfolgt. Zudem bleiben eine Reihe weiterer Problemlagen bestehen, die die Hoffnungen auf die wohlbringenden Wirkungen des Elterngeldes deutlich relativieren. Hierzu gehört insbesondere der weiterhin bestehende Mangel an qualitativ hochwertiger Kinderbetreuung. Angesichts der Tatsache, dass Frauen im Durchschnitt nach wie vor über ein weitaus geringeres Einkommen verfügen als Männer, werden es weiterhin überwiegend Frauen sein, die nach einem Jahr entweder zu Hause bleiben oder einer Teilzeittätigkeit nachgehen und die Erziehungsarbeit übernehmen. Daran wird auch das neue Elterngeld nichts ändern.

Die vollziehende Gewalt und die Rechtsprechung sind an Gesetz und Recht gebunden
Art. 20 (3) Die Gesetzgebung ist an die verfassungsmäßige Ordnung, die vollziehende Gewalt und die Rechtsprechung sind an Gesetz und Recht gebunden.

Miriam Gruß

Missachtung von Entscheidungen der Strafvollstreckungskammern durch die Justizverwaltung

Der Wettlauf der Schäbigkeit hat längst begonnen

Auch Gefangene haben Rechte. So jedenfalls die Theorie. Die Praxis sieht mittlerweile vielerorts anders aus. Beispielhaft sei der Fall des Gefangenen M. genannt, der eine Freiheitsstrafe von vier Jahren und sechs Monaten wegen Betruges in einer Justizvollzugsanstalt in Baden-Württemberg verbüßt. Wegen seiner beanstandungslosen Führung wurde ihm im Sommer 2005 gestattet, im freien Beschäftigungsverhältnis bei einem örtlichen Busunternehmen zu arbeiten. Er wurde dort als Busfahrer eingesetzt und arbeitete nach Einschätzung seines Arbeitgebers sehr zuverlässig. Dann wurde der Gefangene M. wegen des Verdachts der Unterschlagung vorübergehend in den geschlossenen Vollzug verlegt; nachdem das gegen ihn anhängige Ermittlungsverfahren kurze Zeit später von der Staatsanwaltschaft eingestellt wurde, konnte er umgehend wieder zurück in den offenen Vollzug. Die Wiederzulassung zur Arbeit wurde ihm von der Justizvollzugsanstalt dennoch versagt. Der Gefangene M. stellte daraufhin einen Antrag auf gerichtliche Entscheidung und erhielt prompt Recht: Das Landgericht Karlsruhe gab dem Antrag in seiner Eilentscheidung (Az. 151

StVK 308/05) statt und ließ ihn wieder zur Arbeit zu. Doch das nutzte Herrn M. wenig: Die Justizvollzugsanstalt nahm den gerichtlichen Beschluss zwar zur Kenntnis, weigerte sich jedoch, ihn umzusetzen.

Vollstreckungsmöglichkeiten fehlen – Verstöße keine Einzelfälle

Die Geschichte des Herrn M. ist kein Einzelfall im deutschen Strafvollzug: Wer hinter Gittern sitzt, hat keine Möglichkeit, gerichtliche Entscheidungen gegen die Anstalt auch durchzusetzen. Eine zwangsweise Vollstreckung – etwa durch einen Gerichtsvollzieher oder durch die Verhängung von Zwangsgeldern – ist für den Strafvollzug nicht vorgesehen. Der Gesetzgeber hat bewusst darauf verzichtet; er ging davon aus, dass die vollziehende Gewalt ohnedies an Recht und Gesetz gebunden ist; so steht es in Artikel 20 Absatz 3 GG geschrieben. Da dies für Hoheitsträger auf allen staatlichen Ebenen gilt, sind auch Justizvollzugsanstalten automatisch zur Befolgung gerichtlicher Entscheidungen verpflichtet.

Die Justizministerien der Länder beteuern auch stets, dass Gerichtsentscheidungen ausnahmslos befolgt würden; geschehe dies in Einzelfällen mal nicht, handele es sich um individuelle Fehler bei der Umsetzung – anders jedoch die Wahrnehmung von Strafverteidigern, Richtern und Gefangenen. Untersuchungen bestätigen zudem, dass Renitenz in der Vollzugsverwaltung viel häufiger vorkommt als vermutet. Der oft zur Begründung angeführte Geldmangel ist dabei lediglich als Schutzbehauptung zu werten, und der Verweis auf die Möglichkeit der Dienstaufsichtsbeschwerde hat kaum jemals Aussicht auf Erfolg.

Der Umstand, dass diese Renitenz der Vollzugsbehörde gegenüber der Recht sprechenden Gewalt keinen Einzelfall, sondern mittlerweile schon ein zeitgenössisches Phänomen darstellt, ist wenig tröstlich. Abhilfe ist nicht zu erwarten, besonders nicht durch die Föderalisierung des Strafvollzuges; nun ist eher mit populistischen Verschärfungen zu rechnen. Schon jetzt wird in ersten Entwürfen die Zielsetzung des Strafvollzuges nachhaltig verändert: Das vom Bundesverfassungsgericht dem

Kernbestand der Menschenwürde zugeordnete und bislang einzige Vollstreckungsziel der Resozialisierung des Straftäters soll eingeschränkt werden zugunsten der allgemeinen Sicherheit. Dies entspricht der Stimmung in weiten Teilen der Republik, in der Resozialisierung beinahe als Schimpfwort gilt und Haftanstalten mit Hotel- oder Kuschelvollzug gleichgesetzt werden. Eine Entwicklung, die gefährlich ist: Die Allgemeinheit wird dann am besten geschützt, wenn ein Häftling nach seiner Entlassung gar nicht mehr straffällig wird; dies setzt aber seine gelungene Resozialisierung in die Gesellschaft voraus. Wegsperren allein hilft niemandem; ein einseitig auf Sicherheit ausgerichteter Verwahrvollzug täuscht Sicherheit nur vor.

»Eklatanter Rechtsbruch« in Hessen

Den Gefangenen wird also nichts anderes übrig bleiben, als auch künftig zu unkonventionellen Mitteln zu greifen, um ihre gerichtlich bestätigten Interessen durchzusetzen. So im Fall eines in Hessen einsitzenden Gefangenen, der einen Beschluss des Landgerichts Gießen erwirkte, durch den die Justizvollzugsanstalt verpflichtet wurde, ihm einen bei seiner Habe befindlichen DVD-Player auszuhändigen. Als ihm dies verweigert wurde, stellte er einen erneuten Antrag auf gerichtliche Entscheidung, mit dem er die Umsetzung der gerichtlichen Entscheidung begehrte. Das Landgericht Gießen wies den Antrag zwar mangels Möglichkeit zur Vollstreckung gerichtlicher Entscheidungen zurück (Az. 2 StVK 1591/05); es nannte die Missachtung der gerichtlichen Entscheidung durch die Verwaltung jedoch einen eklatanten Rechtsbruch und verwies den Gefangenen auf die Presse und sonstige Medien. Nachdem der Fall daraufhin durch die Presse gegangen war – unter anderem wurde er im *Spiegel* zitiert (Der Spiegel 20/2006, 56) –, erhielt der Gefangene seinen DVD-Player zurück.

Auch der Gefangene M. hatte Glück: Sein Anwalt war zufällig auch Landtagsabgeordneter der Oppositionsfraktion. Als er nach ergebnislosen Gesprächen mit dem Leiter der Justizvollzugsanstalt und dem zuständigen Ministerialrat im Justizministerium schließlich in Aussicht stellte, die Angelegenheit zum Gegenstand einer kleinen Anfrage im Landtag zu machen, durfte Herr M. Anfang 2006 endlich wieder arbeiten.

Literatur

Wolfgang Lesting/Johannes Feest, Renitente Strafvollzugsbehörden, in: Zeitschrift für Rechtspolitik 1987, S. 390

Ulrich Kamann, Die Erweiterung des Renitenzbegriffs im Strafvollzug, in: Zeitschrift für Strafvollzug und Straffälligenhilfe 1993, S. 206

Mario Cebulla, Wettlauf der Schäbigkeit, in: Freitag Nr. 40 vom 6. Oktober 2006

Elke Steven

Eine außerparlamentarische Initiative als Staatsfeind

Zur Überwachung des Berliner Sozialforums durch den Verfassungsschutz

»Hoheitliche Verrufserklärungen«, so lauteten in den ersten Grundrechte-Reporten regelmäßig ein oder zwei Kapitel, die sich mit Verfassungsschutzberichten auseinandersetzten. Die Autoren kamen regelmäßig zu dem Schluss, dass die Verfassungsschutzämter die Verfassung gefährden, die sie zu schützen vorgeben. Berichtet wurde u. a. über Gruppen wie die Bürgerinitiative Lüchow-Dannenberg (1997), die PDS (1998), die Erfurter Erklärung »Verantwortung für die soziale Demokratie« (1998), die JungdemokratInnen/Junge Linke (2001) und das Europäische Sozialforum (2004). Der Verfassungsschutz brachte diese Gruppen mit den Behauptungen, sie hätten die Verfassung gefährdende Kontakte, sie würden mit »falschen« Meinungen übereinstimmen, sie ständen in der Nähe zu »extremistischen« Gruppen, in Verruf. Die vom Verfassungsschutz konstatierte Kontaktschuld zu »Extremisten« oder »Autonomen« reichte jeweils aus, um in den Verdacht zu geraten, die freiheitlich demokratische Grundordnung zu bedrohen.

Diese Verrufserklärungen haben über den Verruf hinausgehende Konsequenzen. Wer sich mit den Objekten der geheimdienstlichen Begierde einlässt, muss auch selbst mit geheimer Überwachung durch die Verfassungsschutzbehörden rechnen. Diese Erfahrung offenbarte sich 2006 dem Berliner Sozialforum. Seit seiner Gründung im Jahr 2003 wird es vom Berliner und – wie sich schnell herausstellte – auch vom Bundesamt für Verfassungsschutz von V-Leuten begleitet, die genauestens über Diskussionen, Aktionen und Veröffentlichungen berichten. Erst ein Bericht im *Spiegel* vom 12. Juni 2006 begann, das Geheimnis zu lüften. Zunächst war von zwei V-Leuten die Rede, die das Sozialforum beobachteten und dabei eine Menge Daten über den Hochschulprofessor Peter Grottian sammelten. Inzwischen sprechen die recherchierten Fakten dafür, dass vier V-Leute aktiv waren. Über politische Aktivitäten des »gestandenen Professors« (Der Spiegel, 12. Juni 2006), der angeblich nicht Ziel der Überwachung war, wurden schon länger, nämlich seit 2001, Informationen gesammelt – so auch zu seinen Aktivitäten zum Bankenskandal in Berlin. Auch die geplante Teilnahme an einer ver.di-Demonstration gerät in solchem Kontext zu einem berichtenswerten Ereignis (Der Spiegel, 27. November 2006).

»Gemengelagen«

Die Initiative Berliner Sozialforum ist ein offenes Plenum, an dem jeder und jede teilnehmen kann. Die Kritik an der Hartz-IV-Gesetzgebung und am Ausverkauf der sozialen Menschenrechte steht im Fokus dieser Gruppe. Ergebnisse der Arbeiten und Diskussionen werden auf der eigenen Webseite veröffentlicht. Beteiligt ist ein breites Spektrum von Linken, die die soziale Frage zu ihrem Thema gemacht haben.

Die Leiterin der Abteilung Verfassungsschutz in Berlin, Claudia Schmid, rechtfertigte und verharmloste die Überwachung mit einem entlarvenden Argument. Die »autonome Szene« werde seit Jahren beobachtet. Dies soll der nicht weiter begründenswerte Teil der Begründung sein. Bedauerlich sei folglich nur, dass in solcher »Gemengelage«, in der das Berliner Sozialforum arbeitet und in die sich Peter Grottian hineinbegeben hat, deren Beobachtung provoziert wurde. Sie seien halt mit den Falschen in Kontakt gekommen. Weder Grottian noch das Berliner Sozialforum seien »Beobachtungsobjekt« des Verfassungsschutzes gewesen – so die nichts erklärende Erklärung. Das Ausspionieren der »autonomen Szene«, die schon durch ihr Dasein den Virus der Verfassungsfeindlichkeit verbreitet, erscheint geradezu natürlich gerechtfertigt.

Dem entgegen ist festzuhalten, dass der Verfassungsschutz aus mehreren verfassungs-fundamentalen Gründen in politischen Gruppen nichts zu suchen hat. Schon die Einschränkung der Freiheitsrechte der einzelnen Bürger und Bürgerinnen, die zunehmende Sammlung von Daten und die Möglichkeiten der geheimen Überwachung bedeuten Einschränkungen der Lebens- und Ausdrucksmöglichkeiten und gefährden die Demokratie. Die Überwachung politischer Gruppen potenziert diese Gefährdung. Politische Zusammenschlüsse leben von ihrer Vielfalt, von der offenen Diskussion und der freien Meinungsäußerung. Ist jede Teilnahme an der politischen Willensbildung begleitet von der Angst davor, überwacht zu werden, schränkt dies die demokratische Teilhabe erheblich ein. Die Angst vor der Teilnahme der »Falschen« muss zu Lähmung und Rückzug führen.

Verfassungsfeinde – vom Verfassungsschutz gemacht

Die Kontaktschuld ist der Ausgangspunkt der Überwachung. Beklagt wird von den Überwachern allenfalls, dass es bei sogenannten Gemengelagen auch diejenigen erwischen kann, die nicht Überwachungsobjekte sind. Ob und wie in diesem Fall »die Autonomen« die demokratische Grundordnung gefährden, also die zentrale Frage nach der Rechtfertigung ihrer Überwachung, wird nicht gestellt. Die Verfassungsschutzberichte liefern einige Beispiele dafür, wie »Verfassungsfeindlichkeit«

und »bevorstehende Gewaltanwendung« Gruppen und Personen ohne konkrete Anhaltspunkte zugeschrieben wird. Antifaschismus muss dann zur Begründung für die Bedrohung der freiheitlich demokratischen Grundordnung herhalten (vgl. Jürgen Seifert im Grundrechte-Report 2001, S. 113 ff.). Auch die öffentliche Sitzung im Verfassungsschutzausschuss des Berliner Abgeordnetenhauses vom 22. Juni 2006 machte deutlich, auf welch wackligen Krücken der Vorwurf der Gefährdung der Verfassung steht. Kapitalismus- und staatskritische Aussagen sollten dies belegen. Angeführt wird die zweitägige Besetzung einer ehemaligen Kindertagesstätte und ein Ermittlungsverfahren des BKA gegen drei Personen aus dem Jahr 1993, das längst ergebnislos eingestellt wurde. Belege dafür, dass es »tatsächliche Anhaltspunkte« gibt für den Verdacht von »Bestrebungen, die gegen die freiheitliche demokratische Grundordnung gerichtet sind«, werden nicht vorgelegt. Nachgewiesen werden müsste zumindest, dass Bestrebungen im Gange sind, die tatsächlich den Bestand oder die Sicherheit des Bundes oder eines Landes gefährden. Nach der Rechtsprechung des Bundesverfassungsgerichts müsste zu »verfassungsfeindlichen Bestrebungen« auch eine »verfassungsfeindliche Betätigung« hinzukommen, also ein Weg eingeschlagen werden, der selbst verfassungsfeindlich ist. In einer offenen politisch agierenden Gruppe, an der sich jeder beteiligen kann und die ihre Protokolle und Texte im Internet veröffentlicht, ist dies nicht zu erwarten. Deshalb hat der Verfassungsschutz hier nichts, rein gar nichts zu suchen.

Ein Protestschreiben des Komitees für Grundrechte und Demokratie gegen diese Überwachung einer politischen Gruppe beantwortete die CDU-Fraktion Berlin: »Es ist unverzichtbar, viele unterschiedliche Gruppierungen durch den Verfassungsschutz zu beobachten. Extremistische Aktivitäten stellen ein zunehmendes Problem dar. In Berlin leben zudem nach Schätzungen des Verfassungsschutzes circa 6000 ausländische Extremisten.« Da die Dunkelziffer noch höher ist, die Extremisten in den anderen Gruppen noch hinzukommen, sollte sich jeder hüten – so möchte man sarkastisch formulieren –, politisch aktiv zu werden. Einer von diesen Tausenden könnte in die

Nähe und man selbst damit ins Visier des Verfassungsschutzes kommen. Die neu geschaffene gesetzliche Grundlage für die Errichtung einer Anti-Terror-Datei wird diese Produktion von Verfassungsfeinden noch einmal steigern (vgl. den Beitrag von Fredrik Roggan in diesem Band).

Renate Künast schrieb im Grundrechte-Report 1998 (S. 294): »Verfassungsschutzbehörden und Demokratie sind unvereinbar.« Recht hat sie. Jede geheime Ausforschung widerspricht dem für eine res publica konstitutiven Öffentlichkeitsprinzip und beschädigt die demokratische Verfassung. Das ist der Anfang vom Ende demokratischer Öffentlichkeit.

Andreas Fischer-Lescano

Hausrecht als Metagrundrecht?

Wie die Privatisierung öffentlichen Raums die Grundrechte aushöhlt

Dass die Privatisierung öffentlichen Raums nicht zu Lasten der Grundrechte gehen darf, stellt eine immer wieder geäußerte Kritik an den Folgen der Privatisierung dar. Die Tendenz, öffentlichen Kommunikationsraum in private Hand zu geben, führt zu einem grundrechtlichen Fundamentalproblem: Wie sind die Grundrechte zu schützen, wenn die Beeinträchtigungen nicht von staatlicher Hoheitsgewalt, sondern von dem Verhalten privater Betreiber öffentlicher Räume ausgehen? Macht es einen Unterschied, ob Flugblätter in einer städtischen Fußgängerzone oder auf einer privat betriebenen Konsummeile verteilt werden? Drei aktuelle Beispiele, die die Virulenz des Problems verdeutlichen:

(1) In dem von der Betreibergesellschaft Fraport AG verwalteten Flughafen Frankfurt am Main wurden »Verkehrs- und Erlebniswelten« (Eigenwerbung Fraport AG) geschaffen,

in denen über 50 Restaurants, 100 Läden, Banken, Friseure etc. angesiedelt sind. In ihrer Flughafenbenutzungsordnung verbietet die Fraport AG das Verteilen von Flugblättern ohne vorherige Genehmigung. Aufgrund einer nicht zuvor genehmigten Flugblattaktion gegen Abschiebungen am Frankfurter Flughafen hat die Fraport AG zahlreiche Hausverbote erteilt. Eine der Betroffenen unterlag mit ihrem Antrag, die Nichtigkeit des Hausverbotes festzustellen, am 20. Januar 2006 vor dem Bundesgerichtshof (BGH) letztinstanzlich (NJW 2006, S. 1054 ff.). Ihr droht bei jedem Betreten des Flughafens eine Strafanzeige wegen Hausfriedensbruchs.

(2) Ein privater Sicherheitsdienst erteilt einem Menschen für den Konsumbereich im unterirdischen Teil der Frankfurter S-Bahn-Station »Hauptwache« wegen eines nicht näher begründeten Verdachts des Verstoßes gegen das Betäubungsmittelgesetz Hausverbot und stellt gegen ihn beim Wiederantreffen Strafanzeige nach § 123 des Strafgesetzbuches (Oberlandesgericht (OLG) Frankfurt, 16. 03. 2006, Az. 1 Ss 219/05, 1 Ss 189/05).

(3) In vielen privat betriebenen Konsumzentren, wie im Sony-Center in Berlin und in den zu Geschäftsmeilen avancierten Bahnhöfen der Deutschen Bahn AG, untersteht das durch eine Vielzahl von Einzelläden, Kinos, Restaurants etc. angezogene öffentliche Leben Hausordnungen, die den Alkoholkonsum außerhalb von Restaurants, Betteln und Hausieren verbieten und für politische Aktionen, Demonstrationen, Unterschriftensammlungen etc. eine vorherige schriftliche Genehmigung verlangen. Zuwiderhandlungen sollen als Hausfriedensbruch strafrechtlich verfolgt werden können.

Kriminalisierung der Grundrechtsausübung

Die drei Beispiele belegen, dass grundrechtlich geschütztes Verhalten in privat betriebenen öffentlichen Räumen massiv beeinträchtigt ist. Betroffen sind eine Fülle von Grundrechten: Das

Verbot, Flugblätter zu verteilen, beeinträchtigt die Meinungsfreiheit (Artikel 5 Absatz 1 GG), da das Verteilen von Flugblättern in öffentlichen Räumen als Gemeingebrauch gilt. Die Versammlungsfreiheit (Artikel 8 Absatz 1 GG) ist betroffen, sofern »politische Aktionen« (Hausordnung Sony Center) verboten werden. Die allgemeine Handlungsfreiheit (Artikel 2 Absatz 1 GG) ist tangiert, sofern ein auch stille Formen umfassendes Bettelverbot sowie Alkohol- und Sitzverbote verfügt werden. Eingriffe in die Kunst- (Artikel 5 Absatz 3 Satz 1 GG) und Berufsfreiheit (Artikel 12 Absatz 1 GG) liegen vor, wenn Hausordnungen Musik und sonstige Aufführungen verbieten.

Die Art und Weise, wie die Gerichte Eingriffe in diese Rechte zu rechtfertigen suchen, ist im Hinblick auf ihre Bindung an die verfassungsmäßige Ordnung nach Artikel 20 Absatz 3 GG mehr als bedenklich. So hält der BGH im Fall der Abschiebeprotestlerin, die von der Fraport AG wegen eines harmlosen Flugblatts mit einem Hausverbot belegt wurde, nur solche Verhaltensformen in privat betriebenen öffentlichen Räumen für zulässig, die sich innerhalb der vom Eigentümer »freigegebenen Nutzungszwecke« bewegen. Zur Rechtfertigung hebt der BGH das Hausrecht von einer zivilrechtlichen Norm gleichsam in den Rang eines alles zermalmenden Metagrundrechts, das alle Grundrechte im öffentlichen Raum verschluckt: Das Hausrecht diene eben der Wahrung der äußeren Ordnung der Örtlichkeit und damit der Sicherstellung des von dem Eigentümer vorgegebenen Benutzungszwecks (BGH, NJW 2006, 1055). Mit dieser perfide begründeten Entscheidung ordnet der BGH alle betroffenen Grundrechte dem Hausrecht unter und akzeptiert im Ergebnis die Kriminalisierung grundrechtsgeschützten Verhaltens durch den Straftatbestand des Hausfriedensbruchs. Die Entscheidung des OLG Frankfurt (a.a.O.) ist in dieser Hinsicht nicht besser. Denn das Gericht gibt zwar im konkreten Fall dem Tatgericht die Prüfung auf, ob es sich überhaupt um einen privat betriebenen öffentlichen Raum handelt (oder ob dieser nicht Teil der öffentlichen Fußgängerzone ist). Das OLG geht aber wie der BGH zu Unrecht davon aus, dass es einen Unterschied ums Ganze macht, wenn ein öffentlicher Raum in privater Form betrieben wird.

Recht des öffentlichen Raums in privater Trägerschaft

Wenn Private die Grundrechte von Privaten beeinträchtigen, entsteht ein Handlungsauftrag für den Staat, in diesen Kollisionslagen zu vermitteln und die betroffenen Freiheitsräume auszugleichen. Das erfordert abgestufte und komplexe Lösungen. Dem werden Entscheidungen, die das Hausrecht einseitig überhöhen und die Funktion öffentlicher Räume unberücksichtigt lassen, nicht gerecht. Es darf nicht sein, dass ein Hausrechtsinhaber nach Gutdünken die Ausübung von Kommunikationsgrundrechten wie Meinungs- und Versammlungsfreiheit in von ihm betriebenen öffentlichen Räumen untersagen kann. Und auch Eingriffe in die allgemeine Handlungsfreiheit können nicht so weit gehen, dass Verhaltensformen (wie z. B. das stille Betteln), die Rechtsgüter anderer nicht verletzen, unter Berufung auf das Hausrecht untersagt werden.

Wenn Öffentlichkeit durch privatwirtschaftliche Betreiber erzeugt wird, entstehen für die Eigentümer vielfältige Duldungspflichten, die das Hausrecht einschränken und in ihrer Gesamtheit ein Recht des öffentlichen Raums in privater Trägerschaft formen. Dessen tragender Gedanke muss sein, dass ein Eigentümer, der seine Räumlichkeiten einem Verkehr öffnet, der dem öffentlichen Verkehr funktionell gleichkommt, nicht einfach einzelne typische Nutzungsformen von öffentlichen Räumen für unerwünscht erklären und dadurch kriminalisieren darf. Solche Eingriffe in Grundrechte können nicht durch einen bloßen Verweis auf das Hausrecht gerechtfertigt werden. Da die im Fall der Fraport AG Betroffene gegen die Entscheidung des BGH Verfassungsbeschwerde eingelegt hat (Az. 1 BvR 699/06), ist darauf zu hoffen, dass das Bundesverfassungsgericht die Gelegenheit zu nutzen weiß, die eklatante Fehlentwicklung der Rechtsprechung zu stoppen.

Literatur

Deppe/Sonnenfeld, Abschiebungsgegner ohne Rechte, in: Grundrechte-Report 2006, Frankfurt am Main 2006, S. 97 ff.

Fischer-Lescano/Maurer, Grundrechtsbindung von privaten Be-

treibern öffentlicher Räume, in: Neue Juristische Wochenschrift 2006, S. 1393 ff.
Glasze, Privatisierung öffentlicher Räume?, in: Berichte zur deutschen Landeskunde 75 (2001), S. 160 ff.
Hecker, Bahnhöfe – öffentlicher Raum für alle?, Bielefeld 2002
Popp, Die Privatisierung von Konsumräumen und die Gefährdung des öffentlichen Raums, in: Wiegandt (Hg.), Öffentliche Räume – öffentliche Träume, Berlin 2006, S. 105 ff.

Heike Kleffner

Neonazis schutzlos ausgeliefert: Alternative Jugendliche in Sachsen-Anhalt

Die Wahrscheinlichkeit, Opfer einer rechten oder rassistischen Gewalttat zu werden, ist in Sachsen-Anhalt zehnmal so hoch wie in Hessen oder anderen alten Bundesländern. Den Hauptbetroffenengruppen rechter Gewalt – nicht-rechte und alternative Jugendliche, Punks, Flüchtlinge und Migranten/innen – mangelt es nicht allein an Unterstützung aus der gesellschaftlichen Mitte, sondern oft auch am elementaren Schutz durch die dafür eigentlich zuständigen staatlichen Sicherheits- und Ermittlungsbehörden.

Akut gefährdet sind alle diejenigen, die durch ihr »Anderssein« oder Aussehen nicht ins rechte Weltbild passen – insbesondere auch an Feiertagen wie dem sogenannten »Herrentag«, der in anderen Landstrichen Deutschlands eher als »Himmelfahrtstag« oder »Vatertag« bekannt ist. Seit über zehn Jahren kommt es immer wieder zu rassistisch motivierten Hetzjagden gegen Migranten/innen und Flüchtlinge zum »Herrentag« – sei es 1994 in Magdeburg oder im Jahr 2005 in Halberstadt am Bahnhof. Bei den wenigen soziokulturellen Zentren und Wohnprojekten von Punks und alternativen Jugendlichen herrscht zum »Herrentag« Mitte Mai grundsätzlich erhöhte Wachsamkeit.

Rechte Bedrohung ist Alltag in Oschersleben

So auch am 25. Mai 2006: In der 18000-Einwohner-Stadt Oschersleben bewegen sich nicht-rechte Jugendliche am »Herrentag« 2006 nach Einbruch der Dunkelheit nur in größeren Gruppen auf der Straße. Denn die Kreisstadt Oschersleben und der Bördekreis östlich der Landeshauptstadt Magdeburg gehören zu denjenigen Regionen in Sachsen-Anhalt, in denen die Dominanz einer rechten Alltagskultur seit mehreren Jahren einhergeht mit einer Zunahme politisch rechts motivierter Gewalttaten. Die meisten alternativen Jugendlichen erinnern sich, dass nur ein Jahr zuvor – im Frühjahr 2005 – ein Punk auf dem Nachhauseweg vom soziokulturellen Zentrum »Alge e.V.« im Oschersleben er Knochenpark völlig überraschend von mehreren Rechten brutal überfallen wurde. Die Angreifer misshandelten ihr Opfer damals auch dann noch, als es bereits bewusstlos am Boden lag.

Gegen 22.30 Uhr am 25. Mai 2006 bemerkt eine Gruppe von circa zehn alternativen Jugendlichen im Innenstadtbereich von Oschersleben mehrere Neonazis. Aus Angst bleiben die Jugendlichen erst einmal stehen. Dann registrieren sie, dass die Neonazis direkt auf sie zu laufen und flüchten verängstigt in verschiedene Richtungen. Drei junge Männer und zwei junge Frauen entscheiden sich dafür, zu dem scheinbar naheliegendsten Fluchtpunkt zu rennen: dem örtlichen Polizeirevier, das weithin sichtbar ausgeschildert ist. »Als wir dort ankamen, haben wir vergeblich an der Eingangstür des Reviers gezogen und gedrückt und immer wieder panisch geklingelt, aber niemand hat uns aufgemacht«, schildert einer der Jugendlichen die Situation. Stattdessen kommen zwei der Neonazis um die Ecke und gehen sofort auf zwei der alternativen jungen Männer los. Die beiden Mädchen und der dritte junge Mann aus der alternativen Gruppe können weglaufen.

Die Neonazis zögern nicht lange. »So, ihr Scheiß-Zecken«, ruft einer der Angreifer und schlägt einem der alternativen Jugendlichen, der noch versucht hatte, beruhigend auf die Rechten einzureden, mit der Faust zweimal aufs Ohr. Der 18-Jährige fällt daraufhin mit dem Kopf gegen die Hauswand und geht zu

Boden. Währenddessen schlägt ein zweiter Rechter dem anderen 18-Jährigen mit der Faust aufs linke Auge. In dem Moment kommt ein weiterer Neonazi dazu, brüllt »Scheiß-Zecke«, zieht den 18-Jährigen an den Haaren zu Boden, schlägt ihm ebenfalls mit der Faust aufs Auge und tritt dann weiter auf den am Boden Liegenden ein. Erst als ein weiterer Rechter – offensichtlich ortskundiger als die drei vorherigen Angreifer – hinzukommt und darauf hinweist, dass man sich direkt vor dem Polizeirevier befinde, lassen die Neonazis von ihren Opfern ab und entfernen sich vom Tatort.

Aus Angst vor weiteren Neonazis verstecken sich die beiden Opfer erst einmal hinter einem Baucontainer beim Polizeirevier. Als sie kurz darauf sehen, dass ein Auto mit zwei Polizeibeamten beim Revier vorfährt, kommen die Jugendlichen aus ihrem Versteck. Aufgelöst berichten sie den Beamten, was ihnen passiert ist. Doch die Polizisten wiegeln ab; die Tür zum Revier sei doch offen gewesen und überhaupt sei das Revier nur mit einem Beamten besetzt gewesen. Der habe eben nicht direkt intervenieren können. Immerhin bringen sie die Jugendlichen nun zu einer ersten Aufnahme des Sachverhalts ins Revier. Derweil gehen andere Beamte einem Hinweis nach, dass sich die Angreifer in einem Hof direkt gegenüber vom Polizeirevier aufhalten würden – der ohnehin stadtbekannt ist als Treffpunkt für Neonazis aus Oschersleben und der nahen Landeshauptstadt Magdeburg.

Polizei, dein Freund und Helfer?

Während die beiden Verletzten noch von Polizisten vernommen werden, bemerken einige ihrer Freunde, die sich mittlerweile vor dem Polizeirevier eingefunden haben, wie sich um sie herum immer mehr Neonazis sammeln. Ein alternativer Jugendlicher geht deshalb ins Revier und erklärt den Beamten, er befürchte weitere Gewalt durch die Rechten. Doch die Polizisten wiegeln ab. Sie reagieren auch nicht, als der junge Mann ihnen erklärt, dass einer der Angreifer nur wenige Meter entfernt vor dem Revier stehe, er diesen identifizieren könne und man doch bitte dessen Personalien aufnehmen solle.

Das Selbstbewusstsein der Rechten ist an diesem Abend ohnehin grenzenlos. »Ich schlag dir den Schädel ein«, droht einer der Rechten vor dem Polizeirevier einer jungen Punkerin und hält dabei einen Plastikbeutel mit einem Schlagwerkzeug in der Hand. Auch die junge Frau wendet sich hilfesuchend an einen Polizeibeamten. Die Reaktion: Ihr wird ein Platzverweis erteilt. Als die beiden verletzten Jugendlichen nach ihrer Vernehmung das Polizeirevier verlassen wollen, warten noch immer etliche Rechte an einer nahe gelegenen Straßenkreuzung. Erst nach längerer Diskussion gelingt es den völlig verängstigten jungen Männern, Polizeibeamte davon zu überzeugen, sie nach Hause zu bringen. Ärzte stellen später fest, dass einem der 18-Jährigen durch die Schläge ein Loch im Trommelfell zugefügt wurde; der andere hat ein blutunterlaufenes blaues Auge.

Für diese Jugendlichen und ihre Freunde, die sich selbst als »nicht-rechts« oder »alternativ« bezeichnen, wich die Angst vor den Tätern schnell vor allem einem fassungslosen Staunen darüber, dass sie keinerlei Hilfe von »ihrem« Polizeirevier erhalten hatten. »Wir wollten vor allem eine Erklärung für das Verhalten der Polizisten«, sagt einer der Betroffenen. Doch im Polizeirevier Oschersleben wird jegliches Fehlverhalten geleugnet. Zugehört wurde den alternativen Jugendlichen schließlich in der Polizeidirektion Halberstadt, die auch die Dienstaufsicht über das Polizeirevier in Oschersleben hat. Dort hält man die Aussagen der Jugendlichen für so glaubwürdig, dass ein internes Dienstverfahren gegen die Beamten eingeleitet wurde.

Neun Monate nach dem Angriff gibt es allerdings immer noch keine Anklage gegen die tatbeteiligten Neonazis. Dabei ist es in der Stadt ein offenes Geheimnis, dass am »Herrentag« Magdeburger Neonazis aus dem Umfeld der militanten Freien Kameradschaften mit den »Kameraden« aus Oschersleben feierten. Und da niemand vor Ort den Rechten Grenzen setzt, ist das Selbstbewusstsein auch eher jüngerer Rechter aus dem Umfeld der organisierten Neonazis in Oschersleben seit dem Herrentagsangriff weiter gestiegen: In den Sommermonaten des Jahres 2006 waren es dann vor allem vietnamesische Migranten/-innen und deren Läden, die zu Zielen neonazistischer Angriffe wurden.

Fredrik Roggan

Über die Guantánamoisierung des Rechts

Die neue Sicherheitsarchitektur am Beispiel von Anti-Terror-Datei und Terrorismusbekämpfungsergänzungsgesetz

Polizeibehörden und Geheimdienste unterscheiden sich durch verschiedene Aufgaben und – folgerichtig – unterschiedliche Befugnisse. Aus diesen Unterschieden ergibt sich nicht nur das Gebot einer organisatorischen Trennung von Polizei und Geheimdiensten (keine Angliederung eines Geheimdienstes an eine polizeiliche Dienststelle, vgl. etwa § 1 Absatz 1 Bundesverfassungsschutzgesetz), sondern auch ein Verbot ihrer informationellen Verschmelzung. Dieses Prinzip findet seine verfassungsrechtliche Grundlage im sogenannten Trennungsgebot von Polizei und Geheimdiensten.

Gemeinsame Dateien aller Sicherheitsbehörden

Der Bundestag hat mit Beschluss vom 1. Dezember 2006 die faktische Abschaffung dieses Trennungsgebots beschlossen. Mit dem »Gemeinsame-Dateien-Gesetz« wird eine planmäßige Zusammenführung von polizeilichen und geheimdienstlichen Datenbeständen eingeführt: An der »Anti-Terror-Datei« (ATD) sind neben dem Bundeskriminalamt, der Bundespolizei, dem Zollkriminalamt und allen Landeskriminalämtern auch die Verfassungsschutzbehörden des Bundes und der Länder, der Militärische Abschirmdienst sowie der Bundesnachrichtendienst beteiligt. Daneben können unter bestimmten Voraussetzungen eine Vielzahl weiterer Polizeidienststellen an der ATD beteiligt werden.

Wie bereits der Name des Gesetzes verrät, soll die ATD als gemeinsame Datei geführt werden. Das bedeutet nicht nur die allseitige Verpflichtung zur Einspeicherung, sondern beinhaltet auch die ebenso allseitige Möglichkeit zum Abruf der dort vorhandenen Informationen. Konsequenz hieraus ist, dass die Geheimdienste auch auf solche Informationen zugreifen können, die sie kraft eigener Befugnisse selber nicht besitzen dürften. Auch umgekehrt gilt: Menschen, die bislang in keiner Polizeidatei verzeichnet waren, können durch den Datenzugriff auf geheimdienstliche Informationen ins Visier von unterschiedlichsten Polizeibehörden geraten. Und: Auch auf zwischen deutschen und ausländischen Partnerdiensten fluktuierende Daten können deutsche Sicherheitsbehörden künftig zugreifen – selbst wenn sie mit hoher Wahrscheinlichkeit oder Gewissheit (Guantánamo!) aus Folterverliesen stammen. Hierzu haben sich etwa Verfassungsschutz-Chef Heinz Fromm und SPD-Innenpolitiker Wiefelspütz ausdrücklich bekannt.

Das Gemeinsame-Dateien-Gesetz würde missverstanden, ginge man davon aus, dass in der Anti-Terror-Datei ausschließlich Terroristen oder deren Helfer gespeichert werden. Das Gesetz sieht vielmehr vor, dass die Erfassung von Personen schon bei »tatsächlichen Anhaltspunkten« für die Anwendung, Unterstützung, Vorbereitung oder auch nur Befürwortung von rechtswidriger Gewalt als Mittel international ausgerichteter politischer oder religiöser Belange zwingend vorgeschrieben ist. Was hier zunächst nur als definitorisch unbestimmte Speicherungsverpflichtung daherkommt, offenbart seine rechtsstaatliche Brisanz erst bei genauerem Hinsehen: Ihr Wortlaut verpflichtet nämlich nicht nur zur Speicherung von Daten von US-Präsident George W. Bush (wegen Anwendung von völkerrechtswidriger Gewalt zur Durchsetzung international ausgerichteter politischer Belange – Beispiel Irak) in der ATD, sondern auch vieler Mitglieder der gegenwärtigen deutschen Regierungskoalition, die dem amerikanischen Präsidenten öffentlich ihre Solidarität für dessen Anti-Terror-Feldzüge bekundeten (Befürworten der rechtswidrigen Gewalt). Diese möglichen Anwendungsfälle zeigen – als gewiss nicht vorgesehene Nebenwirkung – nicht nur, dass ausländische Regierungschefs durch das Gemeinsame-Dateien-Gesetz per definitionem unter Terrorverdacht gestellt werden, sondern vor allem auch den sorglosen Umgang des deutschen Gesetzgebers mit dem verfassungsrechtlichen Bestimmtheitsgrundsatz: Viele Mitbürger, die den Behörden durch die Ausübung ihrer Meinungsfreiheit als Befürworter von nicht-friedlichen Konflikten gelten, werden zukünftig mit ihrer Speicherung in der ATD zu rechnen haben.

Wer es einmal geschafft hat, in der ATD gespeichert zu werden, der dürfte es schwer haben, je wieder aus ihr herauszufinden. Denn der Gesetzgeber hat nicht nur bei der Möglichkeit zur Speicherung größtmögliche Großzügigkeit walten lassen, sondern sich auch bei der Verpflichtung zur Löschung von Einträgen mehr als bedeckt gehalten: Sie soll erst eintreten, wenn die Kenntnis der Daten für die Aufklärung oder Bekämpfung des internationalen Terrorismus nicht mehr erforderlich ist. Mit anderen Worten: Während für die Aufnahme einer Person in die ATD vage Anhaltspunkte für nahezu beliebige Beziehungen zum internationalem Terrorismus reichen, wird für die Löschung die sicherheitsbehördliche Gewissheit verlangt, dass dieser Bezug nicht mehr besteht und auch zukünftig nicht bestehen wird.

Als eine weitere Form der Zusammenarbeit der Sicherheitsbehörden sieht das Gesetz die sogenannten Projektdateien vor. In diesen sollen Polizei und Geheimdienste Erkenntnisse zu einzelnen Gefahrenbereichen zusammenführen. Was den Charakter von solchen (befristeten) Projekten allerdings ausmachen soll, verschweigen die entsprechenden Regelungen weitgehend. Dieses Schweigen des Gesetzes hat zur Folge, dass schon einfache Staatsschutzkriminalität – auch ohne Zusammenhang zum internationalen Terrorismus – eines »Projektes« würdig sein und dadurch die Schranken für eine informationelle Zusammenarbeit zwischen Polizei und Geheimdiensten weitestgehend entfallen lassen kann. Spätestens dadurch wird deutlich, dass die neue Sicherheitsarchitektur der Bundesrepublik das Trennungsgebot als Auslaufmodell (miss-)versteht.

Das Terrorismusbekämpfungsgesetz in Fortsetzungslieferung

Neben dem Schleifen des Trennungsgebots hat der Bundestag – ebenfalls am 1. Dezember 2006 – mit der Verabschiedung des Terrorismusbekämpfungsergänzungsgesetzes (TBEG) auch den Nachweis eigener Interesselosigkeit an der Verfassungsmäßigkeit von neuen Sicherheitsgesetzen erbracht: Die Befugnisse der Geheimdienste nach dem Terrorismusbekämpfungsgesetz wurden um weitere fünf Jahre verlängert, obgleich eine Evaluation dieser Befugnisse, die einen Beleg für die Verhältnismäßigkeit der Eingriffe und die Effektivität der verfahrensmäßigen Sicherungen hätte erbringen müssen, nicht vorlag. Das Parlament begnügte sich stattdessen mit einem (Erfahrungs-)Bericht der Bundesregierung, der seinerseits sogar die Feststellung enthielt, dass einzelne Befugnisse sich nicht bewährt hätten. Aber auch diese Befugnisse genießen das Vertrauen der Abgeordneten und wurden den Diensten für weitere fünf Jahre zugestanden.

Karlsruhe, übernehmen Sie!

Die neue Sicherheitsarchitektur der Bundesrepublik erscheint besorgniserregend schrankenlos. Angesichts der gesetzgeberischen Maßlosigkeit wird wieder einmal das Bundesverfassungsgericht das letzte Wort haben – mit Sicherheit.

Wolfgang Kaleck

Amerikas Gegenwart ist unsere Zukunft

Rechtsstaat versus Guantánamo

Was interessiert uns in Deutschland Guantánamo? Man könnte zunächst frei nach Immanuel Kant antworten, dass zumindest manche Rechtsverletzungen an einem Platz der Erde an allen gefühlt werden. Dem Kampf um das Recht im Falle Guantánamo vor US-amerikanischen Gerichten kommt aber auch für den vergleichsweise jungen und mitunter fragilen bundesdeutschen Rechtsstaat große Bedeutung zu. Nicht zuletzt die Enthüllungen in den europäischen CIA-Entführungsfällen (siehe u. a. der deutsche Fall el Masri, Artikel von Rosemarie Will in diesem Report) lassen die (nunmehr) verbal ablehnende deutsche und europäische Haltung zu Guantánamo als Fassade erscheinen. In der harten Realität wird zu US-amerikanischen Methoden bestenfalls geschwiegen, oft kooperiert, und einige der Methoden werden kopiert (siehe die europäischen Terrorismuslisten, in: Wolfgang Kaleck, Grundrechte-Report 2006, S. 168 ff.). Deswegen sind die Auseinandersetzungen um die vornehmlich von den USA benutzten Methoden im Antiterrorismus-Kampf schon lange keine inneramerikanischen Auseinandersetzungen mehr. US-amerikanische sowie englische und deutsche Anwälte verteidigen Seite an Seite die Rechte ihrer dort inhaftierten Mandanten. Internationale Menschenrechtsorganisationen bekämpfen daher politisch und juristisch das für den »Krieg gegen den Terror« exemplarische Phänomen Guantánamo. Denn wer zu Guantánamo schweigt, wer nicht gegen die Instrumentalisierung des Rechtes kämpft, braucht sich über die ständigen Zumutungen bundesdeutscher Minister und Regierungsoffizieller wie die Forderung nach einer Abschussfreiheit für entführte Flugzeuge oder nach Nutzungsmöglichkeiten erfolterter Informationen nicht zu wundern.

Schlappe für Bush

Über vier Jahre nach Einrichtung des Gefangenenlagers Guantánamo auf Kuba gab der Oberste Gerichtshof der Vereinigten Staaten von Amerika in seinem Urteil vom 29. Juni 2006 im Fall Hamdan gegen Rumsfeld den Klägern Recht und erklärte die für die Gefangenen zuständigen Militärkommissionen für rechtswidrig (www.supremecourtus.gov/opinions/05pdf/05-184.pdf). Es war bereits die dritte herbe Schlappe, die die Bush-Regierung vor dem Obersten Gerichtshof der USA in Sachen Guantánamo einstecken musste, ohne dass eine grundsätzliche Korrektur rechtsstaatswidriger Praktiken zu erkennen wäre.

Nach dem 11. September 2001 hatte die Bush-Administration in brachialer Art und Weise nationale und internationale rechtsstaatliche Standards gegen Terrorismusverdächtige außer Kraft und damit weltweit neue Maßstäbe gesetzt. Der Präsident der USA ließ sich von seinen Kronjuristen unbeschränkte Befugnisse zuschreiben. So ordnete Bush am 13. November 2001 an, dass die Verdächtigen von terroristischen Attentaten zu verhaften und dabei Nicht-US-Bürger nicht von ordentlichen Gerichten, sondern von eigens geschaffenen Militärkommissionen abgeurteilt werden sollten. Diese Militärkommissionen sollten aus Angehörigen der US-Streitkräfte bestehen und ihre Entscheidungen lediglich durch den Präsidenten, nicht durch ordentliche Gerichte überprüft werden. Hamdan, der eingeräumt haben soll, der persönliche Chauffeur und Leibwächter von Osama Bin Laden gewesen zu sein, hatte einen langen Instanzenweg durchschritten, bis die Entscheidung des Supreme Court erging. Der Supreme Court entschied, dass die vom Präsidenten eingerichteten Militärkommissionen zumindest dem Kriegsrecht hätten entsprechen müssen oder eine Kongressermächtigung hätte ergehen müssen, die nach der Auffassung des Gerichtes nicht vorlag. Das Gericht stellte ferner fest, dass bestimmte rechtsstaatliche Mindeststandards durch die Militärkommissionen nicht gewährleistet seien, so u. a. das Recht des Angeklagten, die gegen ihn vorliegenden Beweise einzusehen, das Unmittelbarkeitsprinzip und Rechtsschutzmöglichkeiten.

Gesetzgeberische Taschenspielertricks

Wer nun glaubte, dass die USA nach der Supreme Court-Entscheidung und nach Jahren der Kritik von zunächst wenigen und dann immer mehr Bürgerrechtlern, später weltweiter öffentlicher Kritik, erheblichen juristischen Niederlagen vor US-amerikanischen Gerichten und Protest von zahlreichen UN-Stellen auf den Pfad der Rechtsstaatlichkeit zurückfänden, sah sich getäuscht. Wie schon im Falle der bundesdeutschen und der britischen Regierung, die sich über deutliche höchste

Gerichtsentscheidungen hinwegsetzten, reagierte die Bush-Administration schnell und legte einen neuen Gesetzesentwurf über den sogenannten Military Commissions Act (MCA) von 2006 vor, der noch vor den Kongress- und Senatswahlen vom Kongress verabschiedet wurde und am 17. November 2006 in Kraft trat. Das Gesetz legt fest, dass die Genfer Konventionen weiterhin nicht anwendbar sein sollen. Der in den Konventionen und anderen Menschenrechtspakten nicht geläufige Begriff des ungesetzlichen Kombattanten soll Ausgangspunkt der neuen gesetzlichen Regelung bleiben. Das Recht auf Haftprüfung (habeas corpus) wird den Gefangenen nach wie vor verweigert, obwohl das Prinzip Bestandteil der US-amerikanischen Verfassung (dort Artikel 1 Absatz 9) ist und es der Regierung verboten ist, außer in Zeiten der Invasion und der Rebellion dieses Prinzip aufzuheben. Nicht-US-Bürgern auf Guantánamo soll dieses Prinzip jedoch weiterhin vorenthalten werden. Rechtsstaatliche Standards wie das Auskunftsverweigerungsrecht, der Zugang zu Beweisen und die Verwertung bestimmter Beweise werden nach wie vor nicht gestattet.

Trauriger Höhepunkt des MCA ist die nachträgliche Selbstamnestierung, welche die Bush-Administration im MCA gegen alle nationalen und internationalen Verbote von Amnestien im Falle von Kriegsverbrechen durchsetzte. Durch einen Taschenspielertrick versuchte die Bush-Administration, vor allem die Strafverfolgung gegen zivile Vorgesetzte und Verantwortliche für Folter und Kriegsverbrechen zu vermeiden. Es wurde ein bereits bestehendes Gesetz, der sogenannte War Crimes Act (WCA) von 1996, rückwirkend modifiziert, sodass ursprüngliche Gesetzesverstöße, die nach dem zur Tatzeit geltenden WCA geahndet werden müssen, nunmehr nicht mehr geahndet werden können. Der MCA definiert den Begriff Kriegsverbrechen, der bisher durch Völkergewohnheitsrecht ziemlich genau bestimmt ist, neu. Folter soll nur noch in einer von der Bush-Administration entwickelten, engen Auslegung Kriegsverbrechen darstellen, obwohl bereits vom UN-Anti-Folterausschuss im Mai 2006 gerügt wurde, dass die Definition, die von den Bush-Kronjuristen in Umlauf gebracht wurde, nicht im Einklang mit dem Völkerrecht steht. Nach dieser engen Auslegung läge Folter nur dann vor, wenn es sich um ein »vorsätzliches Zufügen von schweren körperlichen und seelischen Schmerzen« handelt. Damit werden missbrauchsbehaftete Befragungstechniken, wie sie nach dem 11. September 2001 praktiziert wurden, etwa Unterkühlung, Schlafentzug sowie das »Water-Boarding«, grundsätzlich nicht mehr als Folter bewertet. Grausame und unmenschliche Behandlung, ebenfalls früher unter Strafe gestellt, sollen nur noch dann Straftaten darstellen, wenn sie ernsthafte und nicht vorübergehende psychische und physische Schmerzen und Leiden verursachen. Nach internationalem Recht strafbare und zu verfolgende entwürdigende und demütigende Handlungen gegen Gefangene sollen nunmehr nicht dem MCA unterliegen. Da die uniformierten Angehörigen der US-Streitkräfte ohnehin einem anderen Gesetz unterfallen, bezieht sich das modifizierte Gesetz vor allem auf zivile Mitarbeiter im US-Verteidigungsministerium, CIA-Angestelle und Angestellte privater Sicherheitsunternehmen.

Bürgerrechtler kämpfen weiter

Wie gewonnen, so zerronnen, könnte man angesichts dieser Abfolge von zu begrüßenden Urteilen durch den Obersten Gerichtshof und dem Erlass des Military Commissions Act kommentieren. Der neue MCA wird sicherlich erneut die Gerichte und wahrscheinlich nach mehreren Jahren auch wieder den Supreme Court beschäftigen. Auf der einen Seite sind die Bemühungen von mittlerweile erheblichen Teilen der US-Öffentlichkeit und vor allem der Bürgerrechtsanwälte und -organisationen, rechtsstaatliche Verhältnisse für alle von den USA gefangen genommenen Menschen zu garantieren, erfreulich. Auf der anderen Seite bleibt das Faktum, dass vor allem in den Jahren 2001 bis 2003 sowohl in Afghanistan als auch in Guantánamo und später im Irak massiv, systematisch und flächendeckend Gefangene, die dem Schutz der Genfer Konvention unterliegen, gefoltert und grausam und unmenschlich behandelt wurden. An diesem Beispiel wird deutlich, dass Völkervertrags- und sogar Völkergewohnheitsrecht absolut unabdingbar und nicht – wie auch in Deutschland durchaus üblich – als weiches Recht zu behandeln sind, will man nicht bei Zuständen wie auf Guantánamo und im Irak landen.

Trotz aller Kritik besteht das Gefangenenlager auf Guantánamo nach wie vor. Die derzeitige Legitimation der Bush-Administration lautet, man müsse nunmehr – nach vier Jahren! – die Militärgerichtsverfahren gegen einen Teil der Gefangenen durchführen und könne den anderen Teil nicht in ihre Heimatländer abschieben, da sie dort möglicherweise gefoltert würden. Dies ist traurigerweise so richtig wie zynisch. Viele der Gefangenen sind bereits an den unmenschlichen Haftverhältnissen zerbrochen. Es kam zu Selbstmorden und Selbstmordversuchen. US-Anwälte, die in langen und aufwendigen Prozeduren durchgesetzt hatten, die von ihnen vertretenen Mandanten zu besuchen, berichten von traumatisierten und schwer geschädigten Mandanten. Das Traurige ist, dass im Moment kaum Hoffnung auf eine Änderung für sie besteht.

Nicht zuletzt diese andauernden Zustände und die andauernde Straflosigkeit in den USA hatten schließlich das Center for Constitutional Rights im November 2006 erneut dazu bewegt, in Deutschland Strafanzeige gegen die Verantwortlichen für die Durchsetzung des Folterprogramms, vor allem gegen den ehemaligen US-Verteidigungsminister Rumsfeld, zu erstatten (vgl. dazu www.rav.de/rumsfeld2.html).

Die allgemeinen Regeln des Völkerrechtes sind Bestandteil des Bundesrechtes
Art. 25 Die allgemeinen Regeln des Völkerrechtes sind Bestandteil des Bundesrechtes. Sie gehen den Gesetzen vor und erzeugen Rechte und Pflichten unmittelbar für die Bewohner des Bundesgebietes.

Heiko Habbe

Verraten und verlassen

Hamburger Schulsenatorin instrumentalisiert Kindeswohl gegen Kinder und missachtet Völkerrecht

Am Anfang stand der »Fall Jessica«. Eine Siebenjährige war im Frühjahr 2005 in Hamburg, unbemerkt und unbeachtet von Schule, Jugendamt, Polizei und Nachbarn, von den eigenen Eltern vernachlässigt und misshandelt worden, bis sie schließlich hinter den verdunkelten Fenstern ihres Kinderzimmers verhungerte. Die öffentliche Reue war tief: Nie wieder, so gelobten die Stadtoberen, solle das Leiden eines Kindes in der Hansestadt übersehen werden. Fortan werde der Staat ein wachsames Auge auf das Kindeswohl haben.

In aller Stille wurde ein Plan ausgearbeitet, der dann im September 2006 vorgestellt wurde. Dessen Kernstück bildete das »Zentrale Schülerregister« (ZSR). Hier sollen künftig alle Schulkinder erfasst werden, um dann durch Datenabgleich mit den Einwohnermeldeämtern festzustellen, ob der Schulpflicht nachgekommen wird.

Allerdings soll der Datenaustausch auch in umgekehrter Richtung funktionieren. Zudem dürfen auch Polizei und Ausländerbehörden auf das Register zugreifen. Beobachter rieben sich verwundert die Augen, denn in den Fokus rückte mit dieser Ausgestaltung des ZSR eine Gruppe, die in der Öffentlichkeit bislang kaum Beachtung gefunden hatte: die Kinder von Migrantinnen und Migranten ohne Papiere. Diese können anhand ihres fehlenden Eintrags im Melderegister identifiziert werden – mit der Folge, dass die Ordnungsbehörden über die Kinder Zugriff auf ganze Familien sogenannter »Illegaler« hätten. Von der Schulbank direkt in die Abschiebehaft?

Gezielt geschürte Unsicherheit

Vertreterinnen und Vertreter von Politik, Kirchen und Flüchtlingsorganisationen sowie Lehrerinnen, Lehrer und Eltern forderten daraufhin in einem gemeinsamen Appell die Schulen sowie Bürgerschaft und Senat auf, das Recht der betroffenen Kinder auf Bildung über die Meldepflicht zu stellen. Doch Schulsenatorin Alexandra Dinges-Dierig (CDU) legte noch einmal nach: In einem Brief vom Oktober an sämtliche Schulen wurde, im Ton höflich, in der Sache unerbittlich, diesen nahegelegt, unterbliebene Meldungen umgehend nachzuholen. Geschickt changiert das Schreiben zwischen der an sich sanktionslosen Meldemöglichkeit nach den ZSR-Vorschriften und der Meldepflicht der »Denunziationsklausel« in § 87 Absatz 2 Aufenthaltsgesetz (AufenthG). Dass Letzterer als bundesrechtliche Vorschrift mit dem nach Landesrecht eingerichteten Schülerregister nichts zu tun hat, dass die Meldepflicht zudem erst bei positiver Kenntnis von einem illegalen Aufenthalt greift und nur direkt gegenüber der Ausländerbehörde, nicht aber gegenüber der Schulbehörde besteht – von all dem kein Wort.

Besorgte Schulleiterinnen und -leiter klingelten bei der kirchlichen Beratungsstelle »fluchtpunkt« daraufhin ebenso Sturm wie in der Hansestadt ohne legalen Status lebende Eltern. Während die einen fürchteten, sich aufgrund ihrer bis dahin liberalen Haltung oder schon durch schlichte Unwissenheit strafbar zu machen, fragten sich die anderen, ob sie nun nicht besser ihre Kinder von der Schule nehmen sollten.

Dabei ist die rechtliche Lage vergleichsweise klar: Das Recht auf Bildung ist bereits in Artikel 26 der Allgemeinen Erklärung der Menschenrechte von 1948 niedergelegt und in den Menschenrechtskonventionen der UNO, insbesondere in Artikel 28 der Kinderrechtskonvention und in Artikel 13 des Pakts über wirtschaftliche, soziale und kulturelle Rechte (WSK-Pakt), konkretisiert. Auch Artikel 2 des 1. Zusatzprotokolls zur Europäischen Menschenrechtskonvention stellt klar fest: »Niemandem darf das Recht auf Bildung verwehrt werden.«

Zwar ist umstritten, wie weit dieses Recht individuell eingefordert werden kann. Insbesondere gegen die Kinderrechtskonvention hat die Bundesregierung bei der Ratifizierung in Deutschland einen Vorbehalt eingelegt, der auf den faktischen Ausschluss ausländischer Kinder von den in der Konvention genannten Rechten zielt. Dieser Vorbehalt ist indessen in der verwaltungsgerichtlichen Rechtsprechung wiederholt Gegenstand konträrer Entscheidungen gewesen, die sowohl seine grundsätzliche Zulässigkeit als auch seine Reichweite betrafen.

Kein Zweifel besteht demgegenüber an der grundsätzlichen Pflicht des deutschen Staates, die Verpflichtungen, die die Bundesrepublik durch Beitritt zu den zuvor genannten völkerrechtlichen Abkommen eingegangen ist, in der innerstaatlichen Rechtspraxis auch tatsächlich zu gewährleisten. Diese Pflicht gilt auf allen Ebenen des Staates – d. h. für den Bund ebenso wie für die Länder und Kommunen (vgl. insoweit Artikel 28 WSK-Pakt) – und trifft alle staatlichen Teilgewalten, also neben den Parlamenten und Regierungen auch Gerichte und Behörden. Umgesetzt wird die aus dem Völkerrecht resultierende Verpflichtung, indem die erwähnten staatlichen Akteure in ihrer täglichen Praxis das in Deutschland geltende und anzuwendende Recht im Lichte des Völkerrechts auslegen (so das Bundesverfassungsgericht in ständiger Rechtsprechung).

Menschenrecht auf Bildung geht vor

Mit anderen Worten: Schulleiterinnen und -leiter, die Kinder irregulärer Migrantinnen und Migranten an ein zentrales Register melden und die Eltern damit dazu veranlassen, diese Kinder aus Angst vor Entdeckung von der Schule zu nehmen, verletzen das Völkerrecht. Ebenso wie ihre Vorgesetzten, die sie zu solchem Tun anweisen. Entsprechend sieht z. B. ein aktueller Gesetzentwurf von Bündnis 90/Grüne vor, die Schulen explizit aus dem Kreis der Meldepflichtigen des § 87 Absatz 2 AufenthG herauszunehmen (BT-Drs. 16/445). In einer Anhörung vor dem Bundestag im Juni 2006 vertrat der Bundesverfassungsrichter a. D. Bertold Sommer dazu die Auffassung: »Die Wahrnehmung der existenziellen Rechte, die auch Menschen ohne Aufenthaltsrecht zustehen, darf nicht mehr oder weniger zwangsläufig die Beendigung des Aufenthalts nach sich ziehen – mit der Folge, dass die Rechte gar nicht erst in Anspruch genommen werden. In einem solchen Konflikt zwischen der Durchsetzung der rechtsstaatlich begründeten Ausreiseforderungen und der Wahrung grundlegender persönlicher Schutzansprüche muss das Prinzip der Menschenwürde und der Achtung der Menschenrechte letztlich den Vorrang behalten.«

Dem ist nichts hinzuzufügen, zumal Kinder ohne regulären Aufenthaltsstatus in aller Regel dieses Schicksal nicht selbst gewählt haben, sondern insoweit die Konsequenzen der Entscheidungen ihrer Eltern tragen. Diesen Kindern faktisch den Schulbesuch zu verweigern würde auf die Etablierung des Rechtsgrundsatzes »Kinder haften für ihre Eltern« hinauslaufen; dies ist vom rechtspolitischen Standpunkt her abzulehnen.

Die Senatorin zerdrückte unbeeindruckt einige öffentliche Krokodilstränen: Man wolle doch gerade den Kindern papierloser Migranten helfen – sei doch die psychische Belastung durch das Leben in der Illegalität die schlimmste Kindeswohlverletzung. Es folgte die Ankündigung von Abgeordneten der allein regierenden CDU, eine Legalisierung betroffener Familien bis zum Schulabschluss der Kinder solle geprüft werden. Doch wer garantiert den Betroffenen, dass dies auch noch erfolgt, wenn das mediale Interesse nachlässt? Demgegenüber wird schon mit der geschaffenen Unsicherheit höchst effizient Druck auf Schulen und Eltern ausgeübt. Zumindest die Behörde hat so ihr Klassenziel erreicht.

Wie viele Eltern letztlich infolge der von Behördenseite verbreiteten Unsicherheit ihre Kinder von der Schule abgemeldet haben, wird sich wohl nie rekonstruieren lassen. Dafür aber macht das Hamburger Beispiel bereits Schule: Ebenfalls im

Herbst 2006 verbreitete die Kultusministerkonferenz den Plan zur Einrichtung eines nationalen Bildungsregisters, in dem jedes Kind über seine gesamte Schullaufbahn hinweg erfasst werden soll. Gespeichert werden sollen u. a. Daten zur sozialen Herkunft. Über Abgleichsmöglichkeiten mit den Innenbehörden wurde noch nichts bekannt. Vorläufig.

Literatur

Jörg Alt, Schulbildung versus Aufenthaltskontrolle, in: Grundrechte-Report 2006, S. 54 ff.

Hendrik Cremer, Das Übereinkommen über die Rechte des Kindes, in: Deutsches Institut für Menschenrechte (Hg.), Die »General Comments« zu den VN-Menschenrechtsverträgen, Baden-Baden 2005, S. 525 ff.

Chronik zum Hamburger Schülerregister unter www.kinderflucht-punkt.de

Ataner Öztürk

Studiengebühren sind völkerrechtswidrig!

Das Recht auf Bildung unter Finanzierungsvorbehalt?

Für das Recht auf Bildung war das letzte Jahr geprägt von der Einführung der Studiengebühren in etlichen Bundesländern. Nachdem das Bundesverfassungsgericht ein bundeseinheitliches Gebührenverbot kippte, sahen sich die Landesregierungen in ihren Bestrebungen bestätigt. Denn losgelöst von der kompetenzrechtlichen Frage äußerte sich das Gericht positiv im Hinblick auf die Vereinbarkeit von Studiengebühren mit der Verfassung.

Wie sollte es denn auch anders sein. Vor 1970 wurden auch in Deutschland Studiengebühren erhoben. Weshalb sollte jetzt etwas verboten sein, was schon einmal erlaubt war?

Pflicht zur Einführung eines unentgeltlichen Studiums

Ein Unterschied besteht schon, und das Bundesverfassungsgericht erwähnt ihn auch in seinem Urteil. In der Bundesrepublik gilt seit 1976 der UN-Sozialpakt über wirtschaftliche, soziale und kulturelle Rechte. Die Vereinbarkeit von Studiengebühren mit diesem UN-Sozialpakt entfachte neuerlichen Streit.

Dabei ist alles so einfach: Artikel 13 Absatz 2c des UN-Sozialpaktes legt fest, dass zur Verwirklichung des Rechts auf Bildung »der Hochschulunterricht auf jede geeignete Weise, insbesondere durch allmähliche Einführung der Unentgeltlichkeit, jedermann gleichermaßen entsprechend seinen Fähigkeiten zugänglich gemacht werden muss«.

Der zuständige UN-Ausschuss interpretiert »unentgeltlich« so, wie es jeder Laie verstehen würde, nämlich als kostenlos. Die Einführung von Studiengebühren ist aber das Gegenteil dessen. Sie führt zur Entgeltlichkeit des Hochschulstudiums und verstößt daher gegen Artikel 13 UN-Sozialpakt. Aber was nicht sein darf, das kann auch nicht sein. Daher lassen die Befürworter von Studiengebühren keine der gängigen juristischen Argumentationsformeln aus, um sich das politisch gewünschte Ergebnis zurechtzubiegen.

Bindung ans Völkerrecht

So bezweifeln einige, dass der UN-Sozialpakt als bloßes Völkerrecht die Bundesländer unmittelbar bindet. Dem steht aber entgegen, dass ratifiziertes Völkerrecht den Rang von Bundesrecht innehat. Nach der Verfassung geht aber Bundesrecht dem Landesrecht vor. Die entsprechenden Gesetze der Länder zur Einführung von Studiengebühren sind also nichtig. Einzig problematisch ist dabei jedoch, dass die Formulierung des Artikels kein subjektives Recht gewährt. Denn wo etwas noch getan werden muss, bedarf es eines Vollzugsaktes des Mitgliedsstaates. Zu befürchten ist daher, dass die Allgemeinen Studierendenausschüsse mit ihren Sammelklagen aus formellen Gründen mangels einer Klagebefugnis abgeschmettert werden könnten.

Aber auch ein objektiver Rechtsverstoß reicht für die Nichtigkeit aus, unabhängig von der gerichtlichen Durchsetzbarkeit.

Auch inhaltlich versuchen die Gebührenbefürworter, die Norm als eine bloße programmatische Handlungsanweisung zu interpretieren. Als Indiz ziehen sie hierzu das Wort »insbesondere« heran. In allen Rechtsordnungen der Vertragsparteien wird dieser Ausdruck jedoch für gesetzestechnisch verbindliche Aussagen verwendet. So auch im deutschen Recht.

Kein Rückschritt erlaubt

Unbestritten legt Artikel 13 UN-Sozialpakt eine Pflicht des Staates zur Erbringung einer Leistung fest. Dem Staat – so die Gebührenbefürworter – obliege daher eine Pflicht zu handeln, welche nur durch ein Unterlassen verletzt werden könne. Mit der Einführung von Studiengebühren handele der Staat aber und unterlasse nichts. Die Einführung von Studiengebühren verletze infolgedessen nicht Artikel 13 UN-Sozialpakt. Bei solcher Spitzfindigkeit verkennt man aber, dass jede erfüllte Leistungspflicht die Pflicht zum Unterlassen der Rückgängigmachung enthält. Seit 1970 ist das Hochschulstudium in Deutschland gebührenfrei. Jede Einführung von Studiengebühren führt zu einem Rückschritt. Logischerweise lebt dann wieder die Leistungspflicht Deutschlands auf. Es kann nicht ausreichen, dass die Unentgeltlichkeit zu irgendeiner Zeit bestand.

Als letzten Ausweg setzen sich die Befürworter einfach über den eindeutigen Wortlaut hinweg – juristisch nennt man das eine »teleologische Reduktion«. Ein Rückgriff auf die allgemeinen Methoden der Rechtsfortbildung ist jedoch verwehrt. Denn Ausnahmen zur Verwirklichung eines Rechts sind im UN-Sozialpakt selbst geregelt. Demnach darf nur dann eine Ausnahme erfolgen, wenn alle Alternativen sorgfältig abgewogen werden und alle zur Verfügung stehenden Ressourcen die Verwirklichung des Rechts nicht erlauben. Diesen Beweis bleiben uns jedoch die Bundesländer schuldig.

»Es wird kalt in Deutschland«, warnte einst Franz Müntefering vor den Neuwahlen. Längst schon ist die Eiszeit für das

Recht auf Bildung ausgebrochen. Aber selbst in Zeiten knapper Kassen darf das Recht auf Bildung nicht unter dem Finanzierungsvorbehalt stehen.

Literatur

Eibe Riedel/Sven Söllner, Studiengebühren im Lichte des UN-Sozialpakts, in: Juristenzeitschrift 2006, S. 270 ff.

Stefan Lorenzmeier, Völkerrechtswidrigkeit der Einführung von Studienbeiträgen und deren Auswirkung auf die deutsche Rechtsordnung, in: Neue Zeitschrift für Verwaltungsrecht 2006, S. 759 ff.

Verbot der Vorbereitung eines Angriffskrieges
Art. 26 (1) Handlungen, die geeignet sind und in der Absicht vorgenommen werden, das friedliche Zusammenleben der Völker zu stören, insbesondere die Führung eines Angriffskrieges vorzubereiten, sind verfassungswidrig. Sie sind unter Strafe zu stellen.
(2) Zur Kriegsführung bestimmte Waffen dürfen nur mit Genehmigung der Bundesregierung hergestellt, befördert und in Verkehr gebracht werden. Das Nähere regelt ein Bundesgesetz.

Ulrich Finckh

Sind Angriffskriege nicht strafbar?

Das Netzwerk Friedenskooperative hatte am 14. Januar 2006 Strafanzeige gegen den früheren Bundeskanzler Gerhard Schröder und andere wegen des Verdachts der Vorbereitung eines Angriffskrieges unter Hinweis auf die Pressemeldungen über die Tätigkeit deutscher Agenten vor Beginn des Irakkrieges erstattet und daraufhin (Aktenzeichen 3 ARP 8/06-3) von der Oberstaatsanwältin beim BGH Schübel eine Antwort bekommen, die es wert ist, beachtet zu werden. Unter Zitierung von § 80 Absatz 1 Strafgesetzbuch (StGB) wird ausgeführt: »Nach dem eindeutigen Wortlaut der Vorschrift ist nur die Vorbereitung eines Angriffskrieges und nicht der Angriffskrieg selbst strafbar, sodass auch die Teilnahme an einem von anderen vorbereiteten Angriffskrieg nicht strafbar ist. (...) Ein Analogieschluss dahingehend, dass dann, wenn schon die Vorbereitung eines Angriffskrieges strafbar ist, dies erst recht für dessen Durchführung gelten müsse, ist im Strafrecht unzulässig. (...) Auch kann Artikel 26 Absatz 1 GG, der über den Anwendungsbereich des § 80 StGB hinausreicht, nicht zur Auslegung herangezogen werden. Denn Artikel 103 Absatz 2 GG verbietet die Anwendung einer Strafvorschrift über ihren eindeutigen Wortlaut hinaus.« Die Konsequenz ist klar. Man darf Angriffskriege führen, wenn andere sie vorbereitet haben.

Wenn die Generalbundesanwaltschaft mit ihrer Auslegung Recht hat, wird die Regelung des § 80 StGB dem Auftrag des Artikel 26 Absatz 1 GG nicht gerecht. Wer Frieden will, muss den Gesetzgeber deshalb auffordern, die Strafvorschrift umfassender zu formulieren, denn das Zusammenleben der Völker wird nicht nur durch die Vorbereitung eines Angriffskrieges gestört, sondern noch viel mehr durch seine Durchführung. Die Klarstellung, was § 80 Absatz 1 StGB im Blick auf Artikel 26 Absatz 1 GG nicht erfasst, zeigt, dass der Deutsche Bundestag und die Bundesregierung dringend das StGB so ändern müssen, dass es Artikel 26 GG gerecht wird.

Eckart Spoo

Kein Schutz für Zivilisten

Bundesregierung und Bundesverwaltungsgericht ignorieren das Kriegsvölkerrecht

Gilt das Grundrecht auf Leben und körperliche Unversehrtheit auch für die Bevölkerung eines Landes, gegen das wir – die Bundesrepublik Deutschland – einen Angriffskrieg führen? Und entstehen Schadensersatzansprüche, wenn durch Bombardements, an denen die Bundeswehr beteiligt ist, Zivilisten verwundet und getötet werden? Welche rechtlichen Folgen hat ein Verstoß gegen die kriegsvölkerrechtlichen Bestimmungen zum Schutz der Zivilbevölkerung? Mit solchen Fragen hätte sich die deutsche Justiz in einem Verfahren auseinandersetzen können, das der Bundesgerichtshof mit seiner Revisionsentscheidung vom 2. November 2006 abgeschlossen hat. Mit dieser Entscheidung wurde die Klage von 35 Überlebenden und Hinterbliebenen des NATO-Luftangriffs vom Pfingstsonntag 1999 auf die Morava-Brücke in Varvarin (Serbien) abgewiesen. Die Darlegungen der beklagten Bundesregierung und des Gerichts lassen auch den Opfern künftiger deutscher Militäreinsätze keine Hoffnung, es sei denn, der Bundestag würde einen Ersatzanspruch für Kriegsschäden – namentlich für durch Kriegsverbrechen deutscher Soldaten angerichtete Schäden – gesetzlich regeln, was er bisher nicht getan hat.

Die Kriegspropaganda der NATO, maßgeblich von deutscher Seite mitgestaltet (vgl. Eckart Spoo im Grundrechte-Report 2000, S. 83 ff.), erweckte die bis heute nachwirkende Vorstellung, dass sich die Bombardements ausschließlich gegen militärische Ziele gerichtet hätten und dass dabei nur geringe »Kollateralschäden« entstanden wären. Eine ganz falsche Vorstellung. Die Fliegerattacke auf die Brücke von Varvarin am 30. Mai 1999 war kein Einzelfall. An jenem Pfingstwochenende wurden beispielsweise nach offiziellen serbischen Angaben am 29. Mai in Cupria Wohnhäuser und Läden zerstört und 20 Personen verletzt. In Cenovac wurde eine Brücke über die Jablanica zerbombt, ein Vater und sein Sohn wurden getötet, eine Frau schwer verletzt. Am Morgen des 30. Mai wurden in Brvenik Einfamilienhäuser und der Friedhof getroffen. In der Nacht vom 30. zum 31. Mai bombardierte die NATO in Surdulica, südlich von Varvarin, ein Altersheim und Sanatorium für Lungenkranke. Dort starben 20 Menschen, darunter zwölf Kinder. Am 31. Mai mittags kamen in Novi Pazar durch Bombardierung eines Wohngebietes elf Menschen ums Leben, 20 wurden verletzt. Und so weiter.

Im Fall Varvarin kamen Überlebende, die teilweise schwerste physische und psychische Verletzungen erlitten hatten, sowie Hinterbliebene, darunter der Bürgermeister, der seine Tochter bei dem Angriff verloren hatte, und die Familie eines getöteten Pfarrers, in Kontakt mit deutschen Kriegsgegnern, die für die im Krieg verarmten Opfer das erforderliche Geld aufbrachten, um das Verfahren in Gang zu bringen. Die Kläger/innen machten unter anderem geltend, dass die Angreifer gegen die Bestimmungen des Kriegsvölkerrechts zum Schutz der Zivilbevölkerung verstoßen hätten, dass es in Varvarin und in weitem Umkreis kein einziges militärisches Ziel gegeben habe, dass speziell die – unter Mitwirkung deutscher Stellen als Angriffsziel ausgewählte – Morava-Brücke keinen militärischen Zwecken gedient habe und wegen ihrer Bauweise auch gar nicht hätte dienen können. Deutsche Dienststellen hätten den Angriff auch durch Aufklärung, Begleitschutz und Luftraumschutz unterstützt.

Die Kläger/innen hatten weder beim Landgericht Bonn noch beim Oberlandesgericht Köln Erfolg. Im Revisionsverfahren beim Bundesgerichtshof stellte sich die Bundesregierung auf den Standpunkt, die Leute aus Varvarin könnten weder aus dem Völkerrecht noch aus innerstaatlichem deutschem Recht Ansprüche herleiten und die Klage sei schon deswegen unbegründet, weil das Militär das humanitäre Völkerrecht gar nicht verletzt habe. In einem Luftkrieg, wie ihn die NATO geführt habe, könne es keine entmilitarisierten und daher zu schonenden Orte geben. Das Kriegsvölkerrecht schütze zwar entmilitarisierte bewohnte Orte im Frontbereich, der Luftkrieg aber kenne keinen Frontbereich.

Überall sind militärische Ziele

Dass der Bombenangriff am Pfingstsonntag, als die Bevölkerung in der Nähe der Brücke feierte, ein Kriegsverbrechen war, wollte die Bundesregierung keinesfalls zugestehen. Brücken seien allemal militärische Ziele, weil sie von Truppen genutzt werden könnten, ließ sie die Kläger und die Richter wissen. Der Bundesgerichtshof machte sich diese Ansicht zu eigen und ging noch darüber hinaus, indem er entschied, dass »zu den militärischen Zielen traditionell unter anderem die Infrastruktur wie Straßen, Eisenbahnen, Brücken, Fernmeldeeinrichtungen gezählt wird. Das konnte für eine Aufnahme in die Zielliste ausreichen ...« Zudem stellten die Richter den Grundsatz auf, »dass den militärischen Dienststellen bei ihren Entscheidungen für eine militärische Operation oder im Rahmen derselben ein umfangreicher, gerichtlich nicht nachprüfbarer Beurteilungsspielraum zusteht«.

Wenn aber generell »unter anderem« Straßen und Fernmeldeeinrichtungen erlaubte Ziele sind, wird die gesamte Zivilbevölkerung zum Ziel. Genau das Gegenteil fordert das Zusatzprotokoll zu den Genfer Abkommen über den Schutz der Opfer internationaler bewaffneter Konflikte in mehr als 30 Artikeln: Zivilisten sollen verschont bleiben.

Zivilisten »am falschen Ort«

Die Bundesregierung argumentierte in dem Revisionsverfahren wörtlich, die Zivilisten seien »zur falschen Zeit am falschen Ort« gewesen. Die Zivilisten! An ihrem Wohnort!

War nicht im Gegenteil das NATO-Militär am falschen Ort?

Die von der Bundesrepublik Deutschland ratifizierten kriegsvölkerrechtlichen Bestimmungen sehen unter anderem vor, dass der Angreifer vorher wirksam warnen muss, wenn Zivilisten getroffen werden könnten. Hätte die NATO gewarnt, wären vermutlich keine Zivilisten »zur falschen Zeit am falschen Ort« gewesen. Dazu ließ sich die Bundesregierung im Revisionsverfahren folgendermaßen ein: Sie habe bei Ratifizierung dieser Bestimmungen den Vorbehalt gemacht, dass neben humanitären auch militärische Erwägungen anzustellen seien. Zum Schutz der eigenen Flugzeugbesatzungen komme es bei einem Luftangriff auf das Überraschungsmoment an. Wer überraschen will, kann eben nicht warnen, da müssen demnach die humanitären hinter den militärischen Erwägungen zurückstehen.

Was wird aus dem Kriegsvölkerrecht?

Mit solchen Begründungen werden deutsche Soldaten bei weiteren Auslandseinsätzen das, was sie über das Kriegsvölkerrecht gelernt haben, leicht hintanstellen dürfen.

Aber kann man überhaupt von einem Staat, der das schwere Verbrechen des Angriffskriegs begeht, ernsthaft erwarten, dass er sich an einzelne Vorschriften des Kriegsvölkerrechts hält?

Die Opfer des Bombenangriffs müssen nun auch noch für

hohe Verfahrenskosten – einschließlich derjenigen, die der beklagten Bundesrepublik Deutschland entstanden sind – aufkommen, falls nicht das Bundesverfassungsgericht den Fall aufarbeitet und zu anderen Schlüssen gelangt.

Literatur

Gabriele Senft, Die Brücke von Varvarin, Scheunen-Verlag, 2001

Die Freiheit der Person kann nur auf Grund eines förmlichen Gesetzes beschränkt werden

Art. 104 (1) Die Freiheit der Person kann nur auf Grund eines förmlichen Gesetzes und nur unter Beachtung der darin vorgeschriebenen Formen beschränkt werden. Festgehaltene Personen dürfen weder seelisch noch körperlich misshandelt werden.

(2) Über die Zulässigkeit und Fortdauer einer Freiheitsentziehung hat nur der Richter zu entscheiden. Bei jeder nicht auf richterlicher Anordnung beruhenden Freiheitsentziehung ist unverzüglich eine richterliche Entscheidung herbeizuführen. Die Polizei darf aus eigener Machtvollkommenheit niemanden länger als bis zum Ende des Tages nach dem Ergreifen in eigenem Gewahrsam halten. Das Nähere ist gesetzlich zu regeln.

Jochen Goerdeler

Jugendstrafvollzug: Kann das BVerfG den »Wettbewerb der Schäbigkeit« verhindern?

Viele Jahre und Jahrzehnte hat es am Jugendstrafvollzug keine grundlegenden Änderungen gegeben. Insbesondere wurde er nicht auf eine gesetzliche Grundlage gestellt, obwohl seit dem Urteil des Bundesverfassungsgerichts (BVerfG) zum Strafvollzug vom 14. März 1972 (BVerfGE 33, 1) feststeht, dass auch Strafgefangene Grundrechtsträger sind und dass daher die über den bloßen Freiheitsentzug hinausgehenden Freiheitsbeschränkungen im Vollzug auch formal-gesetzlich geregelt werden müssen. Nun kam es innerhalb kurzer Zeit zu zwei Ereignissen, die für tiefgreifende Veränderungen sorgen werden:

Das Urteil des Bundesverfassungsgerichts und die sogenannte Föderalismusreform.

Am 31. Mai 2006 sprach das BVerfG sein Hoffnung machendes Urteil (2 BvR 1673/04 und 2 BvR 2402/04, Zeitschrift für Jugendkriminalrecht und Jugendhilfe 2006, S. 193). Das Positive an diesem Urteil ist nicht nur die Tatsache, dass es die Notwendigkeit eines Jugendstrafvollzugsgesetzes feststellt. Bemerkenswert ist vielmehr, dass das Gericht zugleich einige wesentliche Mindestvorgaben für zukünftige gesetzliche Regelungen des Jugendstrafvollzugs formuliert und dem Gesetzgeber für die Umsetzung eine straffe Frist gesetzt hat.

Kompetenzübertragung des Strafvollzugs

Nur wenige Wochen später übertrug der Bundesgesetzgeber die Kompetenz für die gesetzliche Regelung des Strafvollzugs auf die Bundesländer. Dies war Teil der Einigung über die Föderalismusreform, mit der die Gesetzgebungskompetenzen von Bund und Ländern entflochten und das Gesetzgebungsverfahren vereinfacht werden sollte. Trotz einhelligen Widerspruchs der Fachwelt zu diesem Punkt – befürchtet werden Rechtszersplitterung und ein nun einsetzender Wettbewerb der Schäbigkeit – verabschiedeten Bundestag und Bundesrat die Grundgesetzänderungen jeweils mit der erforderlichen Zweidrittelmehrheit. Für die Umsetzung des BVerfG-Urteils sind somit nun die Länder zuständig.

Unmittelbar betroffen von den Veränderungen, die sich aus diesen Entscheidungen ergeben werden, sind die rund 7000 Jugendlichen und jungen Erwachsenen, die sich im Jugendstrafvollzug befinden. Zu einer Jugendstrafe wurden im Jahr 2004 insgesamt 17419 Jugendliche und Heranwachsende verurteilt, davon etwa 10000 auf Bewährung.

Das Urteil stellt zunächst fest, dass die über den bloßen Entzug der Freiheit hinausgehenden Grundrechtseingriffe und -beschränkungen – wie stets – nur zulässig sind, wenn sie durch ein Gesetz geregelt werden. Diese simple Feststellung war angesichts der beschämenden Volten, die die Obergerichte in der Vergangenheit um diese Frage geschlagen haben, dringend notwendig. Denn obwohl diese in den vergangenen Jahren des Öfteren von Gefangenen um Rechtsschutz angerufen wurden, hatten sie stets windige Wege gefunden, um den gesetzlosen Zustand des Jugendstrafvollzuges hinzunehmen.

Spezialgesetzliche Regelungen

Wegen der sachlichen Unterschiedlichkeit zu erwachsenen Gefangenen genügt es nicht, den Anwendungsbereich des Strafvollzugsgesetzes einfachgesetzlich auch auf den Jugendstrafvollzug auszudehnen. So ist es den Ländern damit ausdrücklich verwehrt, sich mit einer gesetzlichen Verweisung auf das Strafvollzugsgesetz zu begnügen oder dieses einfach abzuschreiben.

Ausgehend von den Besonderheiten der Jugendphase als Umbruchsphase und der meist noch starken Einbindung in und Abhängigkeit des Jugendlichen von seinem Umfeld betont das Verfassungsgericht die besondere Bedeutung der Grundsätze, dass Strafe nur ultima ratio für die Reaktion auf Straftaten Jugendlicher sein darf und dass die mit ihr einhergehenden Belastungen möglichst gering zu halten sind.

Besondere Beachtung verdient die Auseinandersetzung mit dem publikumswirksamen Reibungspunkt des Vollzugsziels. Hier gibt der Zweite Senat des BVerfG vor, dass der Vollzug der Jugendstrafe auf ein künftiges straffreies Leben in Freiheit gerichtet sein muss. Dieser Resozialisierungsauftrag als Verfassungsgrundsatz ist im Jugendstrafrecht auch einfachgesetzlich als Erziehungsziel in § 91 Absatz 1 Jugendgerichtsgesetz (JGG) verankert. Dabei belässt es das Gericht jedoch nicht, sondern geht auch auf die staatliche Pflicht zum Schutz der Allgemeinheit ein: Diese stehe nicht im Konflikt mit dem Resozialisierungsgebot – im Gegenteil: »die Notwendigkeit, den Strafvollzug am Ziel der Resozialisierung auszurichten, [folgt] auch aus der staatlichen Schutzpflicht für die Sicherheit aller Bürger.« Der Staat hat seiner Schutzpflicht also gerade durch Resozialisierung nachzukommen – und nicht durch kurzfristig ausgerichtete und resozialisierungsschädliche Einschlusskonzepte. Einer Ausrichtung des Vollzuges entlang eines repressiven Sicherheitsgedankens, wie dies einigen Justizministerien vorschwebt, ist damit der verfassungsrechtliche Segen verwehrt.

Altersangemessene Vorschriften

Erfreulich sind die weiteren Feststellungen zu den Besonderheiten, die bei einem Jugendstrafvollzugsgesetz zu beachten sind. Einen speziellen Regelungsbedarf macht das Urteil für die Kontakte zu anderen Gefangen und zur Außenwelt, bei der körperlichen Bewegung und der Reaktion auf Pflichtverstöße aus. Dezidiert fordert das Gericht, dass familiäre Besuchskontakte »um ein Mehrfaches« häufiger als im Erwachsenenvollzug gewährt werden müssen und dass das Rechtsschutzsystem altersangemessen und effektiv ausgestaltet werden muss.

Für die Ausgestaltung des Vollzuges verlangt das Gericht, dass wissenschaftliche Erkenntnisse über die Wirksamkeit in Hinblick auf das Ziel der sozialen Integration berücksichtigt werden. Es billigt dem Gesetzgeber zwar einen weiten Spielraum bei der Vollzugsgestaltung zu, verlangt jedoch ausdrücklich, dass der Gesetzgeber das aus der Vollzugspraxis entstandene Erfahrungswissen nutzt. Neu ist, dass der Senat völkerrechtliche Vorgaben und internationale Standards zum Indizmaßstab für eine ausreichende Berücksichtung vorhandener Erkenntnisse und der Belange der Inhaftierten macht, und zum anderen, dass er nun auch im Zusammenhang mit dem (Jugend-)Strafvollzug eine Beobachtungs- und Nachbesserungspflicht des Gesetzgebers statuiert.

Schließlich bestimmt das Gericht, dass der Vollzug personell und sachlich so auszustatten ist, »wie es zur Realisierung des Vollzugszieles erforderlich ist«. Dies betreffe auch die Bereitstellung ausreichender Bildungs- und Ausbildungsmöglichkeiten, die Formen der Unterbringung und Betreuung, das soziale Lernen in der Gemeinschaft, den Schutz der Inhaftierten vor gegenseitiger Gewalt, eine ausreichende therapeutische und pädagogische Betreuung sowie angemessene Hilfen für die Zeit nach der Entlassung.

So wird es darauf ankommen, sicherzustellen, dass die Rechte Minderjähriger und junger Erwachsener bei der Ausgestaltung der (Jugend-)Strafvollzugsgesetze ausreichende Beachtung finden werden. Das absurde Ergebnis, dass nun 16 Bundesländer den Vollzug der Freiheits- und Jugendstrafe sowie der Untersuchungshaft regeln müssen, wird diese Aufgabe nicht leichter machen. Der Kinderrechtskonvention, aber auch anderen völkerrechtlichen Vorgaben und internationalen Standards, kommt hierbei eine besondere Bedeutung zu.

Literatur

Deutsche Vereinigung für Jugendgerichte und Jugendgerichtshilfen (DVJJ) 2004, Eckpunktepapier, Anforderungen an ein zukünftiges Jugendstrafvollzugsgesetz, in: Zeitschrift für Jugendkriminalrecht und Jugendhilfe, S. 209–214

Jochen Goerdeler/Helmut Pollähne (2006), Das Bundesverfassungsgericht als Wegweiser für die Landesgesetzgeber – Zum Urteil des BVerfG vom 31. Mai 2006, in: Zeitschrift für Jugendkriminalrecht und Jugendhilfe, S. 250–260

Helmut Pollähne/Kai Bammann/Joachim Fest (Hg.), Wege aus der Gesetzlosigkeit. Rechtslage und Regelungsbedürftigkeit des Jugendstrafvollzuges. DVJJ-Schriftenreihe, Band 36, Mönchengladbach 2004

Friederike Wapler, Strafvollzug ohne Gesetz. Ist der Jugendstrafvollzug verfassungswidrig?, in: Grundrechte-Report 2002, S. 193–197

Günter Tondorf

Häftlingsmord im Jugendstrafvollzug

Die Bundesrepublik – ein Bananenstaat oder ein demokratischer und sozialer Bundesstaat?

Am 11./12. November 2006 misshandelten drei junge Mitgefangene in der Justizvollzugsanstalt Siegburg den vierten mit ihnen in der gemeinschaftlichen Zelle Einsitzenden, den Schwächsten, stundenlang grausam, bevor sie ihn auf furchtbare Weise umbrachten. Einfach so! »Gewalt im Jugendgefängnis: Siegburg ist keine Justizpanne, das ist eine Strafvollzugskatastrophe«, so überschrieb die *Süddeutsche Zeitung* am 15. Dezember 2006 einen lesenswerten Artikel von Karin Steinberger über die unglaublichen Zustände in den deutschen Jugendstrafvollzugsanstalten. Sie schilderte eindringlich die Knastrituale: Verräter sind »Einunddreißiger«, »Kinderficker« sind »Sittiche«, die Neuen sind »Frischfleisch«, zeigen sie Angst, werden sie »Fisch« genannt. So einer war in den Augen seiner Mithäftlinge der Ermordete. Sie alle stehen auf der untersten Stufe im Jugendknast und müssen dort stets mit den schlimmsten Brutalitäten rechnen. Nach und nach erfährt die Öffentlichkeit, dass das Schicksal von Hermann H. in Siegburg kein Ausnahmefall war; die schreckliche Gewalttat in Siegburg stellt nur die Spitze des Eisbergs dar. Übergriffe von Mitgefangenen sind an der Tagesordnung!

Verwahrvollzug statt sozialer Integration

Experten haben die Gründe hierfür seit langem genauestens mit Zahlenmaterial belegt: Missachtung des Vollzugsziels der sozialen Integration, stattdessen in der Praxis Wiederaufleben des Verwahrvollzugs, überbelegte Jugendhaftanstalten (darunter auch Siegburg mit 120 Prozent), gepaart mit einem überforderten, unterbesetzten Vollzugsdienst und unzureichendem Fachpersonal (Psychologen und Sozialarbeiter). Dazu kommt die fehlende Förderplanung, geschweige denn Angebotsorientierung, kein offener Vollzug als Regelvollzug, kein Anspruch auf Unterbringung in einer Einzelzelle, Wohngruppenvollzug nur als Ausnahme, fehlende Arbeits- und Bildungsangebote, kein Regelvollzug in eigenständigen Jugendstrafvollzugsanstalten und keine getrennte Unterbringung von Minderjährigen und Erwachsenen in der Untersuchungshaft. Abhilfe ist oft unmöglich, da nur mangelhaft Rechtsschutz gewährt wird, ein Übermaß an Disziplinierung anstelle von Streitschlichtung geschieht und Renitenz der Vollzugsbehörden gegenüber rechtskräftigen Gerichtsentscheidungen zugunsten der Insassen verbreitet ist.

Den Verantwortlichen in den Justizministerien, den Leitern der Strafvollzugsämter und Vollzugsanstalten, sind die unheilvollen Zustände seit Jahren bekannt. Ihnen fiel zur Behebung der Missstände nur eine Verschärfung des Sicherheitsmanagements ein. Maßnahmen zur Verbesserung der sozialen Integration? Fehlanzeige! Dabei ist allein schon ein gutes Behandlungs- und Betreuungsprogramm ein hervorragender Opferschutz. So aber produziert das skandalöse »System Jugendstrafvollzug« z.Zt. im Bund eine Rückfallquote von 78 Prozent! Die Verantwortlichen wissen jedoch, dass die Wiederkehrerquote bei denjenigen, die im Vollzug einen Beruf bis zum Abschluss erlernt haben, mit 21 Prozent sehr niedrig ist, bei denjenigen, die überwiegend im gelockerten Vollzug untergebracht waren, mit 37 Prozent immer noch überdurchschnittlich gut.

Wettbewerb der Schäbigkeit

Bleibt die Frage, was der Gesetzgeber getan hat. Um es vorwegzunehmen, wenig. Schon seit der Entscheidung des Bundesverfassungsgerichts (BVerfG) vom 14. März 1972 ist geklärt, dass Eingriffe der Justizverwaltung in die Grundrechte von Strafgefangenen einer eigenen gesetzlichen Grundlage bedürfen. Das am 1. Januar 1977 in Kraft getretene Strafvollzugsgesetz siedelte indes den Vollzug der Jugendstrafe »außerhalb des Strafvollzugsgesetzes« an. Die damit entstandene Regelungslücke ist bis heute nicht geschlossen. Das Bundesjustizministerium (BMJ) ließ sich für einen Entwurf zum Jugendstrafvollzugsgesetz 34 Jahre lang Zeit! Sein Entwurf datiert vom 28. April 2004, wurde aber nicht weiter verfolgt, da die Länder zusätzliche Kosten befürchteten. Als am 31. Mai 2006 der Entwurf immer noch nicht verabschiedet war, mahnte das BVerfG den Gesetzgeber zur Eile, indem es feststellte, dass der gesetzlose Zustand im Jugendstrafvollzug gegen das Grundgesetz verstößt, und dem Gesetzgeber eine Frist zur Regelung bis zum 31. 12. 2007 setzte. Es rüffelte den Gesetzgeber: Seit der Entscheidung des BVerfG vom 14. März 1972 sei geklärt, dass es keinen Grund gebe, weshalb für den Jugendstrafvollzug etwas anderes gelten sollte. Gefangene im Jugendstrafvollzug seien Grundrechtsträger wie andere Gefangene auch. Wenn es also hinsichtlich der verfassungsrechtlich gebotenen Regelungsform keinen Unterschied zwischen Erwachsenen- und Jugendstrafvollzug geben soll, so fragt sich, warum der Bundesgesetzgeber solange untätig war und die ganze Zeit Augen und Ohren vor den Kalamitäten im Jugendstrafvollzug verschlossen hat. Diese konnten nur geschehen, weil es keine Regelung gab wie z.B. eine Vorschrift zum Schutz der jungen Gefangenen vor wechselseitigen Übergriffen. Das BVerfG fordert eine grundlegende Reform des Jugendstrafvollzugs. »Die inhaltliche Ausgestaltung des Strafvollzugs für jugendliche und ihnen in der Entwicklung gleichstehende heranwachsende Straftäter unterliegt besonderen verfassungsrechtlichen Anforderungen. Die Jugendlichen befinden sich biologisch, psychisch und sozial in einem Stadium des Übergangs, das typischerweise mit Spannungen, Unsicherheiten und Anpassungsschwierigkeiten verbunden ist. Zudem steht der Jugendliche in einem Alter, in dem nicht nur er selbst, sondern auch andere für seine Entwicklung verantwortlich sind. Die Fehlentwicklung, die sich in gravierenden Straftaten eines Jugendlichen äußert, steht in besonders dichtem und oft auch besonders offensichtlichem Zusammenhang mit einem Umfeld und Umständen, die ihn geprägt haben.« Das BMJ handelte. Nach dem Urteil des BVerfG am 7. Juni 2006 schob es sofort einen leicht überarbeiteten Gesetzentwurf nach. Er wurde nicht weiter behandelt, denn die Föderalismusreform passierte am 7. Juli 2006 den Bundesrat. Gegen den Rat aller Fachleute übertrug der Bundesgesetzgeber die Kompetenz für die gesetzliche Regelung des Strafvollzugs auf die 16 Bundesländer, die derzeit an Gesetzentwürfen für den Jugendstrafvollzug arbeiten. Ob sie sich jetzt wenigstens auf Eckpunkte für ein verfassungsgemäßes Jugendstrafvollzugsgesetz einigen oder ob es zu einem »föderalen Flickenteppich unter dem Primat ökonomischer Sparzwänge« bzw. »Wettbewerb der Schäbigkeit« (F. Dünkel in der Anhörung beim Verfassungsgericht) im Jugendstrafvollzug kommt, ist derzeit noch offen.

Die Bundesrepublik Deutschland – ganz so rechtsstaatlich, wie sie daherkommt, ist sie nicht. Ein bisschen Bananenrepublik schimmert bei dem Hickhack um den Jugendstrafvollzug durch!

Literatur

F. Dünkel, Die Reform des Jugendstrafvollzugs, in: Thomas Feltes u.a. (Hg.), Festschrift für Hans-Dieter Schwind, Heidelberg 2006, S. 549 ff.

J. Goerdeler/H. Pollähne, Das Bundesverfassungsgericht als Wegweiser für die Landesgesetzgeber, in: Zeitschrift für Jugendkriminalrecht und Jugendhilfe 2006, S. 250 ff.

G. Tondorf/B. Tondorf, Plädoyer für einen modernen Strafvollzug, in: Zeitschrift für Jugendkriminalrecht und Jugendhilfe 2006, S. 241 ff.

J. Walter, Bedingungen bestmöglicher Förderung im Jugendstrafvollzug, in: Zeitschrift für Jugendkriminalrecht und Jugendhilfe 2006, S. 236 ff.

Moritz Assall

Getrübte Sicht

Polizei blendet Demonstrationsteilnehmer/-innen

Während sich die Spieler des FC St. Pauli am 9. September 2006 im Pokalspiel wacker gegen Bayern München schlugen, um letztlich doch den Kürzeren zu ziehen, feierten die Bewohner/-innen des Schanzenviertels wenige hundert Meter weiter das jährliche Schanzenfest.

Das Schanzenfest ist kein gewöhnliches Straßenfest: dem vermeintlichen Selbstverständnis des Viertels entsprechend, soll es Protest gegen Sozialabbau und Kommerz zum Ausdruck bringen. Um politische Haltung und die eigene Unabhängigkeit zu demonstrieren, wurde das Fest wie üblich nicht angemeldet. Dies und der Umstand, dass alljährlich Lagerfeuer und Gegenstände entzündet werden, sorgt Jahr für Jahr für Konfrontationen zwischen Polizei und Festbesuchern/-innen. So kam es auch dieses Mal. Nachdem einzelne Personen versuchten, eine Barrikade zu errichten, ging die aufgrund des Pokalspiels mit rund 1000 Beamten/-innen vertretene Polizei mit Schlagstöcken und mehreren Wasserwerfern massiv gegen die Anwesenden vor.

Das Resümee: 29 Fest- und acht Ingewahrsamnahmen. Hierbei wurden, ein Novum in Hamburg, mindestens drei gefesselte Personen mit Dunkelbrillen orientierungslos gemacht. Eine gravierende Menschenrechtsverletzung, wie auch die GAL-Abgeordnete Antje Möller findet: »Das Verbinden der Augen gehört zum Repertoire von Unrechtsregimen und Polizeistaaten.« Offensichtlich auch zum Repertoire einer speziellen Festnahmeeinheit aus Bremen. Die Bremer Polizei bestätigt, »dass wir das bei Festnahmen durchaus machen«. Soll heißen: Mittels einer von innen verdunkelten Gasschutzbrille werden die Augen komplett abgedichtet, sodass dem Träger Sicht und Orientierung genommen wird.

Panikattacken und Übelkeit

Für den Einsatz sichtverdunkelnder Brillen fehlt es bereits an einer rechtlichen Befugnis auf Grundlage des Hamburger Polizeigesetzes. Zudem dürfte dadurch der Schutzbereich gleich mehrerer Grund- und Menschenrechte berührt sein. So verbietet Artikel 104 Absatz 1 Satz 2 GG alle entwürdigenden und das körperliche Wohlbefinden nicht nur unerheblich beeinträchtigenden Maßnahmen gegen festgehaltene Personen. Weiterhin darf nach Artikel 3 der Europäischen Menschenrechtskonvention (EMRK) niemand der Folter oder unmenschlicher oder erniedrigender Behandlung unterworfen werden. In der Rechtsprechung des Europäischen Gerichtshofs für Menschenrechte, der über die Einhaltung der EMRK wacht, wird eine Behandlung dann als erniedrigend gewertet, wenn sie im Opfer Gefühle der Angst, der Ohnmacht oder Minderwertigkeit erzeugt, welche herabwürdigen oder demütigen. Der Hamburger Rechtsanwalt Dirk Audörsch berichtet, dass eine Person eine Dreiviertelstunde lang orientierungslos und ohne zu wissen, was um sie herum und mit ihr geschah, auf der Straße stehen musste, was zu Panikattacken und Übelkeit geführt habe.

Dies ist selbst der nicht gerade als milde bekannten Hamburger Polizei zu viel. Polizeisprecher Ralf Meyer beeilte sich klarzustellen: »In Hamburg werden diese Brillen nicht eingesetzt.« Die eingeschaltete Dienststelle Interne Ermittlungen ging davon aus, dass Hamburger Polizisten/-innen an den Vorkommnissen unbeteiligt waren. Wochen später, am 26. Oktober 2006, veröffentlichte die *taz nord* ein Foto von den Ereignissen während des Schanzenfestes. Zu sehen ist ein junger Mann, dem eine solche Brille aufgesetzt wurde. An der Uniform eines der Beamten prangt deutlich erkennbar das Hamburger Stadtwappen. Zwei der Opfer haben mittlerweile Strafanzeige erstattet. Welche Erkenntnisse die Verfahren bringen werden, bleibt abzuwarten.

Die Bremer Polizei selbst zeigt sich weniger zimperlich. Die Brillen hätten sich durchaus bewährt, um die Kommunikation unter den Festgenommenen zu verhindern. Sprecher Ronald Walther erläuterte: Die Festgenommenen »werden separiert, um Gespräche oder Augenkontakt zu verhindern«. Zumindest Letzteres sollte wohl gelungen sein. Geht es nach Walther, »keine einschneidende Maßnahme« für die Festgenommenen: »Er sieht eben nur ein paar Minuten lang nichts.«

Anhang

Chronologie 2006

Zusammengestellt von Hanna Noesselt und Norbert Pütter

Januar 2006

1.1. **Novellierung des Bayerischen Polizeigesetzes in Kraft:** Durch die neuen Bestimmungen wird auch im Freistaat die präventive Telekommunikationsüberwachung sowie die Nutzung der Kfz-Kennzeichenerkennung für Fahndungszwecke erlaubt. Auch eine Rechtsgrundlage für den »Taser« wird geschaffen, der in einem Modellprojekt getestet werden soll.

2.1. **Abo von Zeitungen straffrei:** Ein Beschluss des Bundesgerichtshofs (BGH vom 3.11.2005) wird bekannt, dem zufolge der Bezug von Zeitschriften verbotener Vereine nicht strafbar ist. Anders als das Verteilen der Publikation habe ein Abonnement nicht unmittelbar die Aufrechterhaltung der organisatorischen Struktur des Vereins zum Ziel (Az. 3 StR 333/ 05).

6.1. **Weniger Asylsuchende:** Nach Angaben des Bundesinnenministeriums (BMI) beantragten im Jahr 2005 28914 Menschen Asyl in der BRD. Mit einem Rückgang von 18,8 % gegenüber dem Vorjahr sei der tiefste Stand seit 1983 erreicht. Die Anerkennungsquote liegt bei 0,8 %.

9.1. **Rechtsextremisten misshandeln farbigen Jungen:** In Pömmelte (Landkreis Schönebeck in Sachsen-Anhalt) schlagen, treten und quälen fünf Jugendliche im Alter von 14 bis 19 Jahren einen aus Äthiopien stammenden Zwölfjährigen.

10.1. **Erscheinungsbild der Bundespolizei:** Mit einem Erlass will das BMI »ein gepflegtes Erscheinungsbild« der Bundespolizei sicherstellen. Polizisten sollen keinen »Drei-Tage-Bart« und keinen »Lagerfeld-Zopf« haben; Polizistinnen will das BMI einen »maximal 10 mm großen Ohrring je Ohr« zugestehen. Sichtbare Tätowierungen und Piercings sollen generell verboten, Make up soll – für beide Geschlechter – nur in »sozialadäquater« Form zugelassen sein.

11.1. **Razzia gegen Neonazis:** In Berlin, Greifswald und der Stadt Brandenburg durchsuchen rund 100 Polizisten/-innen 20 Objekte. Die Aktion richtet sich gegen 14 Personen, denen vorgeworfen wird, die verbotene »Kameradschaft Tor Berlin« weitergeführt zu haben.

BND in Bagdad: Nach Medienberichten haben zwei in Bagdad stationierte Mitarbeiter des Bundesnachrichtendienstes (BND) den US-Truppen geholfen, Bombenziele zu identifizieren.

12.1. **Haft wegen Flaschenwurfs:** Das Amtsgericht (AG) Berlin-Tiergarten verurteilt einen Mann zu einer einjährigen Haftstrafe, weil er am Rande einer Demonstration gegen einen Naziaufmarsch in Dresden eine Flasche geworfen hatte. In dem Prozess tritt ein Zivilfahnder des Berliner Landeskriminalamtes als Belastungszeuge auf. Statt eines Namens gibt der Beamte eine Nummer an, sein Äußeres ist durch Perücke, falschen Bart und Brille verändert.

Haftstrafe wegen § 129b StGB: Wegen Mitgliedschaft in einer ausländischen terroristischen Vereinigung verurteilt das Oberlandesgericht (OLG) München den irakischen Kurden Lokman Mohammed zu sieben Jahren Haft. Nach Auffassung des Gerichts hat der Mann als Mitglied von Ansar al-Islam »Gotteskrieger« angeworben und in den Irak gebracht.

22.1. **CIA-Flüge in Europa:** Der Sonderberichterstatter des Europarates, Dick Marty, legt seinen Zwischenbericht über die Flüge und die vermuteten Geheimgefängnisse vor, s. http://assembly.coe.int/CommitteeDocs/2006/20060124_Jdoc03200 6_E.pdf

24.1. **Freispruch für Polizisten:** Das AG Berlin-Tiergarten spricht fünf Polizisten von der Anklage frei, einen arabischen Demonstranten geschlagen und getreten zu haben. Der Mann hatte an der Wegstrecke von US-Präsident Bush bei seinem Berlin-Besuch im Mai 2002 eine Palästina-Fahne geschwenkt. Der Freispruch erfolgte, weil die Übergriffe keinem der Beamten konkret nachgewiesen werden konnten.

26.1. **Haft für Angriff auf Afrikaner:** Wegen gefährlicher Körperverletzung verurteilt das AG Frankfurt/Oder einen 24-Jährigen zu einer zweijährigen Haftstrafe ohne Bewährung und einen 26-Jährigen zu einer Bewährungsstrafe. Die beiden hatten den Asylbewerber nach einem Disco-Besuch von hinten angegriffen und gegen den Kopf getreten.

Passentzug für Horst Mahler: Die brandenburgischen Behörden entziehen dem Rechtsextremisten für sechs Monate seinen Pass, um ihn an einer Reise nach Bagdad zu hindern. In der irakischen Hauptstadt hatte Mahler an einem Treffen von Holocaust-Leugnern teilnehmen wollen.

Februar 2006

7.2. **Al-Motassadeq aus Haft entlassen:** Nach einem Beschluss des Bundesverfassungsgerichts (BVerfG) wird der Marokkaner aus der U-Haft entlassen. Mounir al-Motassadeq war im Sommer 2005 wegen Mitgliedschaft in einer terroristischen Vereinigung zu sieben Jahren Haft verurteilt worden. Das Urteil ist noch nicht rechtskräftig. Mit der BVerfG-Entscheidung wird eine zwischenzeitlich gewährte Haftverschonung wiederhergestellt.

Schleierfahndung in Bayern eingeschränkt: Durch eine Entscheidung des Bayerischen Verfassungsgerichtshofs wird die Anwendung verdachtsunabhängiger Kontrollen im Freistaat begrenzt. Die Durchsuchung mitgeführter Sachen sei nur zulässig, wenn eine »erhöhte abstrakte Gefahr« vorliege (Az. Vf. 69-VI-04).

11.2. **Nazi-Demo in Dresden gestoppt:** Durch die Besetzung einer Elbbrücke wird der Marsch von ca. 4000 Nationalisten in die Dresdener Innenstadt verhindert.

12.2. **Mehr rechtsextreme Gewalttaten:** Nach Recherchen der Beratungsstellen für Opfer rechter Angriffe wurden im Jahr 2005 616 einschlägige Gewalttaten in den neuen Bundesländern und Berlin registriert; im Vorjahr waren 551 gezählt worden.

13.2. **Abschiebehäftlinge im Hungerstreik:** Mit der Aktion protestieren 14 Häftlinge des Berliner Abschiebegewahrsams gegen zu lange Haftzeiten und die ihnen in Rechnung gestellten Unterbringungskosten.

14.2. **Kostenforderungen des BGS unzulässig:** Das Oberverwaltungsgericht (OVG) Schleswig bestätigt ein Urteil der Vorinstanz, dem zufolge die Forderungen des Bundesgrenzschutzes (BGS) an Castor-Gegner unrechtmäßig sind. Der BGS habe versäumt, die Versammlung ausdrücklich aufzulösen. Für die Auflösung einer Gleisblockade im März 2001 sollten sieben Demonstranten/-innen ca. 7300 Euro zahlen.

15.2. **Luftsicherheitsgesetz verfassungswidrig:** Das BVerfG erklärt den Abschuss entführter Passagierflugzeuge für unvereinbar mit dem Grundgesetz.

Mitgliedschaft in terroristischer Vereinigung: Das Oberlandesgericht (OLG) Düsseldorf verurteilt einen 43-jährigen Kurden zu sechs Jahren Haft. Das Gericht sah es als erwiesen an, dass er für die verbotene türkische DHKP-C Spendengelder erpresst und zwei Abweichler schwer verletzt hatte.

20.2. **Fesselung von nackten Gefangenen:** Die Hamburger Justizbehörde bestätigt Presseberichte, denen zufolge wenigstens drei Strafgefangene nackt auf Liegen gefesselt worden sind. Die Maßnahmen seien zur Abwehr von Gefährdungen erforderlich und durch das Strafvollzugsgesetz gedeckt gewesen.

20.2. **Bericht der Bundesregierung:** Der Bericht über den BND in Bagdad wird dem Parlamentarischen Kontrollgremium (PKG) vorgelegt. Eine gekürzte Version wird veröffentlicht: www.bundesregierung.de/nn_774/Content/DE/Artikel/2006/02/2006-02-27-der-bnd-bericht-der-bundesregierung.html

21.2. **Gössner klagt gegen die Bundesrepublik:** Die Internationale Liga für Menschenrechte teilt mit, dass ihr Präsident Rolf Gössner Klage beim Verwaltungsgericht (VG) Köln eingereicht hat. Die Klage richtet sich gegen die jahrzehntelange Überwachung des Publizisten und Rechtsanwalts durch das Bundesamt für Verfassungsschutz.

23.2. **Razzia wegen Spionage:** Auf Veranlassung der Bundesanwaltschaft werden zwölf Wohnungen und Häuser in vier Bundesländern durchsucht. Die Beschuldigten, von denen zwei festgenommen werden, sollen Rüstungsgüter für einen anderen Staat beschafft haben.

Übergriffe auf Chinesen: Nach erneuten Angriffen auf chinesische Studenten ermittelt die Polizei in Köthen (Sachsen-Anhalt) gegen zehn Personen im Alter von 15 bis 21 Jahren, die sie der rechten Szene zuordnet.

Bremer Polizeigesetz novelliert: Die Bremische Bürgerschaft verabschiedet eine Erweiterung des Polizeigesetzes. Das präventive Abhören von Wohnungen, die Videoüberwachung öffentlicher Plätze sowie der »finale Rettungsschuss« werden legalisiert.

25.2. **Randale nach Opernball-Demo:** Nach einer Demonstration gegen den Opernball werden in der Innenstadt in Frankfurt/Main Schaufenster eingeschlagen und Autos beschädigt. Die Polizei nimmt 15 Personen in Gewahrsam. Einige der rund 500 Demonstranten/-innen, die von der Polizei eingekesselt wurden, wollen die Rechtmäßigkeit des polizeilichen Vorgehens gerichtlich überprüfen lassen.

27.2. **Telefonüberwachung von Journalisten:** Es wird bekannt, dass die Polizei im Oktober 2003 und im Februar 2004 drei Anschlüsse der *Wolfsburger Allgemeinen Zeitung* und die Privatanschlüsse von zwei Journalisten überwacht hat. Die Erfassung der Verbindungsdaten sollte den Verdacht belegen, dass die Journalisten Polizisten bestochen hätten.

28.2. **Abschiebehaft »völlig inakzeptabel«:** Ein Bericht des Anti-Folter-Komitees des Europarates über die Abschiebehaft in Deutschland wird bekannt. Danach seien die Bedingungen für Abschiebehäftlinge nicht angemessen.

März 2006

2. 3. **Beschlagnahme von E-Mails und Handy-Daten:** Das BVerfG erleichtert den Zugriff auf elektronische Nachrichten. Sofern deren Übermittlung abgeschlossen sei, unterlägen sie beim Empfänger nicht mehr dem besonderen Schutz des Post- und Fernmeldegeheimnisses (Az. 2 BvR 2099/04).

Polizeibegleitung kostenpflichtig: Nach einer Entscheidung des rheinland-pfälzischen OVG muss ein Pakistaner 7000 Euro dafür zahlen, dass ihn zwei Polizisten bei der Abschiebung begleiteten. Es sei nicht ausgeschlossen gewesen, dass er die Flugsicherheit beeinträchtige.

6. 3. **Körperverletzung im Amt:** Nach Auskunft des Berliner Innensenators Ehrhart Körting wurden im Jahr 2005 gegen mehr als 700 Polizisten/-innen der Hauptstadt Ermittlungsverfahren wegen Übergriffen eingeleitet. In den bereits erledigten 376 Verfahren seien nur zwei Beamte verurteilt worden. 361 Verfahren seien eingestellt, in weiteren 13 seien die Angeklagten freigesprochen worden.

Versuchte Abschiebung durch Kindesentführung: In einer Dresdener Kindertagesstätte holen Polizisten einen dreijährigen Angolaner ab. Die Beamten wollen über das Kind der Mutter habhaft werden, die nach einem abgelehnten Asylantrag abgeschoben werden soll. Nach vier Stunden wird das Kind zurückgebracht. Mutter und Kind sind seither untergetaucht.

7. 3. **Razzia gegen »Blood and Honour«:** In sieben Bundesländern durchsucht die Polizei 119 Wohnungen und Objekte. Die Razzia richtet sich gegen 80 Tatverdächtige, denen vorgeworfen wird, die im Jahr 2000 verbotene Vereinigung und deren Jugendorganisation fortzuführen.

Schmerzensgeld für Angehörige von Polizeiopfer: Das Landgericht (LG) Köln verurteilt das Land Nordrhein-Westfalen zur Zahlung von 15 000 Euro an die Mutter und den Bruder von Stephan Neisius. Der Mann war 2002 nach Misshandlungen auf einer Kölner Polizeiwache gestorben.

12. 3. **Geiselnahme in Klinik:** In Eschweiler (Nordrhein-Westfalen) nimmt ein Mann seine Ex-Freundin und ihren Säugling als Geisel. Nach mehreren Stunden kann der Mann ohne Blutvergießen überwältigt werden. Der Syrer, dessen Asylantrag abgelehnt worden war, wollte seine Abschiebung verhindern.

13.3. **Berufsverbot bestätigt:** Das VG Karlsruhe lehnt die Klage des Realschullehrers Michael Csaszkóczy auf Einstellung in den Schuldienst des Landes Baden-Württemberg ab. Wegen seiner Arbeit in der Antifaschistischen Initiative Heidelberg hatten die Behörden Zweifel an seiner Verfassungstreue.
15.3. ***Cicero*-Anklage:** Die Staatsanwaltschaft Potsdam teilt mit, dass sie gegen zwei Journalisten Anklage wegen Beihilfe zum Geheimnisverrat erhoben hat. Ein Berliner Journalist hatte im Magazin *Cicero* aus einem internen Bericht des Bundeskriminalamtes (BKA) zitiert. Auf der Suche nach dem Informanten aus dem BKA hatte die Polizei Redaktionsräume und Wohnung durchsucht.
16.3. **Castor-Demonstrationsverbot rechtswidrig:** Nach einem Urteil des VG Lüneburg waren die großflächigen Demonstrationsverbote anlässlich des Castor-Transports im November 2004 unverhältnismäßig und rechtswidrig.
17.3. **Anklage wegen PKK-Tätigkeit:** Die Bundesanwaltschaft erhebt Anklage gegen einen 36-Jährigen wegen Rädelsführerschaft in einer kriminellen Vereinigung. Der Mann soll für die Finanzen der verbotenen kurdischen Arbeiterpartei PKK zuständig gewesen sein.
20.3. **Lafontaine unter Beobachtung:** Laut Presseberichten wird der Faktionschef der Linkspartei im Bundestag und frühere SPD-Vorsitzende vom saarländischen Landesamt für Verfassungsschutz beobachtet. Wegen seiner Mitgliedschaft in der Linkspartei seien seine Daten in das bundesweite Nachrichtendienstliche Informationssystem (NADIS) eingestellt worden.
Haftstrafen nach Angriff auf Linke: Das LG Potsdam verurteilt vier der örtlichen Neonazi-Szene angehörende Personen, die im vergangenen Jahr zwei stadtbekannte Linke angegriffen und verprügelt hatten. Die Strafen nach Jugendstrafrecht bewegen sich zwischen einer Verwarnung und drei Jahren und drei Monaten Haft. Wegen desselben Überfalls verurteilt das LG am 28.3. fünf Männer im Alter von 22 bis 32 Jahren zu mehrjährigen Haftstrafen.
21.3. **Meldeauflagen rechtens:** Das Berliner OVG bestätigt die Meldeauflagen der Polizei gegen einen damals 21-jährigen Mann während des G8-Gipfels in Genua im Juli 2001. Nach Ansicht des Gerichts seien die Einschätzung der Polizei, der Mann sei ein potenzieller Gewalttäter, und die Meldepflichten nicht zu beanstanden.
23.3. **LabourNet-Verfahren eingestellt:** Die Staatsanwaltschaft stellt das Ermittlungsverfahren gegen das Internetportal ein.
27.3. **Private und Polizei kooperieren:** Die Berliner Polizei und die

Landesgruppe des »Bundesverbandes Deutscher Wach- und Sicherheitsunternehmen e. V.« unterzeichnen einen Kooperationsvertrag. Die Zusammenarbeit sieht den Austausch von Informationen und die Beteiligung der Privaten an der Öffentlichkeitsfahndung vor.

30.3. **Abschiebungen mit Gewalt:** Nach Angaben der Bundesregierung wurden im Jahr 2005 16865 Personen aus Deutschland abgeschoben. In 1983 Fällen wurde die Abschiebung mit Gewalt durchgeführt.

Reeperbahn unter Videoüberwachung: In Hamburg werden zehn Videokameras in Betrieb genommen, die rund um die Uhr Bilder der Rotlichtmeile in die Polizeieinsatzzentrale senden.

31.3. **Kein Asyl für Kaplans Familie:** Nach dem Urteil des OVG Münster ist die Aufhebung der Asylanerkennung der Frau und der Tochter des »Kalifen von Köln« rechtmäßig.

April 2006

4.4. **Rasterfahndung verfassungswidrig:** Laut der Entscheidung des Bundesverfassungsgerichts (BVerfG) waren die von Landespolizeien unter Mitwirkung des Bundeskriminalamtes (BKA) durchgeführten Rasterfahndungen zur Aufdeckung von sogenannten Schläfern verfassungswidrig (Az. 1 BvR 518/02).

5.4. **Kabinett beschließt BDBOS:** Die »Bundesanstalt für den Digitalfunk der Behörden und Organisationen mit Sicherheitsaufgaben« soll die Interessen des Bundes und der Länder bei der seit langem geplanten Einführung des Digitalfunks koordinieren.

6.4. **Urteil zu Republikanern:** Das Oberverwaltungsgericht (OVG) Berlin-Brandenburg erklärt die Aufnahme der Republikaner in den Berliner Verfassungsschutzbericht 1997 für rechtswidrig. Das Gesamtbild der Partei ermögliche nicht die Feststellung, dass sie verfassungsfeindliche Bestrebungen verfolge (OVG 3 B 3.99).

7.4. **Untersuchungsausschuss zur BND-Affäre:** Der Bundestag setzt den ersten Untersuchungsausschuss der 16. Wahlperiode ein. Themen der Untersuchung sind: CIA-Geheimflüge über deutsches Staatsgebiet, CIA-Geheimgefängnisse in Europa, die Rolle der Bundesregierung bei der Verschleppung von Khaled el Masri und die Beteiligung deutscher Sicherheitsbehörden an seiner Vernehmung sowie die Rolle des Bundesnachrichtendienst während des Irakkrieges.

11.4. **Mecklenburg-Vorpommern verhängt Abschiebestopp:** Aus humanitären Gründen verfügt der Innenminister des Landes für die Zeit vom 11.4. bis zum 10.10.2006 einen Abschiebestopp für togoische Staatsangehörige ohne Aufenthaltsbefugnis in Deutschland.

13.4. **Urteil im Berliner »Ehrenmord«-Prozess:** Das Berliner Landgericht (LG) verurteilt Ayhan Sürücü zu neun Jahren und drei Monaten Jugendstrafe für den Mord an seiner Schwester. Die beiden älteren Brüder werden freigesprochen.

14.4. **Polizei erschießt Mann:** Nach einem Überfall auf einen Kiosk erschießt ein Polizist in Dortmund einen 23-jährigen Kongolesen. Dieser habe ihn mit einem Messer attackiert.

Todesfälle in Polizeigewahrsam: Das Nachrichtenmagazin *Focus* berichtet von einer Studie der Universität Halle, der zufolge zwischen 1993 und 2003 bundesweit 128 Menschen im Polizeigewahrsam ums Leben kamen. Jeder zweite Fall hätte verhindert werden können. Die Zahlen basieren auf erstmals veröffentlichten Angaben der Innenministerien der Länder.

15.4. **Deutsche Behörden helfen FBI:** Laut Presseberichten gab das BKA in den Jahren 2002 und 2005 mindestens drei Mal Erkenntnisse des Bremer Landeskriminalamtes (LKA) über den Bremer Guantánamo-Häftling Murat Kurnaz an das FBI weiter. Ende August wird er nach viereinhalb Jahren Haft freigelassen und nach Deutschland überstellt.

16.4. **Anschlag in Potsdam:** Ein 37-jähriger Deutsch-Äthiopier wird in Potsdam lebensgefährlich verletzt. Vier Monate nach dem Anschlag wird gegen die beiden Tatverdächtigen wegen gefährlicher Körperverletzung bzw. wegen unterlassener Hilfeleistung Anklage erhoben.

19.4. **Jahresbilanz 2005 Häusliche Gewalt in NRW:** Mit über 8000 Verweisen und Rückkehrverboten steigt die Zahl der der Wohnung verwiesenen Personen weiter an. 18 000 Mal wurde die Polizei wegen häuslicher Gewalt zu Hilfe gerufen. In allen Fällen erstattete sie gegen die Täter (und wenigen Täterinnen) Strafanzeige.

27.4. **TKÜ-Jahresstatistik 2005:** Die Bundesnetzagentur in Bonn teilt mit, dass die richterlich angeordneten Telekommunikationsüberwachungsmaßnahmen seit 2004 um fast 24 Prozent auf 42 508 angestiegen sind. Besonders betroffen sind Mobilfunkanschlüsse mit einem Anstieg von rund 7500 Fällen. Seit 1995 ergibt sich eine Steigerung von mehr als 600 Prozent.

Mai 2006

1.5. **Berliner 1. Mai:** Im Rahmen der Feiern zur Walpurgisnacht und den Aktivitäten am 1. Mai werden 179 Personen festgenommen, 50 erhalten einen Haftbefehl. Im vergangen Jahr hatte es 78 Haftbefehle nach 193 Festnahmen gegeben. Laut Polizeiangaben kam der Großteil der »Randalierer« aus Berlin, der Anteil der Ausländer/-innen sei gering gewesen.

6.5. **Polizist erschießt Mann:** Bei einem Einsatz wegen Ruhestörung in Lage/Westfalen erschießt ein Polizist einen mit einer Gaspistole bewaffneten 41-Jährigen. Das Ermittlungsverfahren wird im Laufe der folgenden Woche eingestellt.

9.5. **Prozess wegen Al-Qaida-Mitgliedschaft:** Vor dem Oberlandesgericht (OLG) Düsseldorf beginnt der bundesweit erste Prozess gegen zwei Männer, denen Mitgliedschaft in einer ausländischen terroristischen Vereinigung vorgeworfen wird.

10.5. **Jahresbilanz 2005 Politisch motivierte Kriminalität:** Laut Bundesinnenministerium (BMI) ist die Zahl der politisch motivierten Straftaten im Vergleich zum Vorjahr um 24,7 Prozent gestiegen. Der Hauptanteil entfiel mit 15916 auf die rechts motivierten Delikte. 4898 links motivierte Delikte wurden erfasst.

Polizei erschießt Mann: Nach einem Banküberfall in Hanau schießt ein Polizist auf einen flüchtenden 30-jährigen Marokkaner. Der Mann stirbt wenig später an dem Lungendurchschuss im Krankenhaus. Er hatte auf seiner Flucht einen Beamten mit einem Roller überfahren.

BND-Sonderbericht zu Bespitzelungen: Der Sonderberichterstatter Gerhard Schäfer, Bundesrichter a.D., stellt seinen Bericht dem Parlamentarischen Kontrollgremium (PKG) vor. Die Vorwürfe werden weitgehend bestätigt.

Anklage nach tödlichem Brechmitteleinsatz: 16 Monate nach dem Vorfall in Bremen wird der Arzt, der das Brechmittel verabreicht hatte, angeklagt. Ihm wird fahrlässige Tötung vorgeworfen.

15.5. **BMI veröffentlicht Kriminalstatistik:** Die Zahl der erfassten Straftaten ist 2005 um 3,6 Prozent zurückgegangen, die Aufklärungsquote leicht gestiegen. Bei den erfassten nichtdeutschen Tatverdächtigen lag der Rückgang bei 5 Prozent; einen Anstieg gab es bei Waren- und Warenkreditbetrügereien.

16.5. **BND zieht teilweise um:** Der Haushaltsausschuss des Bundestages beschließt einen halben Umzug: Während etwa 1000 Mitarbeiter/-innen in Pullach bei München bleiben werden, sollen 4000 nach

Berlin umziehen. Die Umzugskosten belaufen sich voraussichtlich auf bis zu 1,7 Milliarden Euro.

18.5. **El-Masri-Klage gegen CIA abgewiesen:** Die von der American Civil Liberties Union (ACLU) wegen Entführung gegen die CIA geführte Klage wird von einem US-Bundesgericht in Alexandria (Washington) aus Gründen der nationalen Sicherheit abgewiesen.

BKA veröffentlicht Ergebnisse zu »Ehrenmorden«: Laut einer vom BKA durchgeführten bundesweiten Untersuchung kamen zwischen 1996 und Mitte 2005 48 Menschen bei sogenannten »Ehrenmorden« ums Leben. 36 davon waren Frauen.

19.5. **Giyasettin Sayan attackiert:** Der migrationspolitische Sprecher der Linkspartei im Berliner Abgeordnetenhaus wird von zwei Unbekannten niedergeschlagen und als »Scheißtürke« beschimpft.

20.5. **133 Opfer rechter Gewalt:** Laut einer Zusammenstellung der Amadeu-Antonio-Stiftung kamen seit der deutschen Wiedervereinigung 133 Menschen durch rechtsextremistische oder rassistische Gewalt ums Leben; 71 Fälle ereigneten sich in West- und 60 in Ostdeutschland. Den höchsten Anteil hat Brandenburg mit 26 Todesfällen.

22.5. **Ramelow überwacht:** Der Vize-Fraktionsvorsitzende der Linkspartei im Bundestag veröffentlicht ein Schreiben des Bundesamtes für Verfassungsschutz, in dem seine Überwachung auf Grund seiner Funktionärstätigkeit für die Linkspartei bestätigt wird.

Hakenkreuz in Halteverbotszeichen: Das OLG Stuttgart eröffnet das Hauptverfahren gegen einen Versandhändler von Punk-Artikeln wegen Verwendens und Verbreitens von Kennzeichen nationalsozialistischer Organisationen.

23.5. **Mutmaßlicher DHKP-C-Funktionär ausgeliefert:** Auf Grund eines Haftbefehls des Bundesgerichtshofes (BGH) wird der im Januar festgenommene 41-jährige Türke nach Deutschland ausgeliefert.

25.5. **Ausschreitungen an Himmelfahrt/Vatertag:** In Berlin kommt es zu Sieg-Heil-Rufen und rassistisch motivierten Angriffen und Beleidigungen. Die Demonstration am folgenden Tag wird von etwa 1250 Personen besucht. Es sind 300 Polizisten/-innen präsent; 20 Platzverweise gegen Mitglieder der rechten Szene werden ausgesprochen.

30.5. **Weitergabe von Fluggastdaten illegal:** Nach einem Urteil des Europäischen Gerichtshofes (EuGH) ist die Übermittlung europäischer Flugdaten an US-Sicherheitsbehörden rechtswidrig (Rechtssachen C-317/04 und C-318/04).

31.5. **Gesetz für Jugendstrafvollzug:** Nach einem Beschluss des BVerfG muss der Strafvollzug für Jugendliche auf eine eigenständige gesetzliche Grundlage gestellt werden. Bisher ist der Jugendstrafvollzug durch bundeseinheitliche Verwaltungsvorschriften geregelt (Az. 2 BvR 1673/04; 2 BvR 2402/04).

Juni 2006

1.6. **Lufthansa-Urteil aufgehoben:** Nach einem Urteil des OLG Frankfurt am Main erfüllt die Aufforderung zu einer Online-Demonstration keinen Straftatbestand. Die Initiative Libertad hatte dazu aufgerufen, die Homepage der Lufthansa zu blockieren, um gegen den Transport von Abschiebehäftlingen in Lufthansa-Maschinen zu protestieren. Das Amtsgericht (AG) Frankfurt am Main hatte den Angeklagten am 1.7. 2005 wegen Nötigung zu einer Geldstrafe von 90 Tagessätzen verurteilt (Az. 1 Ss 319/05).

3.6. **Übergriffe bei Anti-Hartz-IV-Protesten:** Bei einer Demonstration in Berlin kommt es zu Übergriffen der Polizei auf friedliche Teilnehmer/-innen.

7.6. **Verschleppungsflüge und Geheimgefängnisse:** Der Europarat veröffentlicht seinen Abschlussbericht über CIA-Aktivitäten in Europa. Der Bericht stellt fest, dass Regierungsstellen in Deutschland und in 13 anderen europäischen Staaten den USA geholfen haben, Terrorverdächtige zu verschleppen und ohne jegliche Rechte gefangen zu halten.

8.6. **Razzia bei NPD:** Die Polizei durchsucht die Bundeszentrale der NPD in Berlin-Köpenick und beschlagnahmt mehrere tausend »WM-Planer«. Das LG Berlin gibt einer einstweiligen Verfügung des Deutschen Fußball-Bundes statt, da der Planer volksverhetzend sei.

10.6. **Anti-NPD-Demo in Gelsenkirchen:** Mehrere tausend Menschen protestieren gegen einen Aufmarsch der NPD. Der etwa 250 Nazis umfassende Aufmarsch steht unter dem Motto »Arbeit für Millionen statt Profit für Millionäre«.

13.6. **Kessel in Benrath:** Eine vom Düsseldorfer Friedensbündnis angemeldete Demonstration anlässlich des Zapfenstreiches der 7. Panzerdivision wird eingekesselt. Es wird nur herausgelassen, wer seine Personalien angibt und einen Platzverweis akzeptiert. Die sich im Kessel befindenden Personen werden von Polizeikameras gefilmt.

18.6. **Angriff in Berlin:** In Schönefeld wird ein 15-jähriger Äthiopier von zwei Jugendlichen aus fremdenfeindlichen Motiven schwer

verletzt. Wegen Volksverhetzung und gefährlicher Körperverletzung wird Haftbefehl gegen die beiden Angehörigen der rechten Szene erlassen.
Angriff in Sachsen-Anhalt: In Merseburg wird ein 26-jähriger Serbe in einer Regionalbahn geschlagen und getreten. Wegen gefährlicher Körperverletzung wird gegen zwei Verdächtige Haftbefehl erlassen.
21.6. **Prozesse gegen Terrorverdächtige:** In München und Stuttgart beginnen Prozesse gegen fünf mutmaßliche Mitglieder der irakischen Organisation Ansar al-Islam. Sie wird von Deutschland und der Europäischen Union als Terrororganisation eingestuft.
22.6. **Jahrelange Überwachung des Berliner Sozialforums:** Berlins Innensenator Ehrhart Körting verteidigt die Aktivitäten des Verfassungsschutzes: Die Organisation sei von autonomen Gruppen dominiert und zunehmend unter Einfluss der extremen Linken geraten. Akteneinsicht erhält bisher nur der FU-Professor Peter Grottian.
Solidaritätsparty im Frankfurter Studierendenhaus gestürmt: Bei einer Solidaritätsparty im Rahmen der Proteste gegen Studiengebühren kam es zu Übergriffen der Polizei auf die Teilnehmer.
23.6. **USA überwachen Finanztransfers:** Die US-Regierung bestätigt die Existenz eines Geheimprogramms, mit dessen Hilfe Geldtransfers von Terrorverdächtigen überwacht werden. Seit dem 11. September 2001 wird der belgische Transferknoten SWIFT angezapft; weltweite Geldüberweisungen können so überwacht werden. Die Deutsche Bundesbank sei informiert.
24.6. **Anne-Frank-Tagebuch und US-Flagge verbrannt:** Nach einer in Pretzien (Sachsen-Anhalt) vom »Heimatbund Ostelbien« organisierten Sonnenwendfeier wird wegen Volksverhetzung ermittelt. Die im Ort wohnenden Verfassungsschützer waren nicht in der Lage gewesen, das Geschehen zu unterbinden.

Juli 2006

2.7. **Umgang mit Aussagen von Gefolterten:** Heinz Fromm, Präsident des Bundesamtes für Verfassungsschutz (BfV), teilt mit, dass seine Behörde im Anti-Terror-Kampf auch auf Informationen zurückgreifen muss, die unter Folter entstanden sein können.
4.7. **»Schutzbund Deutschland« verboten:** Brandenburgs Innenminister Jörg Schönbohm verbietet die rechtsextreme Kameradschaft. Der Verein weise eine »besondere Wesensverwandtschaft zum Nationalsozialismus« auf, begründet Schönbohm das Verbot.
6.7. **Studierende blockieren Autobahn:** In Frankfurt blockieren

mehrere hundert Studierende einen Autobahnzubringer, um gegen Studiengebühren zu protestieren. Nach Ausschreitungen erstattet die Polizei Strafanzeige gegen alle 235 Festgenommenen, in den meisten Fällen wegen Landfriedensbruchs. Studierende berichten über extrem hartes Durchgreifen und unnötige Schikanen der Polizei.
Mutmaßlicher PKK-Führungsfunktionär angeklagt: Wegen Mitgliedschaft in einer terroristischen Vereinigung erhebt die Bundesanwaltschaft Anklage gegen den 51-Jährigen. Am 8.8. und 9.8. werden zwei türkische Staatsangehörige wegen desselben Vorwurfs festgenommen.
7.7. **Neonazi verurteilt:** Es wird bekannt, dass das LG Stuttgart einen Neonazi zu drei Jahren und acht Monaten Haft verurteilt hat. Im Herbst 2005 hatte der 17-Jährige Molotow-Cocktails auf ein Asylbewerberheim und auf ein von Ausländern/-innen bewohntes Haus geworfen.
Schulgesetz in der Praxis verfassungswidrig: Das VG Stuttgart verbietet die einseitige Anwendung des Verbotes religiöser Bekundungen auf islamische Kopftücher (Az: 18 K 3562/05).
8.7. **Castor-Festnahme unzulässig:** Ein Beschluss des BVerfG wird bekannt, nach dem die Ingewahrsamnahme von vier Atomkraftgegnern rechtswidrig war. Die Männer waren außerhalb der Versammlungsverbotszone festgenommen und ohne richterlichen Beschluss über Nacht festgehalten worden.
Haft wegen Terrorverdacht: Die Bundesanwaltschaft nimmt in Kiel einen mutmaßlichen Unterstützer von Al Qaida fest.
10.7. **Links-/Rechtsarbeitsgruppe:** Wie der Berliner *Tagesspiegel* berichtet, haben die Berliner und Potsdamer Polizeien spezielle Arbeitsgruppen gegründet, deren Aufgabe es ist, sich um die zunehmenden Spannungen zwischen der rechten und linken Szene zu kümmern.
11.7. **BGH begrenzt Sicherungsverwahrung:** Nach einem Urteil des BGH darf eine Sicherungsverwahrung nachträglich nur in Ausnahmefällen angeordnet werden. Mit dieser Entscheidung lehnt der fünfte Strafsenat in Leipzig in zwei Fällen eine nachträgliche Sicherungsverwahrung ab (Az. 5 StR 125/06; 5 StR 113/06).
Brechmittel-Urteil: Nach einem Urteil des Europäischen Gerichtshofes für Menschenrechte (EGMR) stellt der zwangsweise Einsatz von Brechmitteln in der Bundesrepublik einen Verstoß gegen das Folterverbot dar (Az. 54810/00).
12.7. **Wohnungsdurchsuchung unzulässig:** Nach einem Urteil des BVerfG verletzt eine Razzia, die auf der Grundlage nur vager An-

haltspunkte angeordnet wird, die Unverletzlichkeit der Wohnung (Az. 2 BvR 2030/04).
Neue Rechte für Geheimdienste: Das Bundeskabinett beschließt den Entwurf für ein Terrorismusbekämpfungserweiterungsgesetz (TBEG). Die zeitlich befristeten Befugnisse aus dem Terrorismusbekämpfungsgesetz werden durch die Novelle verlängert und durch neue ausgeweitet.
16.7. **Massengentest in Coswig:** Auf der Suche nach einem zweifachen Sexualstraftäter ruft das LKA Sachsen mit großer Resonanz zum bisher größten Gentest in Deutschland auf. Die Staatsanwaltschaft begründet das Vorgehen mit der konkreten Wiederholungsgefahr.
17.7. **BMI stellt GASIM vor:** Aufgabe des »Gemeinsamen Analyse- und Strategiezentrums illegale Immigration« (GASIM) soll die »bessere Bekämpfung illegaler Immigration« sein. In dem Zentrum arbeiten 36 Mitarbeiter/-innen von BKA, Bundespolizei, Bundesnachrichtendienst, Bundesamt für Verfassungsschutz, Zoll, Auswärtigem Amt und Bundesamt für Migration und Flüchtlinge.
19.7. **Durchsuchungen nur bei konkretem Verdacht:** Nach einem Urteil des BVerfG verletzt eine auf Grund eines vagen Verdachtes durchgeführte Durchsuchung das Recht auf Unverletzlichkeit der Wohnung (Az. 2 BvR 950/05).
20.7. **Diskriminierender Fragebogen im Justizvollzug:** Die Berliner Justizsenatorin Karin Schubert (SPD) kündigt an, Homosexualität betreffende Passagen aus den Formularen zur Aufnahme in die Untersuchungshaft zu streichen. Neben »seelischen und geistigen Besonderheiten« und »Krankheiten (insbesondere ansteckende)« werden bisher auch »gleichgeschlechtliche Neigungen« abgefragt.
26.7. **Berlin setzt Abschiebungen aus:** Entsprechend einer Weisung von Innensenator Ehrhart Körting werden ausreisepflichtige Familien mit minderjährigen Kindern, die seit mehr als sechs Jahren in Berlin leben, bis Ende 2006 nicht abgeschoben.
27.7. **Großer Polizeieinsatz bei Alternativ-Festival in Freiburg:** Bei der Veranstaltung geht die Polizei, nachdem ein Polizist schwer verletzt wurde, rabiat gegen die etwa 300 Teilnehmer/-innen vor.

August 2006

1.8. **Tote bei Verfolgungsjagd in Brandenburg:** Beim Versuch der Bundespolizei, einer Schleuserbande habhaft zu werden, kommt das flüchtende Fahrzeug von der Straße ab und sechs der acht Insassen

verunglücken tödlich. Es habe sich um sieben illegal eingereiste Vietnamesen und einen wegen »gewerbsmäßigem Einschleusen von Ausländern« gesuchten Tschechen gehandelt.
Großeinsatz in Berlin-Neukölln: Die Berliner Polizei nimmt im Rahmen von drei Wohnungsdurchsuchungen 21 Chinesen/-innen fest, die illegal nach Deutschland gebracht worden seien, unter ihnen zwei Mitglieder einer Schleuserbande. An dem Einsatz waren 80 Beamten/-innen beteiligt.
2. 8. **Neonazi verurteilt:** Das LG Dresden verurteilt einen 32-Jährigen zu einer achtmonatigen Haftstrafe ohne Bewährung. Der Mann habe die seit 2001 verbotene Organisation »Skinheads Sächsische Schweiz« weitergeführt und als Verbindungsperson zu anderen rechtsextremistischen Vereinigungen und zur NPD fungiert.
3. 8. **Polizist tötet Mann:** In Gersfeld/Röhn (Hessen) tötet ein Polizist einen wegen räuberischer Erpressung gesuchten 28-Jährigen. Der Russlanddeutsche sei den Beamten mit entsicherter Waffe entgegengekommen, als diese seine Wohnungstür aufbrachen. Die daraufhin von einem der Beamten abgegebenen Schüsse trafen den Mann tödlich.
4. 8. **Berufsverbot:** Der VGH Baden-Württemberg lässt die Berufung im Berufsverbotsverfahren wegen »ernstlicher Zweifel an der Richtigkeit« des vorherigen Urteils zu. Dem Realschullehrer Michael Csaszkóczy wurde zuvor die Einstellung in den staatlichen Schuldienst verweigert, da er in der »Antifaschistischen Initiative Heidelberg« aktiv ist (Az.4 S 994/06).
6. 8. **Polizei tötet Mann:** In Fürth im Odenwald (Hessen) schießen ein Polizist und eine Polizistin auf einen 55-Jährigen, der diese mit einer Axt angegriffen haben soll. Der Mann, der der Polizei wegen Gewaltdelikten bekannt gewesen sei, stirbt noch am Tatort. Die Ermittlungen gegen die Polizisten/-innen sind noch nicht abgeschlossen.
7. 8. **Prozess gegen junge Linke:** Vor dem LG Potsdam müssen sich fünf zum Tatzeitpunkt zwischen 16- und 21-jährige Angeklagte verantworten, die einen 17-Jährigen wegen dessen offenbar rechter Gesinnung tätlich angegriffen haben sollen. Der ursprüngliche Vorwurf des versuchten Mordes wurde zurückgezogen.
9. 8. **Mutmaßliche DHKP-C-Funktionäre angeklagt:** Wegen Mitgliedschaft in der türkisch-linksextremistischen Vereinigung klagt die Bundesanwaltschaft einen 37-jährigen und am Tag darauf einen 41-jährigen Türken an.

10.8. **Anschlag auf CDU-Politiker:** Unbekannte Täter werfen einen Molotow-Cocktail in das Wohnhaus eines Pankower Abgeordneten im Berliner Abgeordnetenhaus. Der entstandene Schaden bleibt gering.
11.8. **Urteil rechtskräftig:** Nach einem letzten auf einem Verfahrensfehler basierenden Revisionsverfahren gilt im Prozess gegen die Berliner »Revolutionären Zellen« nun das Urteil des Kammergerichts Berlin vom 18.3. 2004. Die fünf Angeklagten waren wegen mehreren Attentaten zu längeren Haftstrafen verurteilt worden (Az. 3 StR 284/05).
15.8. **Udo Ulfkotte und LKA-Beamter angeklagt:** Die Staatsanwaltschaft Frankfurt am Main wirft dem Journalisten Anstiftung zum Verrat von Dienstgeheimnissen und dem Staatsbediensteten Geheimnisverrat vor. Zur mündlichen Verhandlung kommt es jedoch »wegen Personalmangels« zunächst nicht.
19.8. **Polizei räumt Nazis den Weg frei:** Die Berliner Polizei ermöglicht mit teilweise rabiaten Methoden 230 Nazis im Bezirk Prenzlauer Berg zu demonstrieren. Immer wieder hatte es Sitzblockaden durch die mehreren hundert Gegendemonstranten/-innen gegeben, die unter Einsatz von Schlagstöcken, Fausthieben und Pfefferspray geräumt wurden.
24.8. **Polizisten freigesprochen:** Das AG Berlin-Tiergarten spricht vier Beamte vom Vorwurf der Körperverletzung im Amt frei. Den Männern war vorgeworfen worden, im Juni 2004 bei einem Einsatz wegen häuslicher Gewalt einen bereits wehrlosen Mann durch Schläge und Tritte verletzt zu haben.
Mann stirbt in Polizeigewahrsam: Ein in Frankfurt/Main vorläufig festgenommener 20-jähriger Algerier stirbt aus unbekannten Gründen in seiner Zelle. Der Mann war wegen mutmaßlichen Verstoßens gegen das Ausländergesetz inhaftiert worden.
28.8. **Ringstorffs Wohnhaus mit Farbbeuteln beworfen:** Laut eines Bekennerschreibens linksradikaler Globalisierungskritiker/-innen wollten diese mit der Tat gegen Abschiebungen und den für Juni 2007 in Heiligendamm geplanten G8-Gipfel protestieren.
29.8. **GEMA-Gebühr bei Demo-Musik:** Wie die *taz* berichtet, notierte ein Berliner Beamter bei einer Antifa-Demonstration im Stadtteil Lichtenberg die gespielten Titel und meldete sie der GEMA. Polizeipräsident Glietsch habe daraufhin eine Weisung an alle Dienststellen erteilt, die den Beamten/-innen ein solches Verhalten untersagt. Die Rechtmäßigkeit der Handlung werde derweil überprüft.

September 2006

1.9. **Deutsch-niederländischer Polizei- und Justizvertrag in Kraft:** Durch den Vertrag wird die Kooperation der Polizeien erweitert. Unter anderem dürfen Polizisten/-innen nun zur Gefahrenabwehr und Täterverfolgung die gemeinsame Landesgrenze überschreiten.

9.9. **Einsatz von schwarzen Brillen beim Schanzenfest:** Nach dem Hamburger Straßenfest kommt es zu gewalttätigen Auseinandersetzungen mit der Polizei. Diese setzt Schlagstöcke und Wasserwerfer ein. Amtshelfende Bremer Beamte verwenden sogenannte »Sichtschutzbrillen« zur leichteren Kontrolle der Festgenommenen.

10.9. **Anschlag auf Futtermittelfirma gescheitert:** Im brandenburgischen Eberswalde werden unter vier LKW einer Futtermittelfirma, die gentechnisch veränderten Mais aufkauft, Brandsätze gefunden, die nicht explodiert waren. Gentechnik-Gegner/-innen bekennen sich zu dem Anschlagsversuch.

12.9. **Razzia an rechtsextremistischen Treffpunkten:** Im Landkreis Löbau-Zittau (Sachsen) durchsucht die Polizei mit 82 Beamten/-innen insgesamt 20 Örtlichkeiten der »Kameradschaft Oberlausitz« und des »Jungsturms 41« wegen Verdachts auf Volksverhetzung. Auch in Dresden, Bayern und Baden-Württemberg gibt es einzelne Durchsuchungen.

14.9. **Vermeintlicher Terrorist wieder frei:** Auf Grund einer Verwechselung hebt der Bundesgerichtshof (BGH) den Haftbefehl gegen den angeblichen dritten Täter des Kofferbomben-Anschlages in NRW wieder auf.

19.9. **Rechtsbelehrung ist Pflicht:** Nach einem Urteil des Bundesverfassungsgerichts (BVerfG) müssen in Deutschland festgenommene Ausländer/-innen unverzüglich über ihr Recht, ihr Heimatkonsulat zu informieren, belehrt werden. Das Gericht hebt mit seiner Entscheidung einen Beschluss des BGH auf (Az. 2132/01; 2 BvR 2115/01).

25.9. **Mehr politisch motivierte Kriminalität in NRW:** Laut Verfassungsschutz-Zwischenbericht 2006 stiegen die Delikte um 14,3 % im Vergleich zum Vorjahreszeitraum. Mit 72,3 % hatten rechtsextremistisch motivierte Straftaten den größten Anteil, 16,5 % der Delikte wurden dem Linksextremismus zugerechnet, 2,1 % dem Ausländerextremismus.

26.9. **Festnahme rechtswidrig:** Das Amtsgericht Berlin-Tiergarten erklärt die Festnahme eines 36-Jährigen im Rahmen einer Razzia für rechtswidrig. Im Vorfeld eines Fußballspiels hatte die Polizei eine Berliner Diskothek in der Nacht zum 21.5. 2005 gestürmt. Bei dem Einsatz waren 158 Menschen festgenommen worden, von denen zwölf der Polizei als Gewalttäter bekannt waren. 20 Menschen wurden verletzt (Az. 381 AR 29/06).

27.9. **Akustische Wohnraumüberwachung 2005:** Das Bundesministerium der Justiz (BMJ) teilt mit, dass im letzten Jahr in sechs Ermittlungsverfahren Wohnungen abgehört wurden.

Telekommunikationsüberwachung 2005: Das BMJ teilt mit, dass es im Jahre 2005 4925 Ermittlungsverfahren mit Überwachungsmaßnahmen gab. Die Zahl der von den Überwachungen Betroffenen wird mit 12606 angegeben.

29.9. **Geldstrafe für Antifa-Symbole:** Das Landgericht Stuttgart verurteilt einen Versandhändler zu 3600 Euro Geldstrafe wegen Verwendens und Verbreitens von Kennzeichen verfassungswidriger Organisationen. Staatsanwaltschaft und Verteidigung kündigen Revision vor dem BGH an.

Oktober 2006

1.10. **Neue Datei über Sexualstraftäter/-innen:** Bayern führt die Haft-Entlassenen-Auskunfts-Datei-Sexualstraftäter (HEADS) ein.

3.10. **Konfrontationen bei Neonazi-Aufmarsch in Leipzig:** Im Rahmen von Gegendemonstrationen von etwa 2000 Mitgliedern der linken Szene werden Barrikaden errichtet und Flaschen geworfen. Zehn Menschen werden verletzt, darunter vier Polizisten. Nach Angaben der Polizei werden 59 Personen in Gewahrsam genommen.

5.10. **Demonstration gegen Studiengebühren:** Nach der Einführung von Studiengebühren in Hessen kommt es in Wiesbaden zu Protesten. Zwei Menschen werden in Gewahrsam genommen. Die Polizei hindert Demonstrierende mit dem Einsatz von Schlagstöcken daran, die Absperrung der Bannmeile zu übersteigen.

6.10. **Neues Abkommen zu Fluggastdaten:** Die EU und die Vereinigten Staaten einigen sich auf ein Abkommen, das bis Juni 2007 gültig ist. Die 34 Datensets dürfen künftig nicht mehr nur an den US-Zoll, sondern auch an andere Sicherheitsbehörden übermittelt werden.

10.10. **Mutmaßlicher Al-Qaida-Unterstützter festgenommen:** Auf Veranlassung der Bundesanwaltschaft wird ein 36-jähriger Iraker in der Nähe von Osnabrück festgenommen. Ihm wird vorgeworfen, Videobotschaften von Osama bin Laden, Ayman Al Zawahiri und Abu Musab Al Zarqawi im Internet verbreitet zu haben.

Wohnungsdurchsuchungen erneut verfassungswidrig: Das BVerfG veröffentlicht drei Beschlüsse, in denen Wohnungsdurchsuchungen, die ohne richterlichen Beschluss erfolgten oder unverhältnismäßig waren, für verfassungswidrig erklärt wurden (Az. 2 BVR 876/06; 2 BVR 1219/05; 2 BVR 1141/05).

Wiederaufnahme von Verfahren gefordert: Die Anwälte der Schwester eines im April in Dortmund von einem Polizisten getöteten Kongolesen erheben Vorwürfe wegen der Einstellung des Verfahrens. Es sei nicht ausreichend geprüft worden, ob der Polizist sich nicht auch mit Pfefferspray hätte verteidigen oder einen Warnschuss hätte abgeben können. Daraufhin prüft die Staatsanwaltschaft den Fall erneut.

BKA startet Biometrieprojekt: Mit Hilfe von 200 freiwilligen Pendlern/-innen werden von Oktober bis Januar 2007 am Mainzer Hauptbahnhof drei biometrische Gesichtserkennungssysteme getestet. Ziel der sogenannten »Fotofahndung« ist es, bereits bekannte Gesichter in einer sich bewegenden Menschenmenge durch einen Computerabgleich herausfiltern zu können.

11.10. **PKK-Führer verurteilt:** Das Oberlandesgericht (OLG) Celle verurteilt einen Kurden wegen Rädelsführerschaft in einer kriminellen Vereinigung zu drei Jahren Haft (Az. 2 StE 3/06).

13.10. **Überwachung mit IMSI-Catchern nicht verfassungswidrig:** Das BVerfG gibt bekannt, dass es am 22. August den Gebrauch von IMSI-Catchern zu Strafverfolgungszwecken für verfassungsgemäß erklärt hat. Weder das Fernmeldegeheimnis noch das Recht auf informationelle Selbstbestimmung seien unzulässig eingeschränkt (Az. 2 BvR 1345/03).

Angriff von Rechtsradikalen erfunden: Wegen Vortäuschung eines fremdenfeindlichen Übergriffs im Mai in Berlin wird ein 30-jähriger Italiener vom Amtsgericht Berlin-Tiergarten zu sechs Monaten Haft auf Bewährung und 1000 Sozialstunden verurteilt (Az. 251 A DS 75/06).

19.10. **Untersuchungsausschuss zum Fall Kurnaz:** Um die Misshandlungsvorwürfe gegen den ehemaligen Guantánamo-Häftling zu klären, wird der Verteidigungsausschuss des Bundestages mit den Rechten eines Untersuchungsausschusses ausgestattet.

20.10. **BigBrotherAwards verliehen:** Geehrt wird unter anderem die Innenministerkonferenz für die Einrichtung der Anti-Terror-Datei, die Kultusministerkonferenz für das Vorhaben, Bildungsdaten von Schülern/-innen zu erheben, und der Landtag von Mecklenburg-

Vorpommern für die gesetzliche Erlaubnis, öffentliche Gebäude und Plätze akustisch zu überwachen.

26.10. **Mann stirbt in Polizeizelle:** Am späten Nachmittag wird die Leiche des 41-Jährigen gefunden, der am Abend zuvor aufgefallen war, da er offenbar betrunken und nur bedingt ansprechbar auf einem Gehweg saß. Die Todesursache bleibt unklar.

Verbindungsdaten müssen gelöscht werden: Der Bundesgerichtshof entscheidet, dass Internetprovider Verbindungsdaten nach Beendigung der Verbindung löschen müssen. Ein Internetbenutzer hatte die Deutsche Telekom verklagt, die Verbindungsdaten an die Staatsanwaltschaft weitergegeben hatte (Az. III ZR 40/06).

28.10. **Anti-Nazi-Demo in Göttingen:** Als Reaktion auf einen Aufmarsch von 200 Anhängern/-innen der NPD und »Freier Kameradschaften« demonstrieren in Göttingen 4000 Menschen. Etwa 6000 Polizisten/-innen sind im Einsatz.

31.10. **Auslieferungsersuchen der Türkei unzulässig:** Wegen Teilnahme an einer Demonstration im Ausland darf ein Demonstrant nicht ausgeliefert werden, selbst wenn die Kundgebung gewaltsam verlief. Nach einem Urteil des OLG Hamm sind auf Grund des Europäischen Auslieferungsübereinkommens aus dem Jahr 1957 Auslieferungen wegen einer politischen Tat nicht zulässig (Az. 1 AK 40/05).

Polizei stürmt Kirchenasyl: Unter Androhung von Gewalt entfernt die Polizei eine fünfköpfige kurdische Familie aus einer Kirche in Koblenz, um sie in die Türkei abzuschieben. Es ist der erste Fall einer Missachtung des Kirchenasyls in Rheinland-Pfalz.

November 2006

9.11. **Räuber bei Überfall erschossen:** Bei einem Überfall auf einen Geldtransporter in Berlin-Friedrichshain schießen zwei Täter auf zwei Sicherheitsbeamte. Als diese zurückschießen, wird einer der Täter getroffen und stirbt am Tatort, der andere kann fliehen.

11.11. **Kein Prozess nach Feuertod:** Das Landgericht Dessau lehnt es ab, wegen des nach wie vor ungeklärten Todes eines Asylbewerbers einen Prozess zu führen. Der 21-jährige Mann aus Sierra Leone war im Januar 2005 im gefesselten Zustand in seiner Zelle verbrannt.

12.11. **Häftling in Zelle getötet:** In der Justizvollzugsanstalt (JVA) Siegburg wird ein 20-jähriger Mann getötet. Die Staatsanwaltschaft Bonn ermittelt gegen drei Mithäftlinge wegen Mordes, sexueller Nötigung und Vergewaltigung. In den folgenden Wochen kommt es zu 17 weiteren angezeigten Übergriffen unter Gefangenen in NRW.

Castor-Transport: Vor und während des Atom-Müll-Transportes kommt es zu Konfrontationen zwischen Polizei und Demonstranten/-innen. Der Zug erreicht am 13.11. das Zwischenlager.

15.11. **Haftbefehle gegen mutmaßliche DHKP-C-Mitglieder:** Wegen Verdachts auf Mitgliedschaft im terroristischen Flügel der türkisch-linksextremistischen Vereinigung nimmt die Bundesanwaltschaft in der Nähe von Uelzen in Niedersachsen einen 50-jährigen Türken fest. Wegen des selben Vorwurfs werden am 28.11. ein 38-jähriger und ein 48-jährigen Türke festgenommen.

Gewalt zwischen Jugendlichen und der Polizei: Im Berliner Wrangel-Kiez kommt es bei der Festnahme von zwei Zwölfjährigen zu Gewaltanwendungen. Nach Angaben der Polizei seien bis zu hundert Jugendliche über vier Beamten hergefallen, als diese festgenommene Kinder in Handschellen an die Wand stellten.

Tod in Zelle: Ein 38-jähriger Obdachloser stirbt in einer Einzelzelle der Rüsselsheimer Polizei. Der Mann war wegen eines Streits mit zwei anderen Obdachlosen festgenommen worden.

16.11. **El Motassadeq doch wegen Beihilfe zu Mord verurteilt:** In einem Revisionsverfahren erklärt der BGH den Angeklagten wegen Beihilfe zum Mord an den 246 Passagieren und Besatzungsmitgliedern der zum Absturz gebrachten Flugzeuge vom 11. September 2001 für schuldig. Zur Festsetzung einer neuen Strafe wird die Sache an das OLG Hamburg zurückverwiesen (Az. 3 StR 139/06).

Stufenmodell für geduldete Ausländer/-innen: Auf Beschluss der IMK erhalten Familien mit minderjährigen Kindern, die mindestens sechs, und Alleinstehende, die mindestens acht Jahre in Deutschland leben und zudem gut integriert sind und ihren Lebensunterhalt selbst verdienen, eine befristete Aufenthaltserlaubnis.

17.11. **Tod im Polizeigewahrsam:** In Immenstadt im Allgäu wird ein 42-Jähriger wegen Widerstandes bei seiner Festnahme gefesselt und auf die Straße gelegt. Der offenbar geistig verwirrte Mann stirbt an Herz-Kreislauf-Stillstand. Gegen den Einsatzleiter wird wegen fahrlässiger Tötung ermittelt.

20.11. **Terrorverdacht:** Die Generalbundesanwaltschaft nimmt sechs Personen vorläufig fest. Sie werden verdächtigt, mit Vorbereitungen für einen Sprengstoffanschlag auf ein Verkehrsflugzeug begonnen zu haben. In diesem Zusammenhang waren am 17.11. insgesamt neun Wohnungen in Rheinland-Pfalz und Hessen durchsucht worden.

Urteil im Potsdamer Antifa-Prozess: Zwei wegen eines Angriffs auf einen Neonazi angeklagte Mitglieder der linken Szene werden zu einer sechsmonatigen Haftstrafe auf Bewährung verurteilt, zwei erhalten eine Verwarnung. Sowohl die Staatsanwaltschaft als auch die Verteidigung gehen in Berufung.

21.11. **Freispruch eines Polizisten aufgehoben:** Dem Angeklagten wird vorgeworfen, eine zur Ausnüchterung in eine Haftzelle der Nürnberger Polizei verbrachte Frau sexuell missbraucht zu haben. Wegen Fehlern in der Beweisführung und der Nicht-Erwähnung eines früheren Missbrauchsfalls im Urteil wird die Sache durch den BGH an das Landgericht Nürnberg-Fürth zurückverwiesen (Az. 1 StR 392/06).

24.11. **Milli Görüs siegt vor Gericht:** Nach einem Urteil des Verwaltungsgerichtshofes (VGH) Baden-Württemberg müssen bestimmte Passagen über die als extremistisch eingestufte islamische Gemeinschaft im Verfassungsschutzbericht 2001 unkenntlich gemacht werden (Az. 1 S 2321/05).

25.11. **Ferndurchsuchung von PC nicht erlaubt:** Nach dem Beschluss eines BGH-Ermittungsrichters stellen weder die Vorschriften zur Wohnungsdurchsuchung noch die zum großen Lauschangriff eine hinreichende gesetzliche Grundlage dar, auf die auf einer Festplatte gespeicherte Daten online zuzugreifen (Az. 1BGs 184/2006; 1 Bgs 186/2006).

28.11. **Waffenarsenal bei rechtsextremistischer Organisation sichergestellt:** Das LKA Bayern macht bei einer Großrazzia im Raum Rosenheim ein umfangreiches Waffenarsenal ausfindig und nimmt dreizehn Personen vorläufig fest. Bei dem Einsatz, an dem 370 Beamte teilnehmen, werden 100 Kurz- und Langwaffen gefunden.

Bundesweite Razzia gegen mutmaßliche türkische Extremisten: 350 Polizeibeamte/-innen aus Baden-Württemberg, Nordrhein-Westfalen und Bayern durchsuchen 59 Objekte wegen Verdachts auf Verstoß gegen das Vereinsgesetz. Einige Verdächtige werden vorübergehend festgenommen.

29.11. **Grenzen für Untersuchungshaft gesetzt:** Das Bundesverfassungsgericht bekräftigt den Anspruch eines Mannes, nach vierjähriger Auflagenerfüllung die Rechtskraft des Urteils in Freiheit zu erwarten, und setzt die Untersuchungshaft aus.

30.11. **Bundestag schränkt Stasi-Überprüfungen ein:** Die Novelle, die am 15.12. den Bundesrat passiert, schafft die Regelüberprüfung im öffentlichen Dienst ab. Das Stasi-Unterlagengesetz aus dem Jahr 1991 wäre Ende 2006 ausgelaufen.

Bundestag beschließt Justizmodernisierungsgesetz: Das neue Gesetz

soll unter anderem Opfern von Straftaten mehr Rechte einräumen und den Opferschutz bei Prozessen gegen jugendliche Straftäter verbessern. Bei besonders schweren Straftaten können nun auch im Jugendstrafrecht Nebenkläger auftreten. Der Bundesrat stimmt dem Gesetz am 15. 12. zu.
Bundesweite Razzia gegen Kinderpornographie: Unter der Leitung des bayerischen LKA werden bei zwölf Personen in elf Bundesländern Durchsuchungen durchgeführt, nachdem auf dem Handy eines 36-jährigen Ingolstädters 120 Bilder mit kinderpornographischem Inhalt gefunden worden waren.

Dezember 2006

1. 12. **Bundestag beschließt Anti-Terror-Datei:** Die von Polizei und Geheimdiensten gemeinschaftlich genutzte Datei soll bis März 2007 realisiert werden. Der Bundesrat stimmt dem Gesetz am 15. Dezember zu.
Polizei erschießt Mann: Ein 36-jähriger Libanese randaliert beim Kloster Oberzell nahe Würzburg und greift mehrere Personen an. Nach dem Einsatz von Pfefferspray gibt ein Beamter zunächst einen Warn- und dann einen zweiten Schuss ab. Der Mann erliegt seinen Verletzungen.
5. 12. **Wohnungsverweis rechtmäßig:** Das Verwaltungsgericht Koblenz teilt mit, dass die Polizei bei einer Demonstration potenzielle Störer/-innen auch der eigenen Wohnung verweisen darf, wenn dies zum Schutz von Leib und Leben der Demonstrierenden notwendig ist (Az. 5 K 991/06 KO).
6. 12. **Amok-Drohung in Baden-Württemberg:** Ein per Internet angedrohter Amoklauf löst eine Großfahndung im Raum Offenburg aus. Die Polizei durchsucht unter anderem mehrere Schulen.
9. 12. **BND bezahlt 20 Auslandskorrespondenten/-innen:** Nach Angaben des Nachrichtenmagazins *Focus* wurden während der Kanzlerschaft von Gerhard Schröder etwa 20 Journalisten/-innen deutscher Medien als geheime Informanten/-innen eingesetzt und bezahlt. Dies sind 13 Personen mehr, als in dem im Mai veröffentlichten Sonderbericht angegeben wurden.
12. 12. **Haftbefehl nach Angriff auf Rechte:** Wegen versuchten Totschlages wird ein 21-jähriger Berliner Antifaschist festgenommen, nachdem er von zwei Neonazis beschuldigt wurde, sie Ende November tätlich angegriffen zu haben.
15. 12. **Razzia gegen Skinheads:** In Baden-Württemberg werden 44

Objekte durchsucht sowie 277 Personen und 159 Fahrzeuge kontrolliert. Nach eigenen Angaben wollte die Polizei mit der Aktion der rechtsextremen Szene ihre Grenzen aufzeigen und die Verfestigung von Strukturen verhindern.

18.12. **Idomeneo in Berlin störungsfrei aufgeführt:** Nach einer zwischenzeitlichen Absetzung der Mozartoper wegen befürchteter islamistisch motivierter Anschläge – der abgeschlagene Kopf des Propheten Mohammed wird in der Schlussszene gezeigt –, werden bei der Aufführung intensive Personen- und Taschenkontrollen durchgeführt. Etwa 150 Polizisten/-innen kommen zum Einsatz.

22.12. **Verfahren gegen Kameradschaft eingestellt:** Wie die Staatsanwaltschaft Frankfurt am Main mitteilt, reichen die bei Wohnungsdurchsuchungen im Oktober gefundenen Unterlagen nicht aus, um die rechtsextremen »Freien Nationalisten Rhein-Main« als kriminelle Vereinigung einzustufen.

Suizide nicht mehr melden: Die Berliner Justizsenatorin Gisela von der Aue (SPD) kündigt an, Selbsttötungen in Berliner Haftanstalten zukünftig nicht mehr zu melden, um die Persönlichkeitsrechte der Gefangenen und ihrer Familien zu wahren. Mit zehn Suiziden von Häftlingen liegt die Zahl für das Jahr 2006 so hoch wie noch nie seit der Wiedervereinigung.

Bürger- und Menschenrechtsorganisationen in Deutschland

(Auswahl)

AG sozialpolitischer Arbeitskreise
c/o Dieter Koschek
Dorfstr. 25, 88142 Wasserburg
Tel. und Fax 08382/89056
E-Mail: agspak@t-online.de
Internet: www.agspak.de

Aktion Courage
Kaiserstr. 201, 53113 Bonn
Tel. 0228/21 30 61, Fax 0228/26 29 78
E-Mail: info@aktioncourage.org
Internet: www.aktioncourage.de

amnesty international
Sektion der Bundesrepublik Deutschland
53108 Bonn
Tel. 0228/9 83 73-0, Fax 0228/63 00 36
E-Mail: info@amnesty.de
Internet: www.amnesty.de

Antirassistisch-Interkulturelles Informationszentrum (ARiC)
Chausseestr. 29, 10115 Berlin
Tel. 030/308 79 9-0, Fax 030/308 79 9-12
E-Mail: aric@aric.de
Internet: www.aric.de

Bundesarbeitskreis Kritischer Juragruppen (BAKJ)
c/o Moritz Assall
Vereinsstr. 34, 20357 Hamburg
E-Mail: bakj@bakj.de
Internet: www.bakj.de

Bundesverband Information und Beratung für NS-Verfolgte
Holweiderstr. 13–15, 51065 Köln
Tel. 0221/17 92 94-0, Fax 0221/17 92 94-29
E-Mail: info@nsberatung.de
Internet: www.nsberatung.de

Bürgerbüro e. V.
Verein zur Aufarbeitung von Folgeschäden der SED-Diktatur
Bernauer Str. 111, 13355 Berlin
Tel. 030/463 48 06, Fax 030/463 57 18
E-Mail: info@buergerbuero-berlin.de
Internet: www.buergerbuero-berlin.de

Büro gegen Altersdiskriminierung (BAldis)
Piusstr. 15, 50823 Köln
Tel. 0221/9345007
E-Mail: baldis@gmx.de
Internet: www.altersdiskriminierung.de

Chaos Computer Club
Lokstedter Weg 72, 20251 Hamburg
Fax 040/40 18 01 40
E-Mail: mail@ccc.de; office@ccc.de
Internet: www.ccc.de

Connection e. V.
Internationale Arbeit für Kriegsdienstverweigerer und Deserteure
Gerberstr. 5, 63065 Offenbach
Tel. 069/82 37 55 34, Fax 069/82 37 55 35
E-Mail: office@connection-ev.de
Internet: www.connection-ev.de

Deutsche Friedensgesellschaft/Vereinigte KriegsdienstgegnerInnen
Schwanenstr. 16, 42551 Velbert
Bundesgeschäftsstelle: Ökohaus
Kasseler Str. 1a, 60486 Frankfurt/Main
Tel. 069/272 982 31, Fax 069-272 982 32
E-Mail: office@dfg-vk.de
Internet: www.deutsche-friedensgesellschaft.de

Deutsche Gesellschaft für Soziale Psychiatrie
Zeltingerstr. 9, 50969 Köln
Tel. 0221/51 10 02, Fax 0221/52 99 03
E-Mail: dgsp@psychiatrie.de
Internet: http://psychiatrie.de/dgsp

Deutscher Frauenrat
Axel-Springer-Str. 54a, 10117 Berlin
Tel. 030/20 45 69-0, Fax 030/20 45 69-44
E-Mail: kontakt@frauenrat.de
Internet: www.frauenrat.de

Deutsche Vereinigung für Datenschutz
Bonner Talweg 33–35, 53113 Bonn
Tel. 0228/22 24 98, Fax 0228/243 84 70
E-Mail: dvd@datenschutzverein.de
Internet: www.datenschutzverein.de

Deutscher Kinderschutzbund
Bundesgeschäftsstelle
Hinüberstr. 8, 30175 Hannover
Tel. 0511/30 485-0, Fax 0511/30 485-49
E-Mail: info@dksb.de
Internet: www.dksb.de

FIAN Deutschland
FoodFirst Informations- & Aktions-Netzwerk
Düppelstr. 9–11, 50679 Köln
Tel. 0221/70 200 72, Fax 0221/70 200 32
E-Mail: fian@fian.de, Internet: www.fian.de

Forschungsgesellschaft Flucht und Migration (FFM)
Gneisenaustr. 2a, 10961 Berlin
E-Mail: ffm@ipn.de, Internet: www.ffm-berlin.de

Forum InformatikerInnen für Frieden und gesellschaftliche Verantwortung
Goetheplatz 4, 28203 Bremen
Tel. 0421/33 65 92 55, Fax 0421/33 65 92 56
E-Mail: fiff@fiff.de, Internet: http://fiff.hbxt.de

Forum Menschenrechte
Haus der Demokratie und Menschenrechte
Greifswalder Str. 4, 10405 Berlin
Tel. 030/42 02-1771, Fax 030/42 02-1772
E-Mail: kontakt@forum-menschenrechte.de
Internet: www.forum-menschenrechte.de

Gemeinschaft für Menschenrechte im Freistaat Sachsen
Postfach 120609, 01007 Dresden
Tel. 0351/49 51 857, Fax 0351/45 91 273
E-Mail: ernst.weit@gms-dresden.de, Internet: www.gms-dresden.de

Gesellschaft für bedrohte Völker (Deutschland)
Postfach 2024, 37010 Göttingen
Tel. 0551/49 90 60, Fax 0551/5 80 28
E-Mail: info@gfbv.de, Internet: www.gfbv.de

Gesellschaft für Bürgerrechte und Menschenwürde
Weitlingstr. 89, 10317 Berlin
Tel. 030/ 557 83 97, Fax 030/ 555 63 55
E-Mail: gbmev@t-online.de

Gustav Heinemann-Initiative
Haus der Demokratie und Menschenrechte
Greifswalder Str. 4, 10405 Berlin
Tel. 030/34 35 19 26, Fax 030/34 35 19 27
E-Mail: info@gustav-heinemann-initiative.de
Internet: www.gustav-heinemann-initiative.de

Helsinki Citizens Assembly
Deutsche Sektion
Augustastr. 41, 53173 Bonn
Tel. 0228/36 51 05, Fax 0228/36 51 06
E-Mail: hcagermany@aol.com
Internet: www.hca-deutschesektion.de

Holtfort-Stiftung
Taubenweg 4, 30880 Laatzen
Tel. 0511/820 72 73, Fax 0511/820 72 81
E-Mail: holtfortstiftung@debitel.net

Humanistische Union
Haus der Demokratie und Menschenrechte
Greifswalder Str. 4, 10405 Berlin
Tel. 030/20 45 02 56, Fax 030/20 45 02 57
E-Mail: info@humanistische-union.de
Internet: www.humanistische-union.de

Institut für Bürgerrechte & öffentliche Sicherheit
Malteserstr. 74–100, 12249 Berlin
Tel. 030/83 87 04 62, Fax 030/775 10 73
E-Mail: info@cilip.de, Internet: www.cilip.de

Institut für Informations- und Kommunikationsökologie
c/o Dr. Christian Schicha
Am Botanischen Garten 8, 47058 Duisburg
Tel. 0203/33 10 10, Fax 0203/33 21 53
E-Mail: schicha@ikoe.de, Internet: www.ikoe.de

Internationale Ärzte für die Verhütung des Atomkrieges (IPPNW)
Körtestr. 10, 10967 Berlin
Tel. 030/69 80 740, Fax 030/69 38 166
E-Mail: kontakt@ippnw.de, Internet: www.ippnw.de

Internationale Liga für Menschenrechte
Haus der Demokratie und Menschenrechte
Greifswalder Str. 4, 10405 Berlin
Tel. 030/396 21 22, Fax 030/396 21 47
E-Mail: vorstand@ilmr.org, Internet: www.ilmr.org

JungdemokratInnen/Junge Linke
Haus der Demokratie und Menschenrechte
Greifswalderstr. 4, 10405 Berlin
Tel. 030/44 02 48 64, Fax 030/44 02 48 66
E-Mail: info@jdjl.org
Internet: www.jungdemokraten-jungelinke.de

Kein Mensch ist illegal
c/o Allerweltshaus
Körnerstr. 77–79, 50823 Köln-Ehrenfeld
Tel. 0221/17 07 07 94
E-Mail: kmii-koeln@gmx.net
Internet: www.kmii-koeln.de

Komitee für Grundrechte und Demokratie
Aquinostr. 7–11, 50670 Köln
Tel. 0221/972 69 30, Fax 0221/972 69 31
E-Mail: info@grundrechtekomitee.de
Internet: www.grundrechtekomitee.de

Lesben- und Schwulenverband in Deutschland
Pipinstraße 7, 50667 Köln
Tel. 0221/92 59 61-0, Fax 0221/92 59 61-11
E-Mail: lsvd@lsvd.de, Internet: www.lsvd.de

Mehr Demokratie
Haus der Demokratie und Menschenrechte
Greifswalder Str. 4, 10405 Berlin
Tel. 030/42 08 23 70
E-Mail: info@mehr-demokratie.de
Internet: www.mehr-demokratie.de

Netzwerk Friedenskooperative
Römerstr. 88, 53111 Bonn
Tel. 0228/69 29 04, Fax 0228/69 29 06
E-Mail: friekoop@bonn.comlink.org
Internet: www.friedenskooperative.de

Neue Richtervereinigung
Haus der Demokratie und Menschenrechte
Greifswalder Str. 4, 10405 Berlin
Tel. 030/42 02 23 49, Fax 030/42 02 23 50
E-Mail: sekretariat@nrv-net.de
Internet: www.nrv-net.de

Neues Forum (Berlin)
Winsstr. 60, 10405 Berlin
Tel. 030/247 94 04, Fax 030/24723605
E-Mail: info@neuesforum.de
Internet: www.neuesforum.de

Ökumenische Bundesarbeitsgemeinschaft »Asyl in der Kirche«
Lindenstr. 85, 10969 Berlin
Tel. 030/25 89 88 91, Fax 030/25 89 89 64
E-Mail: info@kirchenasyl.de, Internet: www.kirchenasyl.de

pro asyl
Postfach 160 624, 60069 Frankfurt
Tel. 069/23 06 88, Fax 069/23 06 50
E-Mail: proasyl@proasyl.de, Internet: www.proasyl.de
(hier zu erfragen: Flüchtlingsräte auf Landesebene)

Republikanischer Anwältinnen- und Anwälteverein
Haus der Demokratie und Menschenrechte
Greifswalder Str. 4, 10405 Berlin
Tel. 030/41 72 35 55, Fax 030/41 72 35 57
E-Mail: ravev@t-online.de, Internet: www.rav.de

Strafverteidiger-Vereinigungen (Organisationsbüro)
c/o Vereinigung Berliner Strafverteidiger
Münchener Str. 16, 10779 Berlin
Tel. 030/34 78 12 65, Fax 030/34 78 12 66
E-Mail: email@strafverteidiger-berlin.de
Internet: www.strafverteidiger-berlin.de

terre des femmes
Konrad-Adenauer-Str. 40, 72072 Tübingen
Tel. 07071/79 73-0, Fax 07071/79 73-22
E-Mail: tdf@frauenrechte.de, Internet: www.terre-des-femmes.de

terre des hommes
Ruppenkampstr. 11a, 49084 Osnabrück
Tel. 0541/71 01-0, Fax 0541/70 72 33
E-Mail: info@tdh.de, Internet: www.tdh.de

Verband für interkulturelle Arbeit
Hochemmericher Str. 71, 47226 Duisburg
Tel. 02065/53 346, Fax 02065/53 561
E-Mail: via@via-bund.de, Internet: www.via-bund.de

Vereinigung Demokratischer Juristinnen und Juristen
Schönhauser Allee 84, 10439 Berlin
Tel. 030/44 67 67-23, Fax 030/44 67 67-24
E-Mail: bundessekretaer@vdj.de, Internet: www.vdj.de

Zentralstelle für Recht und Schutz der Kriegsdienstverweigerer aus Gewissensgründen
Sielstraße 40, 26345 Bockhorn
Tel. 04453/98 648-88, Fax 04453/98 648-90
E-Mail: zentralstelle.kdv@t-online.de
Internet: www.zentralstelle-kdv.de

Kurzporträts der herausgebenden Organisationen

Humanistische Union

Die HUMANISTISCHE UNION wurde 1961 als kultur- und rechtspolitische Vereinigung gegründet, Anlass und Motiv waren vor allem konservative und klerikale Einflüsse auf Kultur und Medien. Der Protest gegen Zensur, die Forderung nach Trennung von Staat und Kirchen sind auch heute noch wichtige Themen ihrer Arbeit. Im Gründungsaufruf heißt es: »Die Befreiung des Menschen aus den Fesseln obrigkeitsstaatlicher und klerikaler Bindungen, die Verkündung der Menschenrechte und Menschenpflichten, der Ausbau von Erziehungs-, Bildungs- und Fürsorgeeinrichtungen, die allen Bürgern offen stehen, die Entfaltung einer freien Wissenschaft, Presse, Literatur und Kunst – dies alles sind nicht Entartungen, sondern Grundbedingungen des Lebens in einer zivilisierten Gesellschaft.«
Zu unserem Kampf um die Grundrechte und Bürgerfreiheiten gehören das Engagement für den selbstbestimmten Schwangerschaftsabbruch, für die Schaffung eines Antidiskriminierungsgesetzes, für ein Bildungswesen ohne Ausgrenzungen, für Reformen im Sexualstrafrecht, im Strafvollzug und anderen geschlossenen Institutionen, für das Selbstbestimmungsrecht von Kranken und Sterbenden, für eine gläserne Verwaltung anstelle des gläsernen Menschen, gegen Atomkraft und Militarisierung, für die Kontrolle des Staates und insbesondere seiner Sicherheitsbehörden, für mehr politische Partizipationsmöglichkeiten – zusammengefasst für die freie Entfaltung und Selbstbestimmung der Bürgerinnen und Bürger, für den Ausbau und gegen die Einschränkung der Grundrechte und des demokratischen Rechtsstaats. Mitglieder der Humanistischen Union arbeiten in Projektgruppen, Orts- und Landesverbänden an einzelnen dieser Themen; 4-mal jährlich erscheinen die »HU-Mitteilungen. Zeitschrift für Aufklärung und Bürgerrechte«. Alle 1–2 Jahre verleiht die Humanistische Union im Gedenken an ihren Mitbegründer den »Fritz-Bauer-Preis« für Verdienste um Recht und Gerechtigkeit. Die

Zeitschrift *Vorgänge*, 1961 von der HU begründet, wird gemeinsam mit der Gustav Heinemann-Initiative als »Zeitschrift für Bürgerrechte und Gesellschaftspolitik« (im Berliner Wissenschaftsverlag) herausgegeben.

Humanistische Union
Bundesgeschäftsstelle
Haus der Demokratie und Menschenrechte
Greifswalder Str. 4, 10405 Berlin
Tel. 030/20 45 02 56, Fax 030/20 45 02 57,
E-Mail: info@humanistische-union.de
Internet: www.humanistische-union.de
Spendenkonto: BfS Berlin, BLZ 100 205 00, Konto 30 74 200

Gustav Heinemann-Initiative

Die Gustav Heinemann-Initiative (GHI) ist eine unabhängige, überparteiliche Bürgerrechtsbewegung, die sich kritisch mit der Entwicklung der Bundesrepublik Deutschland, insbesondere mit der Friedenspolitik und Menschenrechtsfragen, befasst. Sie orientiert sich stark am politischen Wirken Gustav W. Heinemanns.
Die GHI wurde 1978 gegründet. Zu ihren Initiatoren gehörten unter anderem namhafte Persönlichkeiten aus Publizistik, Wissenschaft, Gewerkschaften, Kirchen, Politik und aus dem juristischen Bereich. Im Gründungsaufruf heißt es: »Unser Grundgesetz ist ein großes Angebot. Zum ersten Mal in unserer Geschichte will es in einem freiheitlich-demokratischen und sozialen Rechtsstaat der Würde des Menschen Geltung verschaffen. In ihm ist Platz für eine Vielfalt der Meinungen, die es in offener Diskussion zu klären gilt. Uns in diesem Grundgesetz zusammenzufinden und seine Aussagen als Lebensform zu verwirklichen ist die gemeinsame Aufgabe.
Daher appellieren wir an alle, denen der Name Gustav Heinemann Ermutigung und Verpflichtung war und ist. Dieser Name steht für die besten Traditionen liberalen Bürgertums, des demokratischen Sozialismus, christlicher Weltverantwortung und des Engagements für Frieden. Gustav Heinemann wollte, dass wir das Grundgesetz nicht als Zement einer starren Ordnung missverstehen, sondern als Angebot einer Gesellschaft, in der sich immer von neuem freie Bürger in solidarischer Anstrengung um mehr Gerechtigkeit bemühen.«
Wir laden interessierte Bürgerinnen und Bürger zur Mitgliedschaft

ein. Gemeinsam mit der Humanistischen Union und dem »Komitee für Grundrechte« gibt die GHI die Zeitschrift *Vorgänge* heraus.

Gustav Heinemann-Initiative
Sprecher: Werner Koep-Kerstin
Haus der Demokratie und Menschenrechte
Greifswalder Str. 4, 10405 Berlin
Tel. 030/34 35 19 26, Fax 030/34 35 19 27
E-Mail: info@gustav-heinemann-initiative.de
Internet: www.gustav-heinemann-initiative.de
Spendenkonto: Volksbank Rastatt
BLZ 66290000, Konto-Nr. 17173707

Komitee für Grundrechte und Demokratie

Das Komitee für Grundrechte und Demokratie konzentriert seine Arbeit vor allem auf die Situation der Grund- und Menschenrechte in der Bundesrepublik Deutschland. Die Schwerpunkte, Themen und Aktionen verändern sich. Aktuelle Fragestellungen werden aufgegriffen und bearbeitet. Einige grundlegende Themen beschäftigen das Komitee immer wieder neu. Schwerpunkte der derzeitigen Arbeit seien stichwortartig herausgegriffen: Strafrecht, Haftbedingungen und Gefangenenhilfe; Friedenspolitik; Demonstrationsrecht und -beobachtungen; Flucht, Migration und Asyl; Soziale Bürger- und Menschenrechte; Verletzungen von Grundrechten im Namen der »Inneren Sicherheit«; Neue Technologien und das Gesundheitssystem (elektronische Gesundheitskarte); Prozessbeobachtungen; Fragen einer menschenrechtlich-demokratisch nötigen bundesdeutschen und europäischen Verfassung; Ferien vom Krieg für Kinder und Jugendliche aus dem ehemaligen Jugoslawien, Israel und Palästina.

Zu vielen dieser Themen sind Arbeitsgruppen tätig, die Aktionen planen, vorbereiten und ermöglichen. Zu aktuellen Fragen werden Stellungnahmen oder Pressemitteilungen herausgegeben. Auf Tagungen und in Publikationen werden Hintergründe und Zusammenhänge grundrechtlicher Probleme analysiert. Alljährlich erscheint das Jahrbuch des Komitees für Grundrechte und Demokratie, in dem die vielen Dimensionen konkreter Gefährdungen von Grund- und Menschenrechten aufgezeigt werden. Dort, wo möglich, nötig und sinnvoll, tritt das Komitee für bedrohte Menschenrechte und gegen undemokratische Maßnahmen in Formen strikt gewaltfreien symbolischen Handelns direkt ein.

Die Gefangenenbetreuung umfasst einen umfangreichen Briefwechsel mit Gefangenen und Eingaben zur Verbesserung von Haftbedingungen bei den Behörden, aber auch zahlreiche Gefangenenbesuche. Auf Anfrage erhalten Gefangene Literatur in die Justizvollzugsanstalten geschickt. Ein besonderer Schwerpunkt liegt in der kritischen Auseinandersetzung mit der lebenslangen Freiheitsstrafe und ihren repressiven Auswirkungen auf den sogenannten Normalvollzug.

Das Komitee für Grundrechte und Demokratie wurde 1980 gegründet. Die Initiative ging aus von Personen, die am Zustandekommen des Russell-Tribunals über die Situation der Menschenrechte in der Bundesrepublik Deutschland (1978/79) beteiligt waren. Die damals formulierten Ziele sind nach wie vor seine Leitlinie: Couragiertes und menschenrechtlich erforderlichenfalls zivil ungehorsames Engagement für Menschenrechte aller Menschen und überall.

Im Gründungsmanifest von 1980 heißt es: »Das Komitee begreift als seine Hauptaufgaben, einerseits aktuelle Verletzungen von Menschenrechten kundzutun und sich für diejenigen einzusetzen, deren Rechte verletzt worden sind (z.B. im Kontext sogenannter Demonstrationsdelikte, Justizwillkür, Diskriminierung, Berufsverbote, Ausländerfeindlichkeit, Totalverweigerung, Asyl- und Flüchtlingspolitik), andererseits aber auch Verletzungen aufzuspüren, die nicht unmittelbar zutage treten und in den gesellschaftlichen Strukturen und Entwicklungen angelegt sind (struktureller Begriff der Menschenrechte). Die Gefährdung der Grund- und Menschenrechte hat viele Dimensionen, vom Betrieb bis zur Polizei, vom ›Atomstaat‹ bis zur Friedensfrage, von der Umweltzerstörung bis zu den Neuen Technologien, von der Meinungsfreiheit bis zum Demonstrationsrecht, von der Arbeitslosigkeit bis zur sozialen Deklassierung, von den zahlreichen ›Minderheiten‹ bis zur längst nicht verwirklichten Gleichberechtigung der Frau.«

Das Komitee hat die Rechtsform eines eingetragenen, gemeinnützigen Vereins. Organisatorisch besteht das Komitee aus einem Mitglieder- und einem Förderkreis zur Unterstützung des Komitees. Interessierten senden wir gerne Informationen und die Liste unserer Veröffentlichungen zu.

Komitee für Grundrechte und Demokratie e. V.
Aquinostr. 7–11, 50670 Köln
Tel. 0221/9 72 69-30, Fax 0221/9 72 69-31
E-Mail: info@www.grundrechtekomitee.de
Internet: www.grundrechtekomitee.de
Spendenkonto: Volksbank Odenwald
BLZ 508 635 13, Konto-Nr. 8 024 618

BAKJ – Bundesarbeitskreis Kritischer Juragruppen

Der BAKJ ist die bundesweite Koordination der linken kritischen Initiativen im juristischen Ausbildungsbereich. Er ist ein Zusammenschluss von studentischen Gruppen an juristischen Fachbereichen sowie RechtsreferendarInnen und interessierten Einzelpersonen.
Hochschulpolitisch setzt sich der BAKJ ein für eine Ausbildung, die Theorie und Praxis vernetzt und so die sozialen Bezüge des Rechts reflektiert und den kritischen Umgang mit Recht fördert. Viele BAKJ-Gruppen setzen sich für diese Ziele auch im Rahmen der universitären »Selbstverwaltung« ein.
Der BAKJ tritt ein für eine antifaschistische, basisdemokratische und emanzipatorische Gesellschaft und wendet sich gegen jede Form von Diskriminierung, insbesondere Antisemitismus, Rassismus und Sexismus. Rechtspolitisch beschäftigt sich der BAKJ deshalb unter anderem mit folgenden Themen: BürgerInnenrechte, Migrations- und Asylpolitik, Kapitalismuskritik, Feministische Rechtspolitik, Globalisierungskritik, Umweltpolitik und Anti-Militarismus.
Seit der Gründung des BAKJ 1989 veranstaltet der BAKJ regelmäßig rechtspolitische Kongresse zu den oben genannten Themen. Daneben ist der BAKJ Mitherausgeber der Zeitschrift *Forum Recht* und gibt seit 1997 jährlich mit verschiedenen BürgerInnenrechtsorganisationen den Grundrechte-Report heraus.

Bundesarbeitskreis Kritischer Juragruppen
c/o Moritz Assall, Vereinsstr. 34, 20357 Hamburg
E-Mail: bakj@bakj.de, Internet: www.bakj.de

PRO ASYL – Bundesweite Arbeitsgemeinschaft für Flüchtlinge

PRO ASYL ist ein bundesweiter Zusammenschluss von Mitarbeiterinnen und Mitarbeitern landesweiter Flüchtlingsinitiativen, Kirchen, Gewerkschaften, Wohlfahrts- und Menschenrechtsorganisationen. PRO ASYL wird durch den Vertreter des Hohen Flüchtlingskommissars der Vereinten Nationen in der Bundesrepublik Deutschland beraten. Seit der Gründung im Jahre 1986 hat sich PRO ASYL zu einer Menschenrechtsorganisation mit mehr als 13 000 Mitgliedern entwickelt.

PRO ASYL

- setzt sich in der Öffentlichkeit für Flüchtlinge ein,
- gibt Anregungen zum jährlichen Tag des Flüchtlings,
- veröffentlicht Informationen über Fluchtursachen und die Aufnahme von Flüchtlingen in Deutschland,
- unterstützt aus einem Rechtshilfefonds das juristische Vorgehen, mit dem Flüchtlingen zu ihrem Recht verholfen werden soll,
- fördert regionale Zusammenschlüsse von Flüchtlingsräten und arbeitet mit Flüchtlingsinitiativen zusammen.

PRO ASYL setzt sich dafür ein, dass Flüchtlinge in diesem Lande den Schutz bekommen, den sie benötigen, und engagiert sich dabei gegen Versuche, die völkerrechtlichen Grundlagen der Asylgewährung auszuhöhlen. PRO ASYL kritisiert die zunehmenden Versuche von staatlicher Seite, Flüchtlinge auszugrenzen und zu stigmatisieren.

PRO ASYL
Postfach 16 06 24, 60069 Frankfurt/Main
Tel. 069/23 06 88, Fax 069/23 06 50
E-Mail: proasyl@proasyl.de, Internet: www.proasyl.de
Spendenkonto: Bank für Sozialwirtschaft Köln
BLZ 37020500, Konto-Nr. 8047300

Republikanischer Anwältinnen- und Anwälteverein (RAV)

Der RAV gründete sich 1979 als politische Anwaltsorganisation neben den Strafverteidigervereinigungen. In einer Zeit von öffentlichen Angriffen sowie Straf- und Ehrengerichtsverfahren gegen Anwälte, vor allem gegen solche, die in politischen Strafverfahren verteidigten, sollte eine schlagkräftige Interessensvertretung aufgebaut werden. Ein Republikaner war und ist ein radikaler Demokrat, also

einer, der auf dem Vorrang der Menschen- und Bürgerrechte gegenüber den Interessen staatlicher und wirtschaftlicher Institutionen besteht und stets mehr Demokratie will, als gerade erreicht ist.
Für den Anwaltsberuf heißt das, Recht als Waffe zu verstehen, es für Schwächere gegen Herrschaft einzusetzen und es auf die republikanischen Ziele hin weiterzuentwickeln.
Dem Begriff »republikanisch« fühlt sich der RAV ungeachtet dessen, dass eine rechtsradikale Partei sich diesen Namen sinnwidrig anmaßt, nach wie vor verpflichtet.
Gegenüber 1979 hat sich die Rechtswirklichkeit stark verändert. Engagierte Anwältinnen und Anwälte sind in der Öffentlichkeit weitgehend akzeptiert, exponierte RAV-Mitglieder wurden Bundes- und Landesminister, Präsidenten von Rechtsanwaltskammern o. Ä. Die Probleme der Mandanten sind jedoch ähnliche wie zu Gründungszeiten. Die Rechte von Flüchtlingen und Nichtdeutschen werden ständig beschränkt. Die Opfer einer irrationalen Drogenpolitik finden sich ebenso in den überfüllten Haftanstalten wie eine wachsende Zahl Armutskrimineller. In den Gefängnissen harren die hehren Ziele des Strafvollzugsgesetzes ihrer Umsetzung. In Zeiten wirtschaftlicher Krise werden Errungenschaften des Sozialstaates abgebaut. Gerade deswegen ist die Satzung des RAV von ungebrochener Aktualität, wenn es dort heißt: »Der Rechtsanwalt ist ein einseitig gebundener Interessenvertreter seines Mandanten und ausschließlich diesem und sich selbst verantwortlich.«

Die Tätigkeit des RAV hat folgende Schwerpunkte:
- Der RAV sieht sich als Teil der Bürgerrechtsbewegung und arbeitet mit zahlreichen Verbänden und Gruppen der neuen sozialen Bewegung zusammen. Er nimmt Einfluss auf rechtspolitische Entwicklungen durch Beteiligungen an der öffentlichen und fachöffentlichen Diskussion, u. a. durch Abgabe von Stellungnahmen gegenüber der Legislative sowie dem Bundesverfassungsgericht.
- Er streitet insbesondere
  - gegen die ständige Verschärfung des Straf- und des Strafprozessrechts,
  - gegen Polizeigewalt und die ständige Ausweitung polizeilicher Befugnisse,
  - gegen ein rassistisches Asyl- und Ausländerrecht,
  - für die Wahrung der Rechte von Minderheiten,
  - für menschenwürdige Lebens- und Arbeitsbedingungen.

Er vertritt diese Ziele auch in der europäischen Anwaltsvereinigung AED (Avocats Européens Démocrates), arbeitet in der Menschenrechtsbewegung, vertritt eine konsequent antimilitaristische Position in internationalen Konflikten, er unterstützt verfolgte ausländische Kolleginnen und Kollegen, lässt Prozesse beobachten, unterstützt die Arbeit der europäischen Legalteams und betreibt anwaltliche Fortbildung wie Fachanwaltskurse und sonstige berufliche Fortbildungsveranstaltungen.

Republikanischer Anwältinnen- und Anwälteverein
Geschäftsstelle: Haus der Demokratie und Menschenrechte
Greifswalder Str. 4, 10405 Berlin
Tel. 030/41 72 35 55, Fax 030/41 72 35 57
E-Mail: RAVeV@t-online.de, Internet: www.rav.de

Vereinigung Demokratischer Juristinnen und Juristen (VDJ)

Die Vereinigung Demokratischer Juristinnen und Juristen e. V. (VDJ) wurde 1972 von einigen Anwältinnen und Anwälten sowie von Jurastudentinnen und -studenten gegründet, die von den Ideen der »68er«-Bewegung geprägt waren. Im Gegensatz zu einigen anderen linken Juristen wollten die Mitglieder der VDJ sich nicht auf die Strafverteidigung angeklagter Gesinnungsgenossen beschränken. Die neu gegründete Organisation sollte sich vielmehr für die Durchsetzung rechtspolitischer Reformvorstellungen engagieren, dabei aber parteipolitisch unabhängig sein.
Nach ihrer Satzung sieht die VDJ die Grundlagen ihrer Arbeit in den Leitprinzipien Freiheit, Gleichheit, Solidarität, Demokratie und Rechtsstaatlichkeit. Dabei fühlt sich die Vereinigung der antifaschistischen Tradition verpflichtet und wendet sich gegen Nationalismus und Rassismus. Dem entsprechen die außenpolitischen Zielsetzungen: Sicherung des Friedens, Achtung der politischen und sozialen Menschenrechte sowie der Charta der Vereinten Nationen und anderer verbindlicher Völkerrechtsdokumente. Auf dieser Grundlage hat die VDJ u. a. den Kriegseinsatz gegen Jugoslawien im Jahre 1999 sowie den Krieg im Irak 2003 kritisiert.
Die Arbeit der VDJ findet in derzeit 16 Regionalgruppen, den Arbeitskreisen »Arbeitsrecht« und »Familienrecht« sowie dem Bundesvorstand statt, dem Personen aus unterschiedlichen juristischen Berufssparten angehören – vom Hochschullehrer bis zur Studentin. Zu einer breiten Palette von rechtspolitischen Themen wurden im

Laufe der Jahre Veranstaltungen organisiert oder kritische Stellungnahmen erarbeitet, von der Berufsverbotspraxis der siebziger Jahre und anderen Menschenrechtsverstößen – wie z. B. beim Umgang mit Ausländern, Rassismus, »Anti-Terror-Gesetzen« – bis hin zu Einzelfragen der Entwicklung des Arbeits- und des Sozialrechts. Es bleibt aber nicht bei der Kritik, sondern es wurden auch Gegenentwürfe wie z. B. das (1983 erschienene) umfangreiche Memorandum »Zur rechtspolitischen Entwicklung in der Bundesrepublik Deutschland« erstellt. Auch werden zu rechtspolitischen Themen wissenschaftliche Kongresse veranstaltet, so u. a. zum 25. Jahrstag des Grundgesetzes, zum umstrittenen NATO-Doppelbeschluss von 1979, zum Umwelt- und Technologierecht, zur Entwicklung des Ausländer- und Asylrechts, zu Vorzügen und Gefahren des Internets und zur Privatisierung sozialer Risiken. Viele dieser Kongresse wurden in Buchform dokumentiert.
Zahlreiche internationale Kontakte ergeben sich durch die Mitgliedschaft der VDJ in der »Europäischen Vereinigung von Juristinnen und Juristen für Demokratie und Menschenrechte in der Welt« (EJDM), an deren Aktivitäten sich regelmäßig VDJ-Mitglieder beteiligen. Über neue rechtspolitische Entwicklungen und über aktuelle Debatten informiert die vierteljährlich erscheinende Zeitschrift »Ansprüche«, deren Bezug im Mitgliedesbeitrag enthalten ist. Aktuelle Erklärungen sowie viele weitere Informationen rund um die Organisation und ihre Aktivitäten finden sich auf der Homepage: www.vdj.de.

VDJ-Bundessekretariat
Schönhauser Allee 84, 10439 Berlin
Tel. 030/44 67 67 23, Fax 030/44 67 67 24
E-Mail: Bundessekretaer@vdj.de, Internet: www.vdj.de
Spendenkonto: SEB Düsseldorf,
BLZ 300 101 11, Konto-Nr. 1204997100

Neue Richtervereinigung

Die Neue Richtervereinigung (NRV) wurde am 7. März 1987 in Frankfurt am Main gegründet. Sie ist ein Zusammenschluss von Richterinnen und Richtern, Staatsanwältinnen und Staatsanwälten, der auf Bundesebene als eingetragener Verein organisiert ist. In den meisten Bundesländern ist die NRV durch Landesverbände vertreten, die durch Landessprechergremien repräsentiert werden.

Die NRV tritt ein für

- die innere Demokratisierung von Gesellschaft und Justiz,
- die Freiheitsrechte der Bürger und die soziale Gerechtigkeit,
- die Gleichheit aller, die Gleichberechtigung der Geschlechter und den Schutz von Minderheiten,
- die Solidarität der Menschen gegen ihre Vernichtung durch Krieg,
- die Bewahrung der Lebensgrundlagen.

Die NRV setzt sich ein für sozial ausgewogene Lösungen im materiellen und Verfahrensrecht im Interesse der Rechtssuchenden und für die Unabhängigkeit der Justiz von Einflüssen, die die Justizgewährung für die Bürger beeinträchtigen könnten. Darauf bauen auf

- die grundlegenden Entwürfe der NRV für eine möglichst hierarchiefreie Justizstruktur als eigenständige dritte Staatsgewalt,
- die Forderung nach hinreichenden Arbeitsbedingungen,
- die Konzepte zum Richterbild mit Konsequenzen für Ausbildung und Einstellungsverfahren.

Zahlreiche Mitglieder der NRV wirken daher aktiv in justizinternen Gremien (Richterräte, Präsidialräte), politischen Parteien oder anderen gesellschaftlich engagierten Organisationen mit.

Neue Richtervereinigung e. V.
Greifswalder Str. 4, 10405 Berlin
Tel. 030/42 02 23 49, Fax 030/42 02 23 50
E-Mail: info@nrv-net.de, Internet: www.nrv-net.de

Internationale Liga für Menschenrechte

im Geiste von Carl von Ossietzky

Die Internationale Liga für Menschenrechte ist eine traditionsreiche unabhängige und gemeinnützige Nichtregierungsorganisation, die sich für Menschenrechte und Frieden einsetzt. Sie arbeitet auf der Grundlage der Allgemeinen Erklärung der Menschenrechte von 1948, der Europäischen Menschenrechtskonvention von 1950 und der beiden UN-Pakte von 1966. Sie betrachtet die Menschenrechte als universell und unteilbar. Ihr Menschenrechtsbegriff umfasst gleichberechtigt die bürgerlich-politischen, sozialen, wirtschaftlichen und kulturellen Schutz- und Teilhaberechte – unabhängig von Herkunft, Geschlecht, Hautfarbe, Religion oder politischer Überzeugung.

Die Internationale Liga für Menschenrechte ist als deutsche Sektion Mitglied der Fédération Internationale des Ligues de Droits de l'Homme (FIDH) in Paris, ein Zusammenschluss von Ligen in über 50 Ländern. Sie ist akkreditiert bei UNO, Europarat und UNESCO. Als Nichtregierungsorganisation handelt die Liga unabhängig von staatlichen und nichtstaatlichen Institutionen. Ihre vorrangige Aufgabe sieht die Liga darin, eine kritische Öffentlichkeit herzustellen und Druck auf Regierungen und politische Entscheidungsträger zu erzeugen. Sie kämpft für die Einhaltung und Fortentwicklung der Bürger- und Menschenrechte – auf internationaler Ebene (z. B. Iran und Türkei-Kurdistan), in Europa (EU) und in der Bundesrepublik. Die Liga sucht nach neuen Wegen für die Durchsetzung der Menschenrechte unter den Bedingungen der Globalisierung; sie wendet sich gegen die zunehmende Militarisierung der Außenpolitik und gegen militärische Interventionen im Zuge des weltweiten »Kriegs gegen den Terror«.
Die Liga beteiligt sich an der Koordinierung von Bürgerrechtsarbeit, an Menschenrechtsdelegationen und Prozessbeobachtungen. Außerdem beleuchtet sie regelmäßig in Veranstaltungen die Menschenrechtslage in der Bundesrepublik und in anderen Ländern.
Die Internationale Liga für Menschenrechte wendet sich gegen die Rücknahme rechtsstaatlicher und bürgerrechtlicher Errungenschaften im Straf- und Polizeirecht, fordert die Wiederherstellung des uneingeschränkten Grundrechts auf Asyl, eine unabhängige Evaluierung und gründliche Revision der sogenannten Antiterrorgesetze. Seit ihrem Bestehen setzt sich die Liga kritisch mit staatlichen Instanzen und ihren Aktivitäten auseinander – so auch mit Justiz, Polizei und Geheimdiensten. Das V-Leute-Unwesen, wie es im Zusammenhang mit dem NPD-Verbotsverfahren bruchstückhaft sichtbar wurde, nahm die Liga zum Anlass, um sich für eine unverzügliche Unterbindung der skandalösen Verstrickungen des *»Verfassungsschutzes«* in Neonazi-Szenen und rechtsextreme Parteien einzusetzen. Sie betrachtet den Kampf gegen Rechtsextremismus ohnehin nicht als Domäne des Inlandsgeheimdienstes, auch nicht allein als Aufgabe von Polizei und Justiz, sondern als eine gesamtgesellschaftliche Verpflichtung. Ihren Beitrag dazu leistet sie durch Aufklärung, Sensibilisierung und durch die aktive Auseinandersetzung mit der deutschen Geschichte.
Seit 1962 verleiht die Internationale Liga für Menschenrechte jährlich die Carl-von-Ossietzky-Medaille an Personen und Gruppen, die sich um die Verteidigung, Durchsetzung und Fortentwicklung

der Menschenrechte und des Friedens besonders verdient gemacht haben. Die Liga ist außerdem zusammen mit anderen Datenschutz- und Bürgerrechtsgruppen Mitglied in der Jury zur jährlichen Vergabe des Negativpreises »BigBrotherAward« an Personen und Institutionen, die in besonderem Maße gegen den Datenschutz und die informationelle Selbstbestimmung verstoßen haben.

Zwei- bis dreimal pro Jahr erscheint der *Liga-Report,* in dem die Aktivitäten der Liga zusammengefasst dargestellt werden (Bezugsadresse s.u.). Die Liga wird ausschließlich durch Mitgliedsbeiträge und Spenden finanziert. Neue Mitglieder sind herzlich willkommen.

Internationale Liga für Menschenrechte e.V.
Haus der Demokratie und Menschenrechte
Greifswalder Str. 4, 10405 Berlin
Tel. 030/396 21 22, Fax 030/396 21 47
E-Mail: vorstand@ilmr.org, Internet: www.ilmr.de
Spendenkonto: Bank für Sozialwirtschaft
BLZ 100 205 00, Konto-Nr. 33 17 100
Beiträge und Spenden sind steuerlich absetzbar

Autorinnen, Autoren und Redaktion

Achelpöhler, Wilhelm, geb. 1961, Fachanwalt für Verwaltungsrecht in Münster – diverse kommunal- und polizeirechtliche Veröffentlichungen

Assall, Moritz, geb. 1982, Student der Rechtswissenschaften an der Universität Hamburg, Mitglied bei Hamburgs Aktiven Jurastudierenden (HAJ) und im SprecherInnenrat des BAKJ – Veröffentlichungen u. a. zu Ausländer- und Kriegswaffenkontrollrecht

Dern, Susanne, geb. 1973, Rechtsanwältin, promoviert im Antidiskriminierungsrecht an der Universität Frankfurt am Main

Finckh, Ulrich, geb. 1927, Pfarrer im Ruhestand, bis 2003 Vorsitzender der Zentralstelle für Recht und Schutz der Kriegsdienstverweigerer aus Gewissensgründen, Fritz-Bauer-Preisträger, Redaktionsmitglied der *Vorgänge* – Veröffentlichungen v. a. zu Grundrechten, Wehrpflicht, Kriegsdienstverweigerung und Ersatzdiensten

Fischer-Lescano, Andreas, geb. 1972, Dr. jur., Akademischer Rat a. Z., Institut für Öffentliches Recht, Johann-Wolfgang-Goethe-Universität, Frankfurt am Main – Veröffentlichungen u. a. »Globalverfassung. Die Geltungsbegründung der Menschenrechte« (2005), »Regime-Kollisionen. Zur Fragmentierung des globalen Rechts« (mit Gunther Teubner, 2006), »Neue Theorien des Rechts«, (hg. mit Sonja Buckel und Ralph Christensen, 2006), »Das Ganze des Rechts. Vom hierarchischen zum reflexiven Verständnis deutscher und europäischer Grundrechte« (mit Ralph Christensen, 2007 i. E.), »Antonio Gramscis Staatstheorie« (hg. mit Sonja Buckel, 2007 i. E.)

Goerdeler, Jochen, geb. 1969, Jurist, Geschäftsführer der Deutschen Vereinigung für Jugendgerichte und Jugendgerichtshilfen (DVJJ), Mitglied im Bundesvorstand der Humanistischen Union – Veröffentlichungen u. a. »Begutachtung und Prognosen im Jugendstrafrecht«, in: Zeitschrift für Jugendkriminalrecht und Jugendhilfe (ZJJ) 2006, S. 120 ff., »The never ending story:

das Verhältnis von Jugendhilfe und Justiz im Jugendstrafrecht – Einige Anmerkungen zur Steuerungsverantwortung des öffentlichen Jugendhilfeträgers«, in: ZJJ 2006, S.4ff., »Das Bundesverfassungsgericht als Wegweiser für die Landesgesetzgeber, Zum Urteil des BVerfG vom 31. Mai 2006« (mit Helmut Pollähne), in: ZJJ 2006, S. 250ff.

Gössner, Rolf, geb. 1948, Dr. jur., Rechtsanwalt, Publizist, Präsident der Internationalen Liga für Menschenrechte (Berlin), Mitherausgeber der Zweiwochenschrift *Ossietzky*, Mitglied der Jurys zur Verleihung des Negativpreises »BigBrotherAward« sowie der »Carl-von-Ossietzky-Medaille«, Internet: www.rolf-goessner.de – Autor zahlreicher Sachbücher zu Bürger- und Menschenrechtsthemen, zuletzt »Geheime Informanten: V-Leute des Verfassungsschutzes – Kriminelle im Dienst des Staates« (2003)

Gruß, Miriam, geb. 1966, Juristin, Richterin am Landgericht Marburg, Sprecherin des Bundesvorstands der Neuen Richtervereinigung

Habbe, Heiko, geb. 1971, Rechtsanwalt und freier Journalist in Hamburg – Veröffentlichungen zu Ausländer- und Europarecht, Integrationspolitik und Datenschutz

Heinhold, Hubert, geb. 1948, Rechtsanwalt – zahlreiche Veröffentlichungen vor allem zum Asyl- und Ausländerrecht, u.a. »Recht für Flüchtlinge«, »Das Aufenthaltsgesetz«, »Abschiebungshaft in Deutschland«

Hilbrans, Sönke, Jahrgang 1969, Rechtsanwalt und Fachanwalt für Strafrecht – diverse Veröffentlichungen zum Datenschutz und zur inneren Sicherheit, Vorsitzender der Deutschen Vereinigung für Datenschutz e.V. (www.datenschutzverein.de)

Hirsch, Burkhard, Dr. jur. Dr. h.c., geb. 1930, Rechtsanwalt am Oberlandesgericht und am Landgericht in Düsseldorf, Innenminister von Nordrhein-Westfalen und Vizepräsident des Bundestages a.D., Beiratsmitglied der Humanistischen Union – zahlreiche Veröffentlichungen zu Themen des Liberalismus, zum Recht auf Privatheit und zu verfassungsrechtlichen Fragen der Innen- und Rechtspolitik

Janczyk, Stefanie, geb. 1973, Politikwissenschaftlerin, Promotionsstipendiatin der Hans-Böckler-Stiftung im Graduiertenkolleg »Geschlechterverhältnisse im Spannungsfeld von Arbeit, Politik und Kultur« an der Philipps-Universität Marburg. Mitglied der JungdemokratInnen/Junge Linke und des Sprecherinnenrates des

AK »Politik und Geschlecht« in der DVPW – Veröffentlichungen u.a. zu Fragen von »Arbeit« und »Leben«, Zukunft der Arbeit und Arbeitsforschung, Elterngeld

Kaleck, Wolfgang, geb. 1960, Rechtsanwalt in Berlin, Vorsitzender des Republikanischen Anwältinnen- und Anwälteverein und Vizepräsident der Europäischen Demokratischen Anwälte, Sprecher der Koalition gegen Straflosigkeit

Kleffner, Heike, geb. 1966, Journalistin, seit Januar 2004 Projektleitung Mobile Beratung für Opfer rechtsextremer Gewalt bei Miteinander e.V., Magdeburg – Veröffentlichungen in *Frankfurter Rundschau*, *taz* sowie u.a. Mitherausgeberin »Die Erinnerung darf nicht sterben – Barbara Reimann, eine Biografie aus acht Jahrzehnten Deutschland« (2000), »RechtsRock – Bestandsaufnahme und Gegenstrategien« (2002)

Kühling, Jürgen, geb. 1934, Dr. jur., Richter a.D., Rechtsanwalt – Veröffentlichungen u.a. »Fachplanungsrecht« (1988), »Arbeitsrecht in der Rechtsprechung des Bundesverfassungsgerichts«, Arbeit und Recht (AuR) 1994, S. 126, »Arbeitskampf in der Diakonie«, AuR 2001, S. 241

Kühn, Julia, geb. 1980, Juristin, Doktorandin an der Westfälischen Wilhelms-Universität Münster, Sprecherin des Bundesarbeitskreises Kritischer Juragruppen (BAKJ) 2002–2003

Kutscha, Martin, geb. 1948, Dr. jur., Professor für Staats- und Verwaltungsrecht, Menschenrechtsbeauftragter der Vereinigung Demokratischer Juristinnen und Juristen e.V. (VDJ), Mitglied im Beirat der Humanistischen Union – Veröffentlichungen u.a. zu Grundrechtsfragen, Polizeirecht, Datenschutzrecht, Beamtenrecht, Europäischer Union, Sozialstaat

Löhr, Tillmann, geb. 1975, Jurist, Wissenschaftlicher Mitarbeiter am Institut für Öffentliches Recht, Völker- und Europarecht, Universität Frankfurt a.M.

Micksch, Jürgen, geb. 1941, Dr., Theologe und Soziologe, Vorsitzender von PRO ASYL, Vorsitzender des Interkulturellen Rates in Deutschland, 1974–1984 Ausländerreferent der EKD, 1984–1993 Vizedirektor der Evangelischen Akademie Tutzing, 1993–2001 Interkultureller Beauftragter der EKHN – div. Veröffentlichungen

Müller-Heidelberg, Till, geb. 1944, Dr. jur., Rechtsanwalt, Beiratsmitglied und langjähriger Bundesvorsitzender der Humanistischen Union, Gründungsmitglied der International Association of Lawyers Against Nuclear Arms (IALANA) – Veröffentlichungen zu verfassungsrechtlichen Fragen und zu Sicherheitsbehörden, u.a. »Die (un)heimliche Staatsgewalt« (1981), »Innere Sicherheit« (Hg. 1994)

Noesselt, Hanna, geb. 1982, Studentin der Politikwissenschaft, Redakteurin von *Bürgerrechte & Polizei/CILIP*

Öztürk, Ataner, geb. 1980, Jurist, Studium der Rechtswissenschaften in Düsseldorf und Hull, England

Pelzer, Marei, geb. 1974, Juristin, Rechtspolitische Referentin von PRO ASYL – Veröffentlichungen u.a. »Geschlechtsspezifische Verfolgung: Das neue Flüchtlingsrecht in der Praxis« (mit Alison Pennington), in: Asylmagazin 5/2006, »Rückwirkende Abschottung, Widerruf der Flüchtlingsanerkennung wider das Völkerrecht« (mit Tillmann Löhr), in: Forum Recht 2/2006, »Reformruine Zuwanderungsgesetz: moderne Fassade – marode Substanz«, in: »Völkische Bande. Dekadenz und Wiedergeburt – Analysen rechter Ideologie« (hg. von Heiko Kauffmann, Helmut Kellershohn, Jobst Paul, 2005)

Pollähne, Helmut, geb. 1959, Dr. jur., wissenschaftlicher Assistent am Institut für Kriminalpolitik (BRIK) der Universität Bremen, Fachbereich Rechtswissenschaften, verantwortlicher Redakteur der Zeitschrift *Recht & Psychiatrie* – zahlreiche Veröffentlichungen zu Straf- und Maßregelvollzug, Jugendstrafrecht, Kriminalpolitik, politischem Strafrecht, Videoüberwachung

Pütter, Norbert, geb. 1956, Prof. Dr., Privatdozent für Politikwissenschaft am Otto-Suhr-Institut der Freien Universität Berlin, Redakteur von *Bürgerrechte & Polizei/CILIP*

Reuter, Norbert, geb. 1960, Dr. rer. pol., Privatdozent für Volkswirtschaftslehre an der Rheinisch-Westfälischen Technischen Hochschule Aachen, Referatsleiter Wirtschafts- und Finanzpolitik beim ver.di-Bundesvorstand – Veröffentlichungen u.a. »Hedgefonds oder Arbeitsplätze«, in: Blätter für deutsche und internationale Politik, Nr. 10, 2006, S. 1180–1183, »In der Stagnationsfalle, Perspektiven kapitalistischer Entwicklung«, (mit Joachim Bischoff, Jörg Huffschmid, Harry Nick, Klaus Steinitz, Karl Georg Zinn, 2006), »Wachstumseuphorie und Verteilungsrealität« (2007)

Roggan, Fredrik, geb. 1971, Dr. jur., Rechtsanwalt, Schwerpunkt Strafverteidigung, stellv. Bundesvorsitzender der Humanistischen Union. Homepage: www.fredrikroggan.de – Letzte Veröffentlichungen: »Handbuch zum Recht der Inneren Sicherheit«, 2. Aufl., (hg. mit Martin Kutscha, 2006), »Mit Recht für Menschenwürde und Verfassungsstaat – Festgabe für Dr. Burkhard Hirsch« (Hg. 2006), »Lauschen im Rechtsstaat – Gedächtnisschrift für Hans Lisken« (Hg. 2004)

Schreiber, Frank, geb. 1969, Dr. jur., Richter am Sozialgericht in Wiesbaden, Mitglied der Redaktion von *Betrifft Justiz* – diverse Veröffentlichungen v. a. zu öffentlich-rechtlichen Fragen, u. a. »Die Bedeutung des Gleichbehandlungsanspruchs aus Art. 12 i. V. m. Art. 18 EGV für Grundsicherungsleistungen (SGB II und SGB XII)«, in: ZESAR 2006, 428

Singe, Martin, geb. 1955, Diplomtheologe, Sekretär des Komitees für Grundrechte und Demokratie, Redaktionsmitglied der Zeitschrift *FriedensForum* – diverse Veröffentlichungen zu friedenspolitischen Themen, »Ziviler Ungehorsam für Asylrecht« (Hg., 1996), Mitherausgeber von Komitee – Veröffentlichungen zur Lebenslangen Freiheitsstrafe (1998) und Nachträglichen Sicherungsverwahrung (2004)

Singelnstein, Tobias, geb. 1977, Jurist, Wissenschaftlicher Mitarbeiter am Lehrstuhl für Kriminologie, Jugendstrafrecht und Strafvollzug am Fachbereich Rechtswissenschaft der Freien Universität Berlin – »International Prosecution of Human Rights Crimes« (hg. mit Wolfgang Kaleck, Michael Ratner, Peter Weiss, 2007), »Die Sicherheitsgesellschaft. Soziale Kontrolle im 21. Jahrhundert« (mit Peer Stolle, 2007), verschiedene Aufsätze u. a. zu den Themen Überwachung und Kontrolle, justitielles Entscheidungsverhalten, internationales Strafrecht und Polizei

Spoo, Eckart, geb. 1936, Journalist, Träger des Fritz-Bauer-Preises, Mitherausgeber und Redakteur der Zweiwochenschrift *Ossietzky* – Veröffentlichungen zu Zeitgeschichte und Medienkritik, u. a. »Die Tabus der bundesdeutschen Presse«, »Anspruch auf Wahrheit«, »Was aus Deutschland werden sollte – Konzepte des Widerstands, des Exils und der Alliierten« und »Demokratie – wo und wie?«

Steven, Elke, geb. 1955, Dr. phil., Soziologin, Sekretärin des Komitees für Grundrechte und Demokratie, Fritz-Bauer-Preisträgerin – Veröffentlichungen u. a. zu Demonstrationsrecht, Demonstrationsbeobachtungen, »innerer Sicherheit« und Friedenspolitik

Stöcker-Zafari, Hiltrud, geb. 1955, Dipl.-Pädagogin, Mitarbeiterin in der Bundesgeschäftsstelle des Verbandes binationaler Familien und Partnerschaften, iaf e. V., zuständig für den Arbeitsbereich

Interkulturelle Beratung – Mitautorin der Bücher »Binationaler Alltag in Deutschland. Ratgeber für Ausländerrecht, Internationales Familienrecht und interkulturelles Zusammenleben« (2004), Trennung und Scheidung binationaler Paare. Ein Ratgeber« (2002)

Tondorf, Günter, Prof. Dr., geb. 1934, Rechtsanwalt, Honorar-Professor Universität Köln – diverse Veröffentlichungen, u. a. »Psychologische und psychiatrische Sachverständige im Strafverfahren« (2005), »Beck'sches Formularbuch für den Strafverteidiger« (2002), »Der Verteidiger in Jugendstrafsachen, Anwalts-Handbuch Strafrecht«(2002), »Musterentwurf zu einem Jugendstrafvollzugsgesetz der Länder November« (2006), »Plädoyer für einen modernen Jugendstrafvollzug« (mit B. Tondorf), in: Zeitschrift für Jugendkriminalrecht und Jugendhilfe, ZJJ 4/2006, S. 241

Wagner, Alexander, geb. 1979, Student der Politikwissenschaft, stellvertretender Vorsitzender von Jungdemokraten Hessen, Landesstudierendensprecher der GEW Hessen – Veröffentlichungen u. a. »Kritische Wissenschaft, Emanzipation und die Entwicklung der Hochschulen« (hg. mit Oliver Brüchert, 2007)

Weichert, Thilo, geb. 1955, Dr. jur., Jurist und Politologe, Landesdatenschutzbeauftragter für den Datenschutz in Schleswig-Holstein und Leiter des Unabhängigen Landeszentrums für Datenschutz (ULD) in Kiel – Veröffentlichungen zu vielen Fragen des Datenschutzes

Will, Rosemarie, geb. 1949, Prof. Dr. jur., Professorin an der Humboldt-Universität Berlin, Richterin am Landesverfassungsgericht Brandenburg a. D., Bundesvorsitzende der Humanistischen Union

Abkürzungen

AA	Auswärtiges Amt
Abs.	Absatz
ALG II	Arbeitslosengeld II
APO	Außerparlamentarische Opposition
Art.	Artikel
AStA	Allgemeiner Studierendenausschuss
attac	Association pour une Taxation des Transactions financières pour l'Aide aux Citoyens/Verein für eine Besteuerung von Finanztransaktionen zum Wohle der Bürger
AsylVfG	Asylverfahrensgesetz
ATD	Anti-Terror-Datei
AufenthG	Aufenthaltsgesetz
Az, AZ	Aktenzeichen
BAKJ	Bundesarbeitskreis kritischer Juragruppen
BGB	Bürgerliches Gesetzbuch
BGH	Bundesgerichtshof
BKA	Bundeskriminalamt
BKK	Betriebskrankenkasse
BMJ	Bundesministerium der Justiz
BND	Bundesnachrichtendienst
BR-Drs.	Bundesratsdrucksache
BT-Drs.	Bundestagsdrucksache
BVerfG	Bundesverfassungsgericht
BVerfGE	Entscheidungen des Bundesverfassungsgerichts
BVerwG	Bundesverwaltungsgericht
BVerwGE	Entscheidungen des Bundesverwaltungsgerichts
DKP	Deutsche Kommunistische Partei
Drs.	Drucksache

DuD	Datenschutz und Datensicherheit (Zeitschrift)
DVJJ	Deutsche Vereinigung für Jugendgerichte und Jugendgerichtshilfen
EG	Europäische Gemeinschaft
EGMR	Europäischer Gerichtshof für Menschenrechte
EGV	Vertrag über die Europäische Gemeinschaft/EG-Vertrag
EMRK	Europäische Menschenrechtskonvention
EU	Europäische Union
EuGH	Europäischer Gerichtshof
Gestapo	Geheime Staatspolizei
GG	Grundgesetz
GHI	Gustav Heinemann-Initiative
GRR	Grundrechte-Report
Hg.	Herausgeber/innen
HRRS	Höchstrichterliche Rechtsprechung Strafrecht (Zeitschrift)
HU	Humanistische Union
JVA	Justizvollzugsanstalt
KPD	Kommunistische Partei Deutschlands
LG	Landgericht
LKA	Landeskriminalamt
NATO, Nato	North Atlantic Treaty Organization
NJW	Neue Juristische Wochenschrift (Zeitschrift)
NPD	Nationaldemokratische Partei Deutschlands
NS	Nationalsozialismus/nationalsozialistisch
OLG	Oberlandesgericht
OVG	Oberverwaltungsgericht
PKG	Parlamentarisches Kontrollgremium
R&P	Recht und Psychiatrie (Zeitschrift)

RAF	Rote Armee Fraktion
RAV	Republikanischer Anwältinnen- und Anwälteverein
RFID	Radio Frequency Identification, System zur Funkerkennung von Objekten
Rs.	Rechtssache
SchlHA	Schleswig-Holsteinische Anzeigen (Zeitschrift)
SGB II	Zweites Buch Sozialgesetzbuch
SGB XII	Zwölftes Buch Sozialgesetzbuch
StGB	Strafgesetzbuch
StPO	Strafprozessordnung
StVollzG	Strafvollzugsgesetz
SV	Sicherungsverwahrung
UN, UNO	United Nations/Vereinte Nationen
UNCh, UN-Charta	Charta der Vereinten Nationen
ver.di	Vereinigte Dienstleistungsgewerkschaft
VG	Verwaltungsgericht
VGH	Verwaltungsgerichtshof
VN	Vereinte Nationen
VS	Verfassungsschutz
ZSR	Zentrales Schülerregister

Sachregister

amnesty international

Jahresbericht 2007

mit zahlreichen s/w-Fotos

ca. 544 Seiten. Broschur

Der Jahresbericht von amnesty international liefert Daten und Fakten zum aktuellen Stand der Menschenrechtssituation in aller Welt. Er informiert über die Arbeit der Organisation und ihren weltweiten Einsatz für die Menschenrechte. Gleichzeitig ist der Jahresbericht ein Appell an die Weltöffentlichkeit, nicht die Augen zu verschließen, sondern Menschenrechtsverletzungen aktiv entgegenzutreten.

»Jeder von uns kann eingreifen und
den Lauf der Dinge ändern.«
Irene Khan, ai-Generalsekretärin

S. Fischer

unicef

Zur Situation der Kinder in der Welt 2007

Starke Frauen – Starke Kinder

Band 17337

Die Menschenrechte von Millionen Kindern werden verletzt, nur weil sie Mädchen sind. Diskriminierung von Mädchen und Frauen ist in vielen Ländern bis heute an der Tagesordnung. Mädchen werden Opfer von Gewalt und grausamen Traditionen, wachsen wie Menschen zweiter Klasse auf. Der UNICEF-Bericht 2007 zeigt, dass die Benachteiligung von Frauen eines der wichtigsten Hindernisse im weltweiten Kampf gegen Armut und Kindersterblichkeit ist. Nur wenn Frauen in Politik und Gesellschaft gleichberechtigt mitentscheiden dürfen, bessert sich auch die Situation der Kinder – die der Mädchen und die der Jungen.

»Für Millionen Mädchen
und Frauen sind die Menschenrechte
noch immer nur ein gebrochenes Versprechen.
Wir müssen alles Erdenkliche tun, damit Mädchen
wie Jungen nicht länger ausgebeutet werden.
Gleiche Rechte für alle sind der Schlüssel
zu einer gerechten und friedlichen
Gesellschaft.«

Vanessa Redgrave , UNICEF-Botschafterin

Fischer Taschenbuch Verlag

fi 17337 / 1

Stiftung Entwicklung und Frieden
Institut für Entwicklung und Frieden

Globale Trends 2007

Frieden – Entwicklung – Umwelt

Band 17174

Die Globalen Trends 2007 sind ein Kompendium für aktuelle Trends in den Bereichen Frieden, Entwicklung und Umwelt. Sie untersuchen und erklären Ursachen, Folgen und Wechselwirkungen globaler Entwicklungen auf der Grundlage umfangreichen Datenmaterials. Ein besonderer Fokus liegt auf den Aspekten der »globalen Verwundbarkeit« und der »menschlichen Sicherheit«.

Die Globalen Trends 2007 zeichnen sich aus durch sachliche Information und Analyse, anschauliche Darstellung, fachübergreifende Sicht und politische Handlungsempfehlungen zu den Bereichen »Weltordnung und Frieden«, »Weltgesellschaft und Entwicklung«, »Weltwirtschaft und Rohstoffe«, »Umwelt und transnationale Risiken«.

Fischer Taschenbuch Verlag

fi 17174 / 1